豊臣政権の権力構造

堀越祐一著

吉川弘文館

目　次

序　章……一
一　本書の課題……一
二　本書の構成……四

第一部　豊臣権威の確立と大名序列の形成

第一章　豊臣期における武家官位制と氏姓授与……三
はじめに……三
一　秀吉による木下名字授与……三
二　羽柴「家中」の編成原理……一七
三　豊臣姓創出とその意義……二〇
四　豊臣期武家官位制の特質……二三

おわりに……二六
第二章　豊臣政権の支配秩序……三三
　――清華成大名の政治的性格について――
はじめに……三三
一　清華成大名をめぐる諸問題……三五
1　清華成大名の構成と変遷……三五
2　清華成の前提……三七
3　清華成と公家成の比較……三八
二　清華成大名創出の理由……四〇
三　清華成大名の政治的地位……四六
1　「有力大名連合政権」論の是非……四六
2　有力大名による地域分掌体制……四七
3　徳川家康の改姓問題――源姓か豊臣姓か――……五一
おわりに……五二

第二部　「太閤・関白体制」期における政治権力構造

第一章　文禄期における豊臣蔵入地……六〇
――関白秀次蔵入地を中心に――
はじめに……六〇
一　関白任官以前の秀次領……六一
1　近江領有以前……六一
2　近江領有期……六三
3　尾張領有期……六五
二　「関白蔵入地」の成立……六七
1　「関白蔵入地」の形成過程……六七
2　「関白蔵入地」の所在……六九
3　「関白蔵入地」の支配構造……七二
4　「関白蔵入地」の性格……七三
三　太閤・関白「並立」体制と豊臣蔵入地……七五
1　太閤・関白をめぐる政治状況……七五
2　秀次と「太閤蔵入地」……七六
3　秀吉と「関白蔵入地」……七八

おわりに……八〇
第二章　太閤・関白間における情報伝達の構造……九〇
——木下吉隆・駒井重勝の動向を中心に——
はじめに……九〇
一　太閤権力から関白権力への命令・情報伝達……九二
二　関白権力から太閤権力への情報伝達……九六
三　太閤・関白間における木下吉隆・駒井重勝の役割……一〇〇
おわりに……一〇五
第三章　秀次事件をめぐる諸問題……一一〇
はじめに……一一〇
一　羽柴秀保の病死と秀次事件……一一一
二　「五大老」成立時期に関する議論……一一三
三　「二大老」制について……一一六
おわりに……一一八

第三部　「五大老」・「五奉行」の成立と政治権力構造

第一章　豊臣「五大老」・「五奉行」についての再検討……一二四
　　――その呼称に関して――

はじめに……一二四

一　「奉行」・「年寄」の呼称を用いている史料……一二六

二　「五奉行」を「奉行」とする史料……一三〇

三　「奉行」呼称の相違の理由……一三四

おわりに……一四一

第二章　知行充行状にみる豊臣「五大老」の性格……一四九

はじめに……一四九

一　「五大老」連署による知行充行状……一五一

二　徳川家康単独による知行充行状……一五九

三　「五大老」権力の実態……一六三

おわりに……一六九

第三章　豊臣「五奉行」の政治的位置……一七七
はじめに……一七七
一　「五奉行」に関する研究史……一八一
二　「五奉行」と豊臣蔵入地……一八三
三　「五大老」の知行充行と「五奉行」……一八六
おわりに……一九五
補論　「毛利家文書」に残る二通の起請文前書案……一九九
はじめに……一九九
一　起請文前書の内容……二〇〇
二　起請文前書の作成過程……二〇三
三　二通の起請文前書の関係……二〇四
おわりに……二〇五
第四部　関ヶ原合戦とその後の情勢
第一章　関ヶ原合戦と家康の政権奪取構想……二一〇

はじめに……二一〇
一　家康と三成の政治抗争……二一一
二　家康専制の確立……二一五
三　三成の挙兵と「五奉行」復帰……二二〇
おわりに……二二三
第二章　「豊臣体制」の解体過程……二二四
はじめに……二二四
一　「豊臣体制」の定義……二二五
二　徳川権力の形成と官途推挙……二二七
1　「武家関白」の終焉……二二七
2　豊臣「氏爵」体制の展開……二二八
三　豊臣武家官位制の改変……二四三
おわりに……二四五
補論　豊国社臨時祭にみる徳川・豊臣の関係……二四九
はじめに……二四九

一　豊国社臨時祭の準備段階……二五〇
二　臨時祭十四日の状況……二五二
三　臨時祭十五日の状況……二五六
四　臨時祭を見物した人々……二五八
おわりに……二五九

終　章……二六一
一　豊臣権威の確立と支配序列……二六二
二　豊臣政権の政治権力構造……二六六
三　「五大老」・「五奉行」体制の特質……二六九

あとがき
索　引

序章

一　本書の課題

本書は、主に豊臣政権の権力構造および当該期における大名編成の実態を解明しようとするものである。

本能寺の変によって織田権力が崩壊してから、秀吉が全国統一を成し遂げるまで要した年月はわずかに約九年、これは異常な早さと言える。これだけ迅速に統一を完成させることができた要因は、いったい何に求められるのであろうか。よく言われるように、畿内を中心とする先進地域を押さえ、経済的に圧倒的優位な地歩を得たことはもちろんそのひとつであろうが、他にも理由はいくつか考えうる。

まず、非殲滅主義とも言うべき、敵対勢力に対する「寛容」な態度が挙げられよう。秀吉の手によって滅ぼされた大名は北条氏ただ一人にすぎないとの藤木久志の指摘があるように[1]、天正十三年（一五八五）の四国長宗我部氏攻撃以降、秀吉は強大な軍事力を有しながら、敵対した大名の領国をすべて奪うことはほとんどしなかった。秀吉がこのように「寛容」な態度であったのは、大陸制覇を志向していたために国内の統一を急いだという背景もあったであろうが、こういった秀吉の姿勢が、諸国の大名勢力にあるいは秀吉への徹底抗戦を断念させ、あるいは臣従を促す一因となったことは否定できない。まさにこれこそが秀吉の狙いであったと言えよう。

だが、そのような秀吉の方針が、結果として多くの旧戦国大名を政権に内在させる要因となったとも言える。これらの大名は、秀吉の強大な軍事力のまえに屈服を余儀なくされただけで、もとより秀吉に対する忠誠心などは期待できなかった。こういった大名を自己の権力下に編成し、政治的秩序を形成するという課題に秀吉は直面することになるのである。

また、天皇権威を最大限に利用したことも理由として挙げられるだろう。自らは関白となり、天皇の「叡慮」を推戴して大儀名分を得た秀吉が、全国に「惣無事」を命じたことは周知のごとくである。そして、麾下となった大名を天皇の下に体系化された官位制という身分秩序の中に包括的に編成していく。新たな政治秩序の形成である。

元来、秀吉は織田家の一部将にすぎず、柴田勝家を打倒し、その実力によって信長の後継者としての地位を得た後も、かつての同輩を自己の権力下に再編成していく必要に迫られることになった。そしてその後、勢力範囲の拡大にともない、旧織田系大名のみならず戦国大名も秀吉に服属していく。直臣系大名、旧織田系大名、旧戦国大名、さらには旧主織田氏の血統をも含めた多様な系統の武家集団をどのように統制していくかは、秀吉にとって大きな政治課題であったことは間違いない。そこで秀吉は天皇権威を利用し、古代より連綿と続く官位制を媒介とした身分秩序を形成させていったのである。

ただし、秀吉の考案した武家官位制は、それ以前の鎌倉・室町政権におけるそれとは全く異質なものであった。近世武家官位制の端緒が豊臣期にもとめられることはすでに常識ともなっているが、その最も顕著な特質は、官位叙任と氏姓授与とを関連づけたことであろう。そのようなことは、前代の武家政権においては皆無であったし、後代の徳川政権期においては有力外様大名に対して松平名字を与えてはいたが、それは官位叙任と結びついたものではなく「家」に対して与えられた一種の栄典的なものであり、また姓の授与までは行われていなかった。

本書においては、この姓の授与についてとくに注目する。近年、徳川家康の源氏長者の地位の重要性を説く研究が発表されるなど、[2]氏長者に関する注目が増しているが、秀吉もまた豊臣氏長者となっていた。近衛家の養子として関白となったため、藤原姓を称し、また藤原氏長者の地位をも獲得していた秀吉であったが、まもなく豊臣姓を創出し、新たに豊臣氏長者の地位につく。すなわち秀吉の行った豊臣姓授与は、氏長者による授与であり、またその官位推挙は氏長者による同氏に対する推挙であったのである。果たしてそれがどのような意味をもつのか、検討を加えてみたい。

もう一つの大きな課題は、豊臣政権の権力構造を解明することである。政権の性格については、従来、秀吉独裁とみなす見解が主流であったが、[3]近年はこれを有力大名による連合政権と捉える見解も出されている。[4]もとより豊臣政権の政治体制は一定ではない。段階的に区分するならば、秀吉政権成立から全国統一を完成させて、「唐入」に専念するため関白を辞し、甥の秀次にこれを譲るまでが第一期、ついで関白秀次期が第二期、それ以降、秀吉没後の「五大老」・「五奉行」合議による集団指導体制期までが第三期となろう。秀吉没後については大名連合的政権とみることに異存はないが、それ以前についてはそのような評価は果たして妥当と言えるであろうか。

また、関白秀次期についても、これを太閤秀吉権力と関白秀次権力が拮抗していたとする見解も多い。[5]関白秀次の権力を、そのように強大なものとしてみるべきなのか、検討する。

さらに、「五大老」・「五奉行」については、「五大老」が「奉行」と、「五奉行」が「年寄」と呼ばれていたとする阿部勝則の研究が出され、高い評価を受けている。[6]だが、実際には通説に則するように「五奉行」を「奉行」とする史料も数多く、阿部の見解にはなおも検討の余地がある。本書では、この呼称について批判的に検討を加え、「五大老」・「五奉行」がどのような権限を保持していたのかについても考察する。

そして、秀吉没後に台頭した徳川家康が、いかなる方策をもって政権を奪取しようとしていたのか、それについても自説を提示したい。巷間よく言われる、関ヶ原合戦のような一大決戦によって実現しようとしていたとする考えには疑問がある。もし仮にそうでないとすれば、家康はどのような構想を抱いていたのか、論じることにする。

二　本書の構成

〔第一部　豊臣権威の確立と大名序列の形成〕

第一章「豊臣期における武家官位制と氏姓授与」は、秀吉が行った羽柴名字・豊臣姓授与および豊臣期における武家官位制について考察したものである。またその前段階として秀吉が行った木下名字授与についても検討する。豊臣期における武家官位制や秀吉による氏姓授与についての研究は著しい進展をみせている。すなわち豊臣期の武家官位は公家成（従五位下・侍従）と諸大夫成（従五位下・相当官）が基本であったこと、羽柴名字は公家成をした者に与えられるもので、かたや豊臣姓は官位叙任と密接に関係していたというのが最新の研究によって明らかになっている。このような研究成果を踏まえつつ、本章では、羽柴名字を与えられた公家成大名と、その対象とされなかった諸大夫成の政権内における政治的位置づけの違いについて考察する。また豊臣姓については、とくに秀吉の豊臣氏長者としての地位に着目し、秀吉による豊臣姓授与について新たな見解を示した。さらに、当該期における武家官位制を江戸期のそれと比較し、その特性についても指摘している。

第二章「豊臣政権の支配秩序―清華成大名の政治的性格について―」は、豊臣政権における大名編成の実態を、とくに「清華成」を果たした有力大名政治的位置づけに注目することによって解明する。清華とは摂関家につぐ公家の家格であるが、近年、武家でありながらこの清華となった大名に着眼した論考が発表されている。それによれば、清華成大名とは豊臣政権における特権的な武家集団だという。また、そのうちの一人徳川家康は豊臣政権期からすでに実質的な「将軍」であったとするような研究も発表されていて、注目を集めている。これらは果たして妥当な解釈といえるのかどうか検証する。

〔第二部　「太閤・関白体制」期における政治権力構造〕

第一章「文禄期における豊臣蔵入地―関白秀次蔵入地を中心に―」は、秀吉の跡を継いで関白となった秀次の蔵入地について考察したものである。豊臣蔵入地に関する研究は数多いが、それはほぼすべて秀吉蔵入地についてのもので、秀次蔵入地はほとんど研究の対象とはされてこなかった。そこで本章は、秀次蔵入地の所在やその支配構造について明らかにすべく検討を行う。まず、任官以前の秀次蔵入地について、時系列的に検討を試み、さらに関白任官後に秀吉から分与された蔵入地の分布範囲を検証、その支配構造を明らかにする。さらに秀次失脚直前において、秀吉がどのように秀次蔵入地に関与していくかについても明らかにし、それによって秀吉・秀次の権力の有様についても分析、秀次事件の解明に新たな視点を加える。

第二章「太閤・関白間における情報伝達の構造―木下吉隆・駒井重勝の動向を中心に―」は、太閤秀吉権力と関白秀次権力間において、どのように情報・命令の伝達が行われていたかを検討したものである。太閤・関白両権力の関係については、これまで多くの研究成果があるが、秀次権力の実力をどう評価するかで見解が分かれ、容易に結論をみない。このような研究状況においては、まず両者の関係をいったん整理する必要があるとの認識から、本章では、これまで全く省みられることのなかった両権力間における情報伝達に着目し、その構造を明らかにしようと試みた。史料としては、両権力の伝達に関する重要史料である『駒井日記』を用いるが、関係事例を検出すると、伝達の中心的存在が秀吉直臣木下吉隆と秀次直臣駒井重勝であることがわかる。そこでこの両人を考察の主な対象に据えて検討を行っているが、さらに石田三成ら他の秀吉側近がどのように関わっているかについても関説し、彼らと秀次の関係にも注目している。

第三章「秀次事件をめぐる諸問題」では、文禄四年（一五九五）におきた、秀吉による関白秀次追放事件について考察する。また、秀次失脚後に早くも「五大老」の原形が完成したとされる点について、批判的に検討している。さらに、「五大老」の中でもとくに大きな影響力を有していたとされる徳川家康と前田利家について、とりわけ前田利家がなぜそのような地位を得るに至ったのかという点について、自説を提示している。

〔第三部　「五大老」・「五奉行」の成立と政治権力構造〕

第一章「豊臣『五大老』・『五奉行』についての再検討―その呼称に関して―」は、慶長三年（一五九八）七月、秀吉死去直前に成立した「五大老」・「五奉行」の呼称について検討し、さらにその検討結果を基に、当該期における政治構造について考察したものである。「五大老」・「五奉行」については、それは正しい呼称ではなく、実際には「奉行」・「年寄」と呼ばれていたとの説が出されているが、本章ではその説を再検討する。とくに、「奉行」・「年寄」という呼称が誰によって用いられているかに着目し、徳川家康ら豊臣政権を打倒しようとする勢力と、石田三成らこれを護持しようとする勢力では、まったく異なった呼称表現がなされていることをまず明らかにし、そこから当時の権力構造を解明しようと試みる。

第二章「知行充行状にみる豊臣『五大老』の性格」は、前章の検討結果を踏まえ、「五大老」の政治的権限について考察したものである。「五大老」については、かねてよりその権限の強大さが強調されているが、それは豊臣大名に対してかれらが連署によって知行充行状を発した、つまり領地給与権を行使したとの認識によるところが大きい。果たしてそのような評価が的を射たものなのかどうか、本章では、彼らによる知行充行状の内容を具体的に検証することによって、そのような「五大老」像が妥当であるかを検討している。また、「大老」による充行状には徳川家康単独によるものもあるが、これについても検討、「五大老」連署充行状と比較し、その性質の違いを論じる。

第三章「豊臣『五奉行』の政治的位置」は、前田玄以・浅野長政・増田長盛・石田三成・長束正家からなる「五奉行」の政治的位置づけおよびその職掌や権限について検討する。「五奉行」はこれまで「五大老」に従属し、その決定事項の処理にあたる吏僚的存在とみられてきた。だが、秀吉生前においてその側近として、「取次」や検地・蔵入地支配など、重要な政務に携わってきた彼らをそのように過小評価することは果たして妥当であろうか。彼らは秀吉没後から自身を「年寄」と称しはじめたが、これはそれまでの奉行人的立場から、より大きな政治的権限を有する豊臣家「年寄」として自らを位置づけていた証拠であろう。本章では、イメージだけで語られることの多かった彼ら「五奉行」について、とくに「五大老」との関係に注目、その実態を解明する。

また補論「『毛利家文書』に残る二通の起請文前書案」では、毛利輝元が石田三成らへ差し出した起請文の分析を通して、三成の政治力の大きさを論じた。

〔第四部　関ヶ原合戦とその後の情勢〕

第一章「関ヶ原合戦と家康の政権奪取構想」では、秀吉死後から関ヶ原合戦に至るまでの政治動向を中心に考察する。前田利家の死去を契機とし、石田三成を政権中枢から失脚させた家康は、圧倒的な権力を得るに至るが、自己の新政権樹立までの道のりは、依然として険しいものであった。その過程について論じるとともに、家康がどのようにして豊臣家から政権を奪うつもりであったのか、その構想についても私見を提示する。

第二章「『豊臣体制』の解体過程」では、秀吉によって形成された政治体制や大名に対する支配体制が、徳川家康によってどのように解体されていったのかを考察する。関ヶ原合戦の勝利により「五大老」・「五奉行」による合議体制を崩壊させ、完全に実権を掌握した家康は、豊臣政権の枠組みから抜け出し、新たな政権づくりに着手していく。だが、大名を豊臣家の下に統括する「豊臣体制」とも言うべき体制はなおも存続しており、家康にとってはなおも課題は山積みしていた。関ヶ原合戦により、以前に比べて力を増大させた旧豊臣大名に対する豊臣氏の影響力を消失させるためには、豊臣武家官位制や擬制的一族制を打破する必要があったのである。家康がいかにしてこれを克服していったのか明らかにする。

最後に補論「豊国社臨時祭にみる徳川・豊臣の関係」では、慶長九年（一六〇四）に秀吉七回忌として行われた豊国社臨時祭について考察し、そこから当時の幕府と豊臣家の関係の一端を垣間見ることを目的とする。

注

（1）藤木久志『豊臣平和令と戦国社会』（東京大学出版会、一九八五年）。この藤木の見解に対し、藤田達生はその著書『日本近世国家成立史の研究』（校倉書房、二〇〇一年）の中で否定的な意見を呈している。藤田はその根拠として、長宗我部元親に対する攻撃（四国国分）の後、伊予を収めた秀吉が、元来その地に勢力を保持していた河野通直などを処分したことなどを挙げている。だが、長宗我部氏以外にも、島津氏や伊達氏など秀吉に敵対した大大名が、領地を減少されながらもなおも一大勢力として存続した事実を踏まえれば、藤木の見解に妥当性があると思われる。

（2）岡野友彦『源氏と日本国王』（講談社、二〇〇三年）。

（3）例えば、山本博文『幕藩制の成立と近世の国制』（校倉書房、一九九〇年）など。

（4）矢部健太郎『豊臣政権の支配秩序と朝廷』（吉川弘文館、二〇一一年）。
（5）朝尾直弘「豊臣政権論」（岩波講座『日本歴史』9・近世1、一九六三年）、三鬼清一郎「太閤検地と朝鮮出兵」（岩波講座『日本歴史』9・近世1、一九七五年）、水林彪『封建制の再編と日本的社会の確立』（山川出版社、一九八七年）、中野等「太閤・関白並立期における豊臣政権について—政治史上の段階設定を伴う一つの試論—」（『歴史評論』五〇七、一九九二年）、難波正治「『太閤・関白体制』の特質」（『海南史学』三四、一九九六年）など。
（6）阿部勝則「豊臣期五大老・五奉行についての一考察」（『史苑』四九—二、一九八九年）。

第一部　豊臣権威の確立と大名序列の形成

第一章　豊臣期における武家官位制と氏姓授与

はじめに

近年の近世武家官位制に関する研究の進展は著しいものがあり[1]、それにともない近世武家官位制の原型とされる豊臣期武家官位制や、これと密接な関係にある氏姓授与についての研究も深化してきている。なかでも下村效・黒田基樹両氏の論考は大いに注目されるべきもので、下村は主に武家官位制および豊臣姓授与について、また黒田は羽柴名字の授与および授与された「公家成大名」の性格についてそれぞれ検討し、優れた業績をあげている。

すなわち下村は、記録類にみられる「公家成」が任侍従を指すことを指摘した上で、豊臣期武家の官位は殿上人である公家成（位階は従五位下もしくは従四位下）と地下人である諸大夫成（従五位下およびその相当官叙任）の二つに大別されており、いわば「羽林―諸大夫体制」ともいうべきものが形成されたこと、豊臣授姓が官位叙任と密接に連動していたこと、武家の官位は員外制であったことなどを明らかにした[2]。また黒田は、秀吉による外様有力大名統制という分析視角に立つならば、豊臣姓よりも羽柴名字授与の方が重要との観点から羽柴名字授与について詳細な検討を行い、その結果、羽柴名字は公家成を遂げた有力大名に対して授与されたもので、それによって秀吉の「御一家」として位置づけられたこと、「羽柴侍従」の称号が有力大名の身分的・政治的指標となっていたことなどを明らかにしている。[3] さらに、豊臣授姓後も秀吉の名字は終生羽柴のままであり、したがって羽柴名字授与は秀吉の現名字授与であったとの指摘は、これまで見落とされがちであったことを喚起した点で重要である。両氏により、豊臣期武家官位制や氏姓授与の実態の解明は飛躍的に進んだと言える。[4]

しかしながら、氏姓授与に関する考察の上で、下村は豊臣姓、黒田は羽柴名字と、それぞれ別個に検討している点が気にかかる。また豊臣姓について言えば、擬制的一族制の形成といった視点から説明されているものの十分ではない。姓の同一をもって一族関係が完結したのは中世初期までであり、もっと別の観点からの説明が必要であろう。それに、なにゆえ秀吉は豊臣という新姓を創出したのかという根本的な疑問も、未解決のままとなっている。

そこで本章では、とくに秀吉の豊臣氏長者という地位について注目し、また豊臣姓・羽柴名字を極めて密接したものとして捉え、複合的に考察する。官位制や氏姓授与による擬制的一族関係に基づく豊臣期大名の身分序列の構造を明らかにするとともに、豊臣新姓創出の理由についても論及したい。[5]

一　秀吉による木下名字授与

まず、羽柴名字・豊臣姓授与の前段階に行われた、秀吉による木下名字の授与について確認しておきたい。秀吉がはじめ木下藤吉郎秀吉と称していたことは周知の事実で、「木下秀吉」の初見は永禄八年（一五六五）十一月二日、[6] 終見は元亀四年（一五七三）五月二十四日とされている。[7] その後、秀吉は同年七月二十日までに名字を羽柴へと改めている。[8]

木下名字授与の対象としては、まず木下備中守重堅が挙げられる。重堅は秀吉麾下として様々な戦いに従軍し、因幡国内で所領を与えられて鳥取城主の宮部継潤・長熙の与力となったとされる。[9] これについて『武家事紀』（巻十ノ四）には「木下備中守初号㆓荒木平大夫㆒元荒木摂津守村重カ寵男也、度々勇功ヲアラワシ、村重没落ノ後秀吉ニツカへ、中国平均ノ間尤力戦アリ、（中略）此戦功ニヨッテ木下氏ヲ賜テ備中守ニ任ス」とあるが、後世の記述であるため、これだけでは信頼に欠ける。そこで、文書史料から木下重堅の呼称の変遷をみてみたい。

網干（播磨国）儀、御両人御馳走候之条、村重（荒木）制札相調、進㆑之候、就㆑其　御朱印之儀、御上洛次第相調可㆑遣之由、摂州被㆑申候、向後彼津之事、両人馳走可㆑申候、当陣中上使之事可㆑遣候、今日より彼領内乱妨之儀、不㆑可㆑有㆑之候、弥以対㆓宗景（浦上）㆒忠節肝要候、此旨可㆑被㆓相達㆒候、恐々謹言、

小畠大隅守

（天正六年カ）九月廿九日　光通（花押）

荒木平大夫

重堅（花押）

小寺官兵衛尉殿（孝高）

真殿伝内兵衛尉殿

この史料から、荒木村重に仕える荒木平大夫重堅という人物がたしかに存在したことがわかる。[10] 名字の一致のみならず、実名にも「重」が使われているから、おそらく村重の同族であろう。史料の年次については、内容的に村重が織田信長から離反する天正六年（一五七八）以前のものであることは確実であるが、正確なところはわからない。とりあえず天正六年と推定しておく。

荒木重堅の名字の変化がわかるのが（天正九年）六月二十四日付秀吉書状で、それには「但州一揆為㆓成敗㆒来廿

七日令二出馬一候、然者其表江赤松（広通）殿・神子田半左衛門（正治）・木下平大夫・蜂須賀小六（家政）差越候」とある。[11] 村重のもとを離れて秀吉の家臣となり、さらに名字も木下へ改めたわけである。謀叛人の村重と同じ荒木名字では、あまりに印象が悪いのは否めないため、秀吉が木下名字を与えたと考えるのが最も妥当であろう。

この後、重堅は天正十五年七月には諸大夫成しており、[12] それ以降には「木下備中守」と呼ばれていることが確認できる。[13] よって荒木平大夫から木下平大夫、そして木下備中守へと呼称が変化したことが文書史料から完全に裏づけられるのであり、『武家事紀』の記述はおおむね正しいと言えよう。

つぎに、木下吉隆について検討してみたい。吉隆は豊臣政権における最も有力な奉行人の一人とされる。[14] その出自に関してはよく知られていないが、「平埜荘郷記」という寛政年間に記された書物に「木下半介殿ト申ハ、称名寺殿ゟ六代以前ノ性宗殿ト申人ノ舎弟也、太閤秀吉公ニ仕官有テ、木下ノ二字ヲ賜リ、木下半介寿輔ト名乗ラル」とあり、[15] 秀吉から名字を授与されたことが記されている。「半介」という通称はたしかに吉隆が称したものだが、実名の「寿輔」というのは他の史料にみられず、この記述をそのまま信じることは危険かもしれない。だが、称名寺は近江国長浜の近郊に位置しており、その住持の一族が秀吉に仕えてその名字を与えられたというのは、さほど奇抜なことではなかろう。不確かな面も多々あるが、秀吉による木下名字授与が行われた可能性があるものとして指摘しておきたい。

なお、吉隆が木下を称していることが確認できるのは天正十三年七月以降のことであり、[16] 木下名字が与えられたとするならば、それ以前ということになる。吉隆が秀吉に仕えた時期について「平埜荘郷記」は「天正ノ初」と記しているが、あるいは天正十年かもしれない。この年六月に発生した本能寺の変に際して、称名寺は秀吉の親族を援助しており、[17] それを機に秀吉に仕えたとしても、さほど奇異ではあるまい。

最後に、木下家定に対する名字授与についても指摘しておきたい。家定は秀吉正室の実兄であるが、「御幼年ノ頃ヨリ豊臣秀吉公ニ仕給ヒテ従五位肥後守ニ叙爵シ給ヒ、姓氏ヲ給リテ平姓杉原氏ヲ改メ豊臣姓木下氏ト称シ奉ル」というように、秀吉から木下名字を与えられたとされる。[18]

家定は、元来は杉原家の出身である。杉原家の惣領は家次で、天正初期から中期にかけて、秀吉を支える重要な役割を担っていたが、天正十二年九月に死去している。その前年、家次には「近日以之外物ニ狂」ったとの風説が流布されており、死去も秀吉の不興を買って冷遇されたための自害であり、これを知った秀吉は激怒したとも伝えられる。[19][20][21]

一方、家定の木下名字呼称の事例は天正十五年がはじめであるが、そもそもこれが家定の文書史料の初見で、それ以前においては発給・受給ともに文書史料は確認できない。[22]

これら二点を踏まえると、以下のような推論が可能ではなかろうか。すなわち家次在世時において、秀吉正室の兄でありながらも庶流であるために、家定は家次の影に隠れていた。ところが家次が失脚したため、これに代わって家定が杉原家の惣領となる。ただし、家次自害の件で杉原名字を嫌悪した秀吉が、家定に対して木下を与えた。このように考えると、家定への木下名字授与の時期は天正十二年九月の家次死去以降のこととなり、同十五年から「木下家定」の名が史料に散見されるようになることとも矛盾しない。

以上、秀吉の木下名字授与に関する三例について検討した。史料の制約により、立証が不十分な点があるのは承知しているが、少なくとも木下重堅については、たしかな授与の事例として認めてよいであろう。

三つの事例に共通しているのは、「羽柴秀吉」により木下名字が与えられたという点である。つまり秀吉は、自らの旧名字を授与したのであり、その意味において、後述する羽柴名字授与とは本質的に異なっている。だが、秀吉の氏姓授与にはこのような下地があった上で行われていたことが確認できたことには意義があろう。

二　羽柴「家中」の編成原理

天正十年（一五八二）本能寺の変以降、秀吉による氏姓は本格化する。授与は豊臣姓ではなく羽柴名字からはじめられるが、名字は「家」の称号であるから、羽柴名字授与者の出現は、秀吉と擬制的一族関係を有する羽柴「家中」の形成を意味する。

豊臣大名の羽柴名字呼称は天正十年十月堀秀政を初例とし、[23]以降同十三年中頃までには丹羽・細川・前田・蒲生といった旧織田系の有力大名が秀吉から羽柴名字を与えられる。[24]彼らは秀吉にとっては「此以前御傍輩又は御存知之者共」という存在で、[25]いわば秀吉とは同格であったが、羽柴名字を与えられることによって秀吉の「御一家」[26]と位置づけられた。秀吉は「傍輩」であった旧織田系有力大名を新たに「家」論理によって再編したのであり、これによって織田期における「傍輩」関係を解消、自身を「羽柴家」の家父長に据えた新体制構築への道を踏み出したと言える。

ただし、この時期に羽柴名字を与えられた旧織田系有力大名はいずれもいまだ無位無官であり、官位との関連性は存在しない。彼らの叙任は秀吉が関白となった十三年後半以降のことで、秀吉の推挙により従五位下（もしくは従四位下）・侍従に叙任し「公家成」を果たす。すなわち羽柴名字呼称大名の「公家成」化が促進されたわけである。

その後、羽柴名字授与は豊臣政権の勢力進展にともない外様系有力大名へも及んでいく。画期となるのは天正十六年四月聚楽第行幸で、行幸直後には毛利・小早川・吉川・龍造寺・大友・立花・島津といった西国諸大名が侍従に任官（毛利輝元のみ参議）の上、羽柴名字を与えられ、さらに同十九年全国統一後にはそれが伊達・佐竹・最上ら東国の有力大名にまで拡大されていくことになる。

これらの大名は一様に侍従任官直後に羽柴名字を与えられている。つまり十三年段階における羽柴名字授与↓侍従任官という順序が、十六年以降には侍従任官↓羽柴名字授与へと変化したわけであり、ここに任侍従大名に対してのみ羽柴名字が与えられるという原則が確立する(27)。またこのことは、それ以前においては存在しなかった羽柴名字授与の確たる基準が明確化されたと同時に、本来私的な行為にすぎない名字授与を官位制（国制）と連動させたことをも意味している。

なお、黒田基樹により、羽柴名字の呼称について、公家成大名の嫡子も羽柴名字呼称を許されていたこと、関ヶ原合戦後には自主的にその呼称をやめる大名も現れたことがすでに指摘されているが(28)、関ヶ原以前においても羽柴名字を剥奪されることもあった。例えば肥前の龍造寺政家は、秀吉に臣従したのち天正十六年八月には羽柴名字を称していたが、その二年後には、

肥前国佐賀郡内大俣五千弐百石事、為二居分一令二扶助一、全可二領知一、但軍役令二免除一者也、

天正十八年

二月廿九日　（秀吉朱印）

龍造寺（政家）民部大輔とのへ

というように(29)、龍造寺名字で呼ばれている。「隠居分」を与えられていることから、その理由が家督からの引退であることは容易に想定できるが、軍役を免除されている点は注目される。家督引退により秀吉との直接的なつながりを失ったために政家は羽柴名字を称する権利をなくしたのであり、それを具体化したのが軍役の免除であった。

ところで、旧織田系・旧戦国大名系の有力大名が「羽柴侍従」となったのに対し、「せかれより被召仕候者(30)」と呼ばれた織田期以来の秀吉直臣系大名はその待遇を受けていない。例えばその代表的存在である浅野氏は文禄二年（一

五九三）に甲斐一国二一万五〇〇〇石を与えられているが、[31] ついに羽柴名字を授与されることはなかった。より知行の少ない立花氏や木下氏などが授与されているにもかかわらず、これはいったいどのような理由によるものであろうか。

それを探るため、戦国大名が行った名字授与について検討してみたい。家臣に対する名字授与は秀吉の独創と考えられがちだが、実際には秀吉以前、戦国大名権力においてもしばしばみられる行為であった。例えば後北条氏が北条綱成に対して北条名字を、播磨赤松氏の支族小寺氏が黒田職隆・孝高父子に対して小寺名字を与えており、織田信長も越前朝倉氏一族に対して織田名字を与えたといわれる。[32] また秀吉も羽柴名字授与以前、木下名字を与えていたことは先述した通りであるし、豊臣期に入ってからではあるが、蒲生氏郷が蒲生名字を多数の家臣に授与している事例も見受けられる。[33]

では、これらの名字授与はどのような原理に基づいて行われていたのであろうか。これについて、蒲生氏郷の事績を記した「氏郷記」に興味深い記述がある。

去ハ氏郷モ忠功ヲ成タル侍共ヲ撰ハレ、蒲生并郷ノ一字ヲ被〻免ケリ、其者共ニハ、上坂左文、坂源次郎、其時源左衛門尉郷成ニ成サル、本国ハ尾州ノ者ニテ若年ノ頃関小十郎右衛門ニ仕ヘ、其後ハ柴田勝家ニ仕ヘシ者ナリ、谷崎忠右衛門、生駒弥五左衛門尉、是等モ尾張衆ニテ本ハ滝川伊予守ノ侍ナリ、（中略）其身大名ニテ文武ヲ得タル侍ナリトイヘトモ、譜代ナリシ町野・外池・稲田・北川・森・門屋・岡杯ニハ、如何思ハレケン、蒲生ヲ被〻出サリケリ、

蒲生家においては新規に召し抱えられた家臣にのみ蒲生名字が与えられ、譜代の有力家臣である町野氏以下は「文武ヲ得タル侍」であるにもかかわらず与えられなかった。「氏郷記」の筆者はこれをいぶかしんでいるが、新附の家

臣のみが名字を与えられ譜代の家臣には与えられないというのは何も蒲生氏だけにみられる現象ではなく他の大名家においても共通している。つまり、譜代の家臣は「家」の総領に従属する家人・郎党的存在として認識されていたために、擬制とはいえ一族として位置づけられる資格は有していなかった。羽柴名字授与もこれら戦国大名による名字授与と全く同様の原理によって行われたため、秀吉の譜代とも言うべき直臣系大名は授与の対象とはされなかったのである。諸大夫成は、秀吉または諸大夫をもつことのできる武家公卿の「従者」であることの国制上の表現であり、秀吉の「同名中」にして「御一家」である「羽柴侍従」とは著しい格差があったと言える。

以上、羽柴名字授与と官位面からみると、豊臣期武家の身分序列は羽柴宗家秀吉（関白）―羽柴庶家（公家成以上）―非羽柴家（諸大夫成・無位無官）となる。羽柴名字授与者・非授与者とも形式的に羽柴「家」の「家中」に包括されるが、前者は秀吉の「同名中」たる「御一家」であり、かたや後者は「同名中」の礼遇を受けることのできない家人・郎党的存在とされていたのである。

三　豊臣姓創出とその意義

つぎに豊臣姓授与について検討してみよう。天正十三年（一五八五）七月関白となった秀吉は新姓を下賜され、藤原姓を改めて豊臣を称することになる。天皇下賜の体裁ではあるが、実質的には秀吉側からの要請によって新姓下賜が決定されたことは、当時の公武間の力関係からして間違いないであろう。関白職はそれまで藤原摂関家により独占されてきたが、関白秀吉の豊臣改姓は豊臣姓が藤原姓とならんで「関白となりうる姓」となったことを意味する。また同時に秀吉は豊臣氏長者（豊氏長者）の地位についた[34]。豊臣姓授与は秀吉授姓後の十三年十月から行われるが、当初から官位推挙と同時に授与され、秀吉直臣の片桐直盛（且元）、旧織田系の稲葉典通らが豊臣姓によって叙任、(35)以後、豊臣家滅亡後までも豊臣姓を称する大名は存続する。(36)

ただし旧戦国大名については、天正十六年四月聚楽第行幸以前に関しては源姓大友義統、秦姓長宗我部元親、藤原姓島津義弘など豊臣姓はまだ授与されておらず、(37)また陪臣も同様である。(38)これらに対する豊臣姓授与は同年七月五日立花統虎の従五位下侍従叙任時を初例とし、(39)以降、旧織田系・秀吉直臣系・旧戦国大名系・陪臣の区別なく、すべての武家は豊臣姓により叙任するという原則が確立することになる。

すなわち武家の範疇においてみた場合、有官位者はすべて豊臣姓に、非有官位者は源・平・藤原等の既存の他姓になったのであり、豊臣姓は「官位を有する武家の姓」として「官位を有さない武家の姓」へと転落した他姓に対し優越性をもつことになったと言えるであろう。そしてその官位を有する武家集団にあって、秀吉は豊臣氏長者としての権威をもって頂点に君臨した。つまり豊臣姓と官位を基準としてみた場合、豊臣氏長者関白秀吉―豊臣姓・有官位者―他姓・無位無官者という身分序列がみてとれよう。

なお、豊臣政権における官位推挙は、秀吉・秀次二人の豊臣氏長者が豊臣姓を称する同氏族集団に対して行うという形であったわけだが、これは平安期以来、公家社会において行われた「氏爵」と通じるものがある。氏爵とは藤原・源等の氏長者が同氏族に対して行った官位推挙のことで、氏長者の職能の中でもとくに重要なものであったとされる。(40)氏爵は戦国期にもその事例が見受けられ、(41)また公家のみならず武家においても源氏長者となった足利将軍が源姓の公家に対して氏爵を行っていた。(42)

もちろん秀吉・秀次による官位推挙は、武家の覇者いわば一つの権門としての推挙であって、関白職、ましてや氏長者であることに基づく行為ではない。しかし、氏長者が同氏に対して推挙するという形態自体はまさに氏爵そのものであり、豊臣期官位推挙と平安期公家社会における官位推挙との類似性が指摘できるであろう。

ところで先述したように、羽柴名字授与によって秀吉の擬制的一族である「羽柴侍従」が誕生したわけだが、では豊臣姓創出以前において彼らの姓はどうであったか。擬制的一族関係構築の上で名字の同化は重要な条件だが、姓は名字よりさらに根本的なものであり、その同化なくして擬制的一族体制は完全なものとは言えまい。秀吉は関白任官時には藤原姓、それ以前は平姓を称していたが[43]、秀吉と異なる姓を称する武家が羽柴名字を授与された場合、秀吉との関係は「異姓同名字」になってしまう。これは擬制的一族体制を大名編成の根幹とする豊臣政権にとっては、解消せねばならない大きな問題であったのではないか。実際、豊臣姓創出以前においては、秀吉と異姓同名字の関係にある者が多く存在したのであり、名字のみでなく姓をも同化することにより擬制的一族体制をより完全なものにしようと秀吉が考えたとしても不思議ではないであろう。

史料上において、その形跡は口宣案に見てとれる。すなわち黒田基樹が指摘しているように[44]、福島正則は慶長二年（一五九七）七月従五位下侍従に叙任すべき旨の口宣案を「豊臣正則」の名によって受けており[45]、これ以後「公家成大名は羽柴名字を授与される」との原則通り羽柴名字を称することになるのだが、それ以前天正十三年七月にもすでに平姓によって従五位下左衛門大夫に叙任されているのである[46]。つまり福島正則は、従五位下に叙すとの口宣案を二度にわたり受け、はじめは平姓、のちに豊臣姓であった。この二度の口宣案の理由について、黒田は「明確にしえないが、豊臣姓記載の口宣案を受ける必要があったのであろうか」とするが、羽柴名字を授与する前提条件また絶対的条件として、まず豊臣姓でなければならなかった――具体的には豊臣姓による口宣案を受けること――と考えたならば整合性がつくのではないだろうか。擬制的とはいえ「豊臣姓羽柴秀吉」の「一族」が「平姓羽柴正則」では矛盾する。豊臣姓の創出・授与はその矛盾を一気に解消したのであり、これによって「異姓同名字」の大名が「同姓同名字」へと転化し、擬制一族体制が補完されたのである。

だが、それではなぜ秀吉は新姓を創出する必要があったのか、関白任官時の藤原姓にとどまって「藤原姓羽柴秀吉」として、藤原姓羽柴名字の大名を創出してもよかったのではないかという疑問も生じるであろう。しかしそれでは、藤原姓の武家集団を大量に生み出すことになる。近衛家の養子として藤原へ改姓し、さらには藤原氏長者ともなった秀吉ではあるが、「摂関家」としては同格の存在である藤原五摂家はなおも健在であり、その総領たる氏長者の地位を秀吉の血統が独占していける根拠は全くなかった。したがって藤原姓を称し官位を有する武家集団を創出してしまうと、藤原摂関家の権威上昇にもつながる可能性すらあったと言える。秀吉にとって、自己の権威のみを確実に向上させるためには新姓の創出こそが最善の方策だったのであり、豊臣姓創出の理由はその点からも説明できよう。

四　豊臣期武家官位制の特質

これまで述べてきたように、豊臣期武家官位制の際立った特徴は氏姓授与と密接に関連していた点にあるが、それ以外にも豊臣期特有というべき点がある。江戸期と比較しながら検討してみよう。

豊臣大名の官位は、従五位下諸大夫（諸大夫成）と従五位下もしくは従四位下侍従（公家成）の二つを基本としている。下村效の言う「羽林―諸大夫体制」であるが[47]、その特徴の一つは諸大夫の位階はすべて五位で従四位下諸大夫成大名が存在せず、したがって従五位下諸大夫成大名の従四位下すなわち「四品」への昇進もなかったという点である。従四位下諸大夫には、鎌倉期では執権北条氏が、室町期では細川京兆家などが叙任されており[48]、また徳川期にも多くの叙任例がみられる。にもかかわらず、豊臣期においてはその形跡が全くない。もっとも「四品」という呼称例はあり、例えば「もりのうこん《（森右近）》しほん《（四品）》の御れい申」（『御湯殿の上の日記』天正十六年四月十日条）というように、森忠政の位階が四位となったことが確認できるが、忠政は前年二月すでに侍従に任官していることから、[49]この四品とは諸大夫ではなく従四位下侍従を指しているのであって、やはり豊臣期には四位の諸大夫は見当たらない。

　では、なぜ豊臣期に従四位下諸大夫成大名がいなかったのかといえば、それはおそらく従五位下にとどまる「羽柴侍従」が存在したためであろう。豊臣期には多くの「羽柴侍従」が五位に叙された直後四位へ昇進している事例がみられ、[50]また江戸期にはその多くが四位となっているために侍従といえば位階は四位と理解されがちであったが、侍従の本来の位階は五位であり、[51]実際、豊臣期において五位のまま、もしくは五位に長く留められた大名も存在した。例えば長宗我部元親は終生五位であったし、[52]また伊達政宗は天正十九年（一五九一）二月侍従任官から文禄二年（一五九三）閏九月四位昇進まで二年半以上の間、五位に据え置かれていたのである。[53]

　そのような状況において四位の諸大夫が存在しては、秀吉の「御一家」である五位の「羽柴侍従」を、家人・郎党と位置づけられた諸大夫成大名が位階において凌駕してしまうことになる。地下人にすぎない四位の諸大夫より殿上人である五位の侍従の方が上位の身分に位置するというのは平安期以来の通例ではあったが、[54]「羽柴家」内における家中編成を大名統制の根幹とする以上、羽柴名字非授与者が授与者をたとえ位階だけとはいえ超越してしまうのは避けるべきことであったはずであり、それゆえに諸大夫の位階はすべて五位とされたと考えられよう。

　またもう一つの特徴として、諸大夫成大名の公家成への昇進がなかった点が挙げられる。豊臣期武家官位制が確立された天正十六年聚楽第行幸以前には、森忠政や長宗我部元親などが諸大夫成から公家成へと転じている事例がみられるものの、[55]その後、諸大夫成大名は諸大夫のまま、公家成大名もその嫡男が諸大夫を経ずにいきなり公家成するというように、身分が固定化されていく。

もっとも行幸後に諸大夫成大名が公家成している例は皆無ではなく、実際には福島正則[56]と青木重吉[57]の二例が管見に触れる。福島・青木の公家成・羽柴名字授与については黒田基樹も触れていて、「秀吉譜代のなかでこの両者のみが公家成、羽柴名字を授与された理由については明確にはしえない」としているが[58]、私見では文禄四年羽柴秀保・関白秀次の相次ぐ死去などと関係していると思われる。福島・青木は秀保・秀次の死去の翌々年、秀吉死去の前年にあたる慶長二年（一五九七）に公家成したのだが、その血統をみると、生母はともに秀吉の伯母であった[59]。羽柴を本名字とする有力一門が消滅し、また自身の健康の悪化という現状に直面した秀吉が、弱体した一門を強化すべく、羽柴を本名字とはしないものの自身と近しい血縁関係を有するいわば准一門的大名を「羽柴侍従」化したと考えられよう。両者の「羽柴侍従」化は、彼らの地位がそれまでの家人・郎党的立場から「御一家」へと上昇したことを意味するが、あくまで特殊な事例であり、全体的にみれば行幸以降の官位昇進は極めて寡例かつ特例的で、諸大夫成大名は諸大夫成のままで公家成はしないというのが原則であったのである。

このように諸大夫成と公家成とは断絶していたのであり、それは先述したように、諸大夫成大名は秀吉郎党、公家成大名は「御一家」と、羽柴「家」における位置づけの相違に起因していたと捉えられる。従五位下諸大夫から四品、四品から侍従へと昇進する例が少なくなかった江戸期との大きな違いであったと言えるが、同時に豊臣期において、官位・氏姓に基づく固定化された家格が形成されつつあった証左でもあろう。

なお、江戸期においても徳川将軍による官位推挙・松平名字授与が行われたが、源姓が授与されたわけでも源姓の武家のみが推挙されたわけでもなかった。また、名字授与を行った戦国大名も姓は授与しなかった。姓と名字両方を授与し同化するという豊臣期大名編成の特殊性を、ここに端的にみることができる。

おわりに

以上、豊臣期武家官位制と氏姓授与について考察を試みた。天正十六年に確立された官位・氏姓に基づく豊臣期武家の身分序列を整理すると以下のようになろう。

①　豊臣氏長者・羽柴宗家・関白（摂関家）
豊氏長者および羽柴家家督であった秀吉と秀次がこれにあたる。(60) 氏長者としての氏族的権威、羽柴家宗家としての家父長的権威、さらに関白としての国制的権威の三点において全武家に君臨、重層的身分構造の頂点に立つ。

②　豊臣姓・羽柴庶家・公家成以上
羽柴を本名字とする秀吉一門大名および旧戦国・旧織田系のうちの有力大名が該当する。秀吉とは同姓同名字の関係にあり、擬制的一族と位置づけされる。

③　豊臣姓・非羽柴家・諸大夫成
旧戦国・旧織田系大名のうち「羽柴侍従」とされなかった者、秀吉直臣系大名、大名家有力家臣（陪臣）がこれにあたる。秀吉または「武家公卿」（参議以上）の諸大夫としてその従者的地位にあり、「御一家」である公家成大名とは大きな身分の格差が存在し、②への昇進は基本的にない。

④　非豊臣姓・非羽柴家・無位無官
官位推挙されなかった武家、すなわち武家の大多数がここに属する。

秀吉はこのような身分序列によって主従関係を補完しつつ武家に君臨したわけだが、一方で公家に対しても、関白として官位面においてその頂点に立っていた。だが公家に対して豊臣姓は与えられず、したがって関白を除く主要な官職は藤原・源等既存の氏族集団によってすべて独占されていたわけだが、新姓豊臣を称し官位を有する武家集団の出現によって、天皇の下に編成される身分秩序の中において、非豊臣姓の公家集団と豊臣姓の武家集団が対峙する格好となったと言えるであろう。

ただし、関白秀吉を除けば豊臣姓の武家はほとんど公家成つまり殿上人にすぎず、豊臣姓呼称者の身分はなおも非豊臣姓に比べて見劣りしているという問題があった。そこで興味深いのは、近年、矢部健太郎によって指摘された「清華成」をした武家集団の存在である(61)。これらはすべて豊臣姓羽柴名字を称する大大名であり、公家成にとどまらず「清華成」まで果たした武家集団の創出によって、摂関家につぐ高い家格を誇る清華家においても、非豊臣姓の公家清華家と秀吉「御一家」で豊臣姓の武家清華家が拮抗することとなったのである。

最後に、ではこのような身分序列の形成を可能にした豊臣武家官位制は、徳川家康によってどのように継承あるいは解体されていくのであろうか。それを窺い知る上で興味深いのは、慶長五年(一六〇〇)一月二十七日源姓津軽為信の右京大夫任官、つまり非豊臣姓による武家の叙任が復活した点である(62)。この時期には「五大老」筆頭の家康による専制が行われており、津軽に対する推挙も家康によるものと考えるのが自然であろう。これによって「全ての武家は豊臣姓により叙任する」という原則が破られたのであり、さらに関ヶ原合戦以降には徳川家臣のみならず豊臣大名の中にも非豊臣姓によって叙任される者も現れ、また豊臣期には存在しなかった四位の諸大夫成大名も現れる。「豊臣体制」の解体は、大名の氏姓および官位制の転換からはじめられたのであり、家康にとってまず克服せねばならない重要課題であった。また同時に、それが豊臣政権にとって大名統制の根幹であったことを示すなによりの証左であるとも言えよう。

注

（1）豊臣期に論及されているものとして、宮沢誠一「幕藩制的武家官位の成立」（『史観』一〇一、一九七四年）、李啓煌「近世武家官位制の成立過程について」（『史林』七四―六、一九九一年）、水林彪「武家官位制―幕藩制確立期の武家官位制の構造分析―」（『講座・前近代の天皇』第三巻、青木書店、一九九三年）、池享「武家官位制の創出」（永原慶二編『大名領国を歩く』吉川弘文館、一九九三年）などがある。さらに橋本政宣編『近世武家官位の研究』（続群書類従完成会、一九九九年）によって、武家官位制についての研究は一つの到達点に達したと言える。また中世の武家官位に関する最新の成果として、木下聡『中世武家官位の研究』（吉川弘文館、二〇一一年）がある。

（2）下村效「長宗我部元親墓碑考」（『地方史研究』二四二、一九九三年、以下「下村效A論文」とする）、同「天正　文禄　慶長年間の公家成・諸大夫成一覧」（『栃木史学』七、一九九三年）、同「豊臣氏官位制度の成立と発展―公家成・諸大夫成・豊臣授姓―」（『日本史研究』三七七、一九九四年、以下「下村效B論文」とする）。

（3）黒田基樹「慶長期大名の氏姓と官位」（『日本史研究』四一四、一九九七年）。以下、引用する黒田論文はすべてこれを指す。このほか公家成大名の政治性について論じた「豊臣期公家成大名の政治的性格」（『岡山藩研究』三〇、一九九九年）がある。

（4）このほか秀吉による氏姓授与に触れている研究としては、二木謙一「秀吉政権の儀礼形成」（桑田忠親編『豊臣秀吉のすべて』新人物往来社、一九八一年）、村川浩平「羽柴氏下賜と豊臣姓下賜」（『駒沢史学』四九、一九九六年）がある。

（5）擬制的一族の問題については、宮沢誠一「幕藩制期の天皇のイデオロギー的基盤―擬制的氏族制の問題を中心に―」（北島正元編『幕藩制国家成立過程の研究』吉川弘文館、一九七八年）の詳細な研究がある。

（6）永禄八年十一月二日付坪内利定宛木下秀吉判物写（「坪内文書」『豊臣秀吉文書集一　永禄八年～天正十一年』吉川弘文館、二〇一五年）。

（7）二〇一五年七月、兵庫県豊岡市教育委員会などの調査により、京都市内で新たに発見された同日付の秀吉文書の署名が「木下秀吉」であることがメディアで報じられた。

（8）「羽柴秀吉」の初見は、現時点では（元亀四年）七月二十日付大山崎惣中宛羽柴秀吉書状（「離宮八幡宮文書」『豊臣秀吉文書集一　永禄八年～天正十一年』）である。

（9）このことは、宮部長熙が寛永十年（一六三三）に記した覚書に「与力之木下備中守」とあることから明らかである。

(10)「総持寺文書」（『兵庫県史』史料編・中世三、兵庫県、一九八八年）。
(11) 八木豊信宛秀吉書状（「福成寺文書」『豊臣秀吉文書集一　永禄八年～天正十一年』）。
(12)『御湯殿の上の日記』天正十五年七月二十七日条に「木の下へい大夫・なんてうくわんひやうへ《（南条官兵衛）》しよ大夫になり申」とある。なお、諸大夫成については後述する。
(13) 例えば小田原攻めの際の陣立書にもその名が確認できる（『大日本古文書　家わけ第三　伊達家文書』四八八号）。
(14) 三鬼清一郎によれば、木下吉隆は豊臣政権奉行人組織の中心人物で、秀吉朱印状の副状は三〇〇点以上も確認され、これは例えば「五奉行」と比較しても群を抜いて多い数という（「豊臣秀吉文書の概要について」『名古屋大学文学部研究論集』史学四四、一九九八年）。
(15) 東京大学史料編纂所架蔵謄写本。
(16)（天正十三年）七月二十七日付「佐廉様」宛書状写（東京大学史料編纂所架蔵謄写本「加能越古文叢書」）。
(17)（天正十年）七月一日付で秀吉家臣上坂信貞が称名寺へ送った書状に「今度筑前守足弱衆之儀、御馳走」とある（「称名寺文書」『大日本史料』第十一編之二）。
(18)「木下家系図附言纂」（『日出町誌』史料編、日出町、一九八六年）。
(19) 管見の限りにおいて杉原家次の発給文書は四二点ほどで、時期は天正三年三月から同十二年八月までとなっている。さほど著名な人物ではないが、初期秀吉権力を支えた有力な老臣であった。そのことは、天正十年八月に浅野長吉とともに京都奉行に任じられていることからも察せられる（『兼見卿記』天正十年八月十三日条）。
(20)『多聞院日記』天正十一年十一月二十日条。
(21) 慶安四年（一六五一）二月五日付青山六左衛門覚書（「斉藤安信氏所蔵文書」『豊岡市史』史料編・上巻、豊岡市、一九九〇年）。六左衛門が、家次やその子長房の家臣であった父の彦左衛門から伝え聞いたことを記したものである。数々の功績がありながらさほど報われないことを憤り、秀吉に直訴しようとした家次は失脚し、失意のうちに自害したという。まるで自分へあてつけるかのような家次の自害に激怒した秀吉は、家次の嫡男長房についても「無分別者の悴にて候へば、後々御用にも立間敷」とし、取り立てようとしなかったとされる。
(22) 天正十五年九月二十四日付木下家定宛秀吉朱印状（「足守木下家文書」山陽新聞社編『ねねと木下家文書』山陽新聞社、一九八

二年）。ここで家定は「木下孫兵衛」と呼ばれている。

(23)「神照寺文書」（『近江長浜町志』第一巻本編上、臨川書店、一九八八年）。

(24) 例えば丹羽長重は天正十三年五月九日付溝口秀勝宛判物（「溝口文書」『大日本史料』第十一編之十五）において羽柴名字を称している。

(25)（天正十五年）四月九日付羽柴左衛門尉《（斯波義近カ）》等宛秀吉朱印状（「松下文書」桑田忠親『太閤書信』地人書館、一九四三年所収）。

(26) 文禄二年五月一日付秀吉朱印状写（『大日本古文書　家わけ第十六　島津家文書』九五四号〈以下『島津家文書』と略す〉）。

(27) 黒田基樹前掲注（3）論文。

(28) 黒田基樹前掲注（3）論文。

(29)「龍造寺文書」（『佐賀県史料集成』古文書編・第三巻、佐賀県立図書館、一九五八年）。

(30)「松下文書」、前掲注（8）『豊臣秀吉文書集一　永禄八年～天正十一年』。

(31)『大日本古文書　家わけ第二　浅野家文書』三二一号、三二六号。

(32)「朝倉始末記」（日本思想体系十七『蓮如・一向一揆』岩波書店、一九七二年所収）に「十一月《（天正元年）》下旬ニ、信長殿ニ越前衆ノ朝飯アリ、其時皆名字ヲゾ替ラレケル、朝倉七郎ハ織田同名ニナラレル」とある。一次史料ではないため確証はないが、秀吉の名字授与は、あるいは信長の前例にならったものとも考えられる。

(33)「氏郷記」（『史籍集覧』第十四）。

(34) 秀吉を豊氏長者とする旨の宣旨は発見されていないが、後継関白となった秀次宛のものが現存しており（天正十九年〈一五九一〉十二月二十八日付宣旨「足守木下家文書」山陽新聞社編『ねねと木下家文書』所収）、秀吉が初代豊氏長者であったことは確実であろう。

(35)「片桐文書」、「稲葉文書」（ともに『大日本史料』第十一編之二十一）。

(36) 鍋島勝茂は元和二年（一六一六）八月二十五日付判物（高城寺瑞雪和尚宛）において「信濃守豊臣勝茂」と署名している（「高城寺文書」『佐賀県史料集成』古文書編・第一巻、佐賀県立図書館、一九五五年）。また木下氏は江戸期を通じて豊臣姓であり、豊臣家（羽柴宗家）滅亡後も、豊臣姓自体は存続していた。

(37) 例えば島津義弘は、六月十五日従五位下侍従叙任時は藤原姓であったが、七月二十六日従四位下昇進時には豊臣姓による口宣案を受けている（『島津家文書』六四二～六四四号）。

(38) 羽柴秀長家臣の多賀秀家（のちに秀種）が天正十六年四月三日付で出雲守に任官した際は中原姓であった（「多賀家文書」東京大学史料編纂所架蔵影写本）。

(39) 「立花家文書」（『佐賀県史料集成』古文書編・第三巻）。

(40) 竹内理三「氏長者」（『律令制と貴族政権　第Ⅱ部』御茶の水書房、一九五八年）。

(41) 宇根俊範「氏爵と氏長者」（坂本賞三編『王朝国家国政史の研究』吉川弘文館、一九八七年）、田島公「『氏爵』の成立―儀式・奉仕・叙位―」（『史林』七一―一、一九八八年）。

(42) 岡野友彦「戦国期における源氏長者について」（『戦国史研究』一九、一九九〇年）、竪月基「鎌倉・南北朝期の源氏長者」（『日本歴史』六一〇、一九九九年）。

(43) 「足守木下家文書」（山陽新聞社編『ねねと木下家文書』）。

(44) 黒田基樹前掲注(3)論文。

(45) 「柳原家記録三七」（東京大学史料編纂所架蔵謄写本）。

(46) 「書肆渡辺氏待賈文書」（『大日本史料』第十一編之十七）。

(47) 下村效前掲注(2)B論文。

(48) 宮沢誠一前掲注(1)論文。

(49) 天正十五年二月六日付口宣案写（「森家先代実録五」東京大学史料編纂所架蔵謄写本）。

(50) 例えば島津義弘は天正十六年六月十五日に従五位下侍従、翌月二十六日に四位昇進しており（注(37)参照）、また堀秀治は従五位下侍従叙任が同十八年十一月六日、四位昇進は翌年正月十二日である（「堀家文書幷系図」東京大学史料編纂所架蔵謄写本）。

(51) 下村效前掲注(2)B論文、橋本政宣「近世の武家官位」（『近世武家官位の研究』前掲注(1)書）などにおいてすでに指摘されている。

(52) 下村效前掲注(2)A論文。

(53) 「晴豊公記」天正十九年二月十二日条に「伊たて公家成参内申候」と、『駒井日記』文禄二年閏九月晦日条には「政宗四品ニ而黒装束ニ成申候」とある。

(54)　下村效前掲注(2)B論文。
(55)　森忠政の諸大夫成は天正十三年十月、公家成は十六年七月であり、長宗我部元親は諸大夫成が十三年正月、公家成が十六年四月である（『御湯殿の上の日記』）。
(56)　「柳原家記録三七」（前掲注(45))、「書肆渡辺氏待賈文書」（前掲注(46))。
(57)　『久我家文書』第三巻。
(58)　黒田基樹前掲注(3)論文。
(59)　「福島家系譜」（『広島県史』近世資料編Ⅱ、広島県、一九七六年）、「中村文書」（前掲注(25)『太閤書信』所収）。
(60)　なお、秀頼については豊氏長者・羽柴家家督とも継承したことを示す史料は管見に触れない。ただ豊氏長者任命の可能性については、氏長者は氏人中の最高官位者が務めるという原則（竪月基前掲注(42)論文）から考えて、秀吉死去の段階で中納言にすぎなかった秀頼が豊氏長者に任じられたとは想定できない。
(61)　矢部健太郎『豊臣政権の支配秩序と朝廷』（吉川弘文館、二〇一一年）。
(62)　「柳原家記録三七」（前掲注(45))。

第二章　豊臣政権の支配秩序

——清華成大名の政治的性格について——

はじめに

本章の課題は、秀吉が権力の拡大・安定を図っていく中で、自己の政権内において有力大名をどのように位置づけ、また編成していったのかを明らかにすることにある。天正十年（一五八二）六月から同十八年までという極めて短期間のうちに秀吉は全国統一を完成させるが、その過程において、かつての傍輩や、それまで関係が希薄か、または全く無関係であった旧戦国大名を自己の傘下に組み入れていく必要に迫られることになる。自身を頂点とした身分序列の中に、彼らをどのように編成し、支配秩序を形成していくべきか。そこで登場するのが天皇であり、天皇の下に形作られた官位制であった。秀吉は、自身は官位の最上位である関白となり、大名をその下に組み込んでいったのである。

近年、この武家官位制に関する研究が著しい発展をみせていることはすでに述べた通りである。(1)近世武家官位制のはじまりが豊臣期にもとめられるというのはすでに常識となり、当該期の武家官位制の研究の深化も大きく進んでいる。すなわち下村效によって、武家の官位は大きく公家成（従五位下侍従）と諸大夫成（従五位下およびその相当官）

に分けることができ、いわば「羽林―諸大夫体制」とも言うべき体制が形成されたことが指摘された。(2)また氏は、同時に氏姓授与との関連性にも目を向け、官位叙任と豊臣授姓が連動していることをも指摘している。秀吉が行った氏姓授与については、儀礼面から検討した二木謙一の研究があり、(3)また黒田基樹は官位との関係から、とくに羽柴名字授与について考察、羽柴名字は公家成大名に与えられたことを明らかにし、羽柴名字を授与されることは秀吉の「御一家」と位置づけられたことを意味することなどを指摘した。(4)これらの先学の研究成果を踏まえ、筆者は前章において、羽柴名字授与者と非授与者とでは大きな身分上の隔たりがあり、前者は秀吉の擬制的一族、後者はその郎党的存在として遇されたこと、豊臣姓の創出により擬制的一族体制が補完されたことなどを論じた。さらに、新たな論点として、秀吉は豊臣氏長者としての地位から大名に豊臣姓を授け、その上で官途に推挙したのであり、これは古代以来、主に公家社会において行われた「氏爵」の延長線上にあることなどについても論及した。

このような武家官位制に関する諸研究に対し、別の視点を導入したのが矢部健太郎である。矢部は豊臣期における武家の「家格」の存在を指摘、その最上位に清華成を果たした有力大名を位置づけてこれを「武家清華家」と呼び、豊臣政権下における特権集団と位置づけた。(5)武家の清華成の事実はかねてより知られてはいたが、これを家格の形成と解釈し強調した氏の研究は、官位主体であった従来のものとは一線を画していると言える。

さらに矢部は、清華成大名の政治的地位を積極的に評価し、豊臣政権における特権的集団である清華成大名の成立時をもって、有力大名による連合政権の形成期とみなしている。このような見方は、豊臣政権を秀吉専制政権とみなす従来の見解とは大きく相違している。

他方、笠谷和比古は大名の氏姓に注目、徳川家康の源姓改姓について検討を行い、豊臣政権下における家康の地位の著しい重要性を強調し、豊臣政権期にはすでに「事実上の将軍制」とも呼ぶべきものが内包されていたとする見解を提示した(6)。慶長三年(一五九八)八月秀吉死去以降における家康の地位向上に異論を述べる者はないだろうが、秀吉在世中すでに家康が「将軍」に比肩する立場にあったとする見方は、斬新であるがゆえにまた慎重に検証する必要もあろう。

本章は、このような諸研究の妥当性を検討した上で、とくに豊臣政権における有力大名の政治的位置づけを論じていくこととする。

一　清華成大名をめぐる諸問題

清華成とは、公家成・諸大夫成などとともに従来から公家社会に存在した公家の家格であって、秀吉はこれに武家を適応させたのであるが、そもそもこれは、秀吉が自らの権力の正当性を得るための手段として、純然たる武家政権——具体的には将軍任官——ではなく、関白任官を選択したことに基因していると言ってよい。秀吉の関白任官は、よく言われているように全くの偶然の産物であったが、秀吉自身が公家の最高位である関白に就いたことにより、その配下である大名の身分の方向性も定まったと言えよう。彼らは公家の身分序列にあてはめられ、清華成、公家成、諸大夫成を果たしていくことになる。

1　清華成大名の構成と変遷

まず、清華成大名の構成を、矢部の研究に学びつつ、また補足をまじえながら整理しよう。武家の清華成は天正十六年(一五八八)四月聚楽第行幸頃よりはじめられる。矢部は、この行幸時で清華成をした武家として、織田信雄・

徳川家康・羽柴秀長・羽柴秀次・宇喜多秀家の五名を挙げ、同年七月には毛利輝元、翌八月には上杉景勝、さらに同十九年正月には前田利家、文禄五年（一五九六）五月には小早川隆景が加えられたことを明らかにした。これを合計すると九名となる。

だが、矢部が触れていない者も存在する。すなわち『義演准后日記』文禄五年五月二十五日条に「於二伏見城一御拾御所幷太閤御所へ、諸家・諸門跡幷諸国諸大名不レ残御礼」をした者として、公家・門跡に混じって武家では順に徳川家康・前田利家・同利長・織田秀信・上杉景勝・小早川隆景の名が記されているが、ここで織田秀信の名が、しかもすでに清華成をしている上杉・小早川の前に書かれていることから考えると、秀信もこの時点では清華成をしていたと判断すべきであろう。これで合計一〇名となる。(7)

そしてその一方で、逆に清華から外れた者もいる。まず織田信雄は天正十八年七月に国替えを拒否したため秀吉の怒りを買い改易されており、羽柴秀長は翌十九年正月に病死、養子の秀保が清華としての身分および領国を継承したものの、文禄四年四月に病死し家は後嗣なく断絶となる。また羽柴秀次は天正十九年に秀吉の養子となってから関白に任官しているから、清華の列からは外れたとみなしてよい。清華成大名は、常に一定数ではなかったのである。

これを段階的に整理すると、豊臣期における清華成大名の変遷はつぎのようになる。

天正十六年（一五八八）

織田（信雄）・徳川・羽柴（秀長）・羽柴（秀次）・宇喜多・毛利・上杉

文禄元年（一五九二）

徳川・羽柴（秀保）・宇喜多・毛利・上杉・前田

慶長三年（一五九八）

徳川・前田・宇喜多・毛利・上杉・小早川・織田（秀信）

天正十六年に七家が「創出」されるが、同十九年に織田家（信雄）と羽柴家（秀次）が外れて前田家が新たに加わり六家となり、政権末期の慶長三年段階では、羽柴家（秀保）が欠け、小早川・織田（秀信）の両家が追加されており、元の七家に復したわけである。

ここで、公家の清華家についても確認しておこう。矢部によれば、久我・転法輪三条・西園寺・徳大寺・菊亭・花山院・大炊御門の七家となっている。そこで気づくのは、公武の清華家がほぼ常に同数であるということである。これを単なる偶然とみなしてよいのであろうか。秀吉は、公家清華家の七家と同じ数の清華成大名家を「創出」し、何らかの理由から政権期を通してその数を維持しようとしたと考えることも可能であろう。それは、例えば天正十八年に織田信雄が失脚するやいなや、前田利家を清華に加えたことからも窺われる。だとすればその理由が重要となろうが、それについてはのちに詳しく述べることとしたい。

2 清華成の前提

それでは、どのような条件を満たした場合に大名は清華成をしたのであろうか。これについて矢部は「位階の面では三位以上、官職の面では参議以上のいわゆる公卿に昇進した者が『清華成』をしていた」とする。しかしながらこの見解は、氏が別稿(8)で、豊臣政権の大名編成で最も重要なのは官位ではなく家格であると述べていることと矛盾していると言わざるを得ない。一定の官位に到達した者が清華成したというのなら、家格は官位によって左右されたことになり、官位より家格が重要とする氏の論旨とは明らかに反している。

さらに問題は、公卿すなわち参議に任官した者は、上記の清華成大名の他にも何人か存在していることである。丹羽長重・京極高次・細川忠興がそれであり、いずれも文禄五年に任官し、それぞれ「小松宰相」、「大津宰相」、「丹後宰相」と呼ばれていることが確認できる。(9)参議任官者が清華成したとすれば、彼らも当然清華となっていなければおかしいが、矢部はそれについて論及しておらず、また彼らの清華成を示す史料も見当たらない。

以上の点を踏まえれば、公卿イコール清華とする見解は成立し難いことは明らかであろう。

3　清華成と公家成の比較

ところで、前章において豊臣政権の身分序列を、①豊臣氏長者・羽柴宗家・関白―②豊臣姓・羽柴庶家・公家成以上―③豊臣姓・非羽柴家・諸大夫成―④非豊臣姓・非羽柴家・無位無官の四段階と提示したが、そこではあえて清華成を特別なものとせず「公家成以上」として一括した。なぜ公家成と清華成を分けなかったのかといえば、両者の厳密な区分は困難と判断したためである。清華成と公家成には類似点と相違点があるが、それぞれ検討してみたい。

まず類似点としては、官位における出発点がともに侍従であることが挙げられる。例えば公家成大名では、天正十七年（一五八九）五月に大友義統の嫡男義述が公家成を果たしているし、(10)越前北庄の堀秀治は、父秀政が天正十八年五月に病没すると、同年十一月六日に公家成している。(11)大友義述・堀秀治ともにこれが初の叙任と考えられる。

そして、清華成大名についても、例えば徳川家康の嫡男秀忠については「光豊公記」天正十九年正月二十六日条に「江戸侍従《（徳川秀忠）》口宣二枚今日書レ之、日付天正十八年十二月廿九日、名字不レ定故今日迄延引」とあることからわかるように、(12)初官はやはり侍従であり、またそれは輝元の養子秀元も同様であった。(13)

また、ともに秀吉から豊臣姓・羽柴名字を授与されている点も同様である。ただし、徳川家康については、羽柴名字を称した例は史料上確認できるから間違いないが、(14)豊臣姓授与に関しては否定されるかあるいは無視される傾向にある。私見では、やはり家康も豊臣姓を授与されていたと思われるが、これについては後述したい。

さらに、秀吉発給文書の書札礼についても類似性が認められる。宛所をみると、清華成・公家成ともにかな文字で「とのへ」と記されている。秀吉文書の書札礼は、むしろそのような「家格」ではなく官位によって異なっている。大納言の徳川家康や羽柴秀長へは「羽柴江戸大納言殿」、「大和大納言殿」などというように、「殿」と漢字で記されているのに対し、中納言の毛利輝元や上杉景勝らに対しては「羽柴安芸中納言とのへ」、「羽柴越後中納言とのへ」と、かな文字が使われているという具合である。彼らはいずれも清華成大名であるが、同じく清華成であっても書札礼が異なっている点は注目してよい。

また、大名の改易・減封に際して、秀吉はその事情説明のために朱印状を有力大名に対して発しているが、この発給先も、清華成・公家成の区別はなされていない。例えば文禄四年六月、蒲生家において「知行方之儀、年寄共如レ此不ニ相届一仕様(15)」があったとして、処分に及ぼうとした際、その経緯は例えば清華成大名の毛利氏へ知らされていたが、同時に公家成大名の島津氏へも通知されているのである(16)。

逆に相違点といえば、まず官位の昇進速度が挙げられる。初官が同じく侍従であっても、公家成大名の多くはそのまま据え置かれたのに対して、清華成大名は参議・中納言へと順次昇進していった。

それに清華成大名は、矢部も指摘しているように、公家成大名には許されていなかった自前の諸大夫をもつことができた。矢部は諸大夫をもてたのは秀吉と清華成大名に限定されていたとし、これをもって清華成大名の特質性を論じている。

以上、清華成大名と公家成大名の類似点と相違点を確認した。これをどうみるかは視点の定め方によっても異なるが、豊臣期において最も重要な身分指標は羽柴名字を称することができるかどうかであったと考える筆者の立場からすると、やはりこの両者の区分は困難であると言わざるを得ない。

二　清華成大名創出の理由

つぎに、秀吉がどのような理由から清華成大名を「創出」したのか検討してみたい。矢部はこれについて、つぎの二点を挙げている。第一に豊臣政権初期における織田・徳川両家の独自性・独立性を減少させるため、第二に「摂関家」である秀吉との関係を明確化するためという。そして、清華成とは結局のところ、彼らが豊臣政権の未支配領域に「取次」を行い、秀吉の全国統一に貢献したことに対する恩賞であったと結論づけている。果たしてこれらの見解は妥当性があるものなのだろうか。順次検討してみよう。

まず、第一の理由についてはどうか。たしかに織田信雄は秀吉にとって旧主信長の子息であり、徳川家康はその信雄と同盟し、秀吉をも破った過去をもつ。そういった意味では、彼らが秀吉から特別な敬意を払われていたり、また逆に警戒されていたりしても不思議ではない。ただし、徳川氏は北条氏攻撃に際しては軍役の本役を務め、伏見城普請や「唐入」に際しても豊臣政権の役体系の中で規定通り負担したとの平野明夫の指摘は見過ごすことはできない(17)。徳川氏は豊臣政権において、儀礼面はともかく、決して特別な待遇を受けていたわけではないのである。もっともこれは矢部の論じるところの、徳川氏の独自性を減少させるという清華成の効果と言えなくもない。

だが、清華成大名中の官位の相違はどのように説明がつくのか。内大臣まで昇進した織田信雄・徳川家康に対して、他は前田の大納言を除けばいずれも中納言止まりであった。織田・徳川の独自性を減少させたいとするなら、官位においても等しくすればよいことになる。

もっとも、彼ら清華家の極官は太政大臣であり、それを考慮すると、豊臣政権がさらに存続していたと仮定すれば、織田・徳川以外の清華成大名もその後昇進を重ねて、これらと同様に内大臣まで昇りえた可能性は皆無とは言えない。したがって、一つの段階における官位の上下は問題とすべきではないとの解釈も成立するかもしれない。だが、例えば前田利家の年齢は家康よりも上であるにもかかわらず、ついに家康の官位に並ぶことはなかった。このことからすれば、秀吉は結局のところ、両者の官位を同じくする意図はなかったと考えざるを得ない。

つぎに、第二の理由についてはどうであろうか。清華家と摂関家で最も大きな差異は、摂政・関白になれるかどうかである。その点では、関白となりいわば摂関家となった秀吉と、関白にはなれないという従来の慣習に縛られる清華家となった織田・徳川両氏とは、明確な身分の隔たりができたと言える。これは、それまでの上下関係においては本来秀吉より上位であった両氏を、国制の上で凌駕したことを示すという意味では、秀吉にとっては意義あることであっただろう。

だが、家格や官位などに関する慣例は、圧倒的実力者の前では無力なのが厳然たる事実である。それは、本来なら到底その地位につくはずもない秀吉が関白となったことがよく証明しているし、織田・徳川氏らの武家が、それまでには有り得なかった清華成を果たしたことも同様である。

それでは、清華成が「取次」を行ったことへの恩賞であったとする見方についてはどうか。結論からいって、これは全く成立しえないと思われる。というのは、徳川家康・羽柴秀長・前田利家・毛利輝元・上杉景勝らについてはともかく、その他の織田信雄・宇喜多秀家・織田秀信については、そのような行為を行った事実がないからである。

さらに、「取次」を行ったとされる徳川・上杉・毛利氏らに関する認識にも問題がある。矢部は、豊臣政権の「取次」に関して詳細な検討を行った山本博文の研究(18)を引用し、以下のような見解を述べている。

山本氏が述べたように、未支配領域への「取次」は、大名を個々の才覚をもって服属させることを要求されていた。秀吉が上杉・徳川・毛利氏を「取次」に任じたのは、彼らの「軍事力」を背景にした圧力で、担当する諸地域の大名を豊臣政権に服属させるためであった。つまり、秀吉は彼らのもつ「軍事力」に期待しこれを「取次」に任じたのであり、その功績があったために清華成させたというのである。しかしながら、このような矢部の理解は、山本の見解に則したものとは言い難い。実際には山本は、以下のように述べている。

（前略）そのような大大名に「取次」を全面的に任せたわけではなく、秀吉の側近も同時に動いていた。（中略）この時期の「取次」は、まず個々の才覚をもって服属させることを要求されていたのであり、それが失敗すれば、富田知信・津田信勝らのようにその工作の「不才覚」を責められ、失脚することは当然の処置であった。

矢部は「個々の才覚をもって服属させることを要求されていた」とする「取次」を徳川氏ら大大名と理解しているが、ここで山本が想定しているのは、富田・津田に言及していることからも明らかなように「秀吉の側近」により構成される「取次」なのである。よって、山本の「取次」論に拠って、大大名による「取次」が豊臣政権の未支配地域の服属に功績があったと論じることにまず無理がある。

そもそも、清華成を「恩賞」とする見方自体に違和感をおぼえる。「恩賞」とは、与えられた者が与えられた物に対して価値を認めたときにはじめて「恩賞」と成り得るはずであろう。では、果たして徳川氏らが自身の清華成を「恩賞」と感じたかといえば、それは大いに疑問である。というのは、彼ら武家にとって、それまで全く縁の無いものであった清華という公家の家格に対して、価値を見出し得たとは思えないからである。それどころか、清華とはどのようなものかという知識すら持ち合わせていなかった可能性すらありえるだろう。豊臣期以前において、武家が清華成したというのは皆無であったし、さらにいえば、戦国期以降、経済的に困窮して地方に下向し武家の援助を受ける者もあった公家に対して、武家が強い尊崇の念を抱いていたとは想像できない。そのような公家の家格である清華を、価値あるものと感じたとは考えにくい。

彼らが価値を感じるとすれば、それは公家の家格などよりも、むしろ官位であったはずではないか。鎌倉期以来、武家が官位に憧憬の想いを持っていたことはよく知られている。ましてや、徳川氏らが清華成したのは、秀吉を通して官位に叙任した後のことで、彼らは官位叙任ののち、与えられた官位に相当するものとして清華成したにすぎない。恩賞というならば、清華成以前に与えられた官位こそそのように評価すべきであろう。

また、未支配領域に対する「取次」としての貢献というが、果たしてそのような「貢献」があったかも疑問である。例えば、たしかに徳川家康は東国への「取次」を行った。だが、その最たる対象であった北条氏に対する「取次」は、成功したとは到底言えない。北条氏が、秀吉の発した「惣無事令」に違反したとして攻撃され、滅亡させられたことからすれば、それは明らかであり、むしろ富田・津田がそうであったように、「取次」の不手際を責められても不思議ではなかったと言える。

さらに、西国への「取次」とされる毛利輝元についても、そのような行為を行ったかどうかも疑問である。毛利氏の西国「取次」の根拠となっているのは、以下の史料である。(19)

覚

一、備中残分

一、伯耆残分

一、備後

一、伊予

合二ヶ国

右之分、右馬頭（毛利輝元）於二相上一者、

一、豊前

一、筑前

一、筑後

一、肥後―

合四ヶ国

右相二渡之一、九州取次可二相任一事、

六月廿五日（天正十五年カ）（秀吉朱印）

ここで「九州取次」の条件とされているのは、備中など現に毛利氏が所有している都合三ヶ国分の領国を秀吉へ渡し、その替わりとして豊前など四ヶ国を与えられることである。つまり、九州に知行を得てはじめて毛利氏は「九州取次」たりえたと考えるべきであろう。そしてこの秀吉の案は、結局実行に移されなかった。毛利氏は、伊予を除く国々を依然として領有し、九州においてはいかなる領地も与えられなかったのである[20]。毛利氏が「九州取次」に任じられる前提条件は実現しなかったのであって、そしてまた、毛利氏が九州の大名に対して「取次」を行ったことを示す史料も見当たらないという状況にあっては、毛利氏の「九州取次」は、秀吉の西国「国分け」案の見直しによって撤回されたとみるのが妥当であろう。

以上、矢部が提示した武家の清華成の理由は成り立たないことが明確になった。では、真の理由とは何であったの

であろうか。以下、前章において提示した見解を補足しつつ私見を述べていきたい。

天正十三年（一五八五）九月、豊臣姓を賜与され、同時に豊臣の氏長者（豊氏長者）となった秀吉は、これ以降、自らの姓である豊臣を配下の武家に授与していく。それは段階的に行われ、まずは直臣および旧織田系大名に、ついで同十六年四月に聚楽行幸の後には旧戦国大名・陪臣にまで拡大されていくのであるが、豊臣姓授与は、官途叙任に際して行われた。官位を持つすべての武家の姓は豊臣に限られることになったのである。このことは、それまで藤原・源氏などの公家にほぼ独占されてきた、官位を媒介とする身分秩序の中に、新姓豊臣を称する大量の武家集団が誕生したことを意味し、関白秀吉の下、新たに公武が相並んで編成されたと言える。ただし、関白秀吉を除けば、武家の官位はほとんどが諸大夫成にすぎず、武家は右大臣以下の高官をなおも維持する公家に対して大いに見劣りしていた。そしてそれは家格面においても顕著で、公家の摂関家や清華家は依然として健在であったのに対して、武家は新摂関家とも言うべき秀吉が存在するのみで、清華成は皆無であった。

また、公武両方を関白である自身の下に再編したといっても、実際には秀吉は、本来関白として関わるべき朝廷の実務には加わっていなかった(21)。だが、関白政権であることを全国統治の大儀名分として選択した秀吉にとって、天皇とその近臣である上流公家層は、厚遇しなければならない存在であった。

一方で、秀吉をして権力者ならしめたものは、自身とその麾下の武家が保有する武力であることは言うまでもなく、その権力基盤の所在は明らかであった。自身の力の源泉たる武家の地位を上昇させることは、秀吉にとって不可欠であったに違いない。そのような事情の中で清華成大名は誕生、公家の清華家とその数が均一とされたのである。これは公家と武家を拮抗させて、その上に君臨しようとした秀吉の政権構想を物語るものであろう。

三　清華成大名の政治的地位

1　「有力大名連合政権」論の是非

以上、清華成大名について考察を行ってきた。これまでの考察を基に、豊臣政権における清華成大名の政治的地位について考えてみたい。まず、これらの性格を考える上で看過できない「有力大名連合政権」論の是非について検討してみよう。矢部は「（清華成大名の創出によって）秀吉はかなり早い段階から豊臣政権権力構造の範疇に有力大名を取り込んでいたことになり、関白秀吉の独裁政権という体制が、彼の晩年に大名連合的性格に移行したという見方には再検討の余地がある」としている。すなわち武家の清華成がはじまった天正十六年（一五八八）頃から、早くも豊臣政権は大名連合的性格をもっていたとの見解を示したものであるが、これは、例えば「豊臣政権は絶対者秀吉に極度に収斂していく体制」（山本）というような従来の見解とは著しく相違している。このような見方は、はたして妥当と言えるのであろうか。

矢部は、豊臣政権＝大名連合政権論の根拠として、以下の二点を挙げている。第一に、清華成大名が豊臣政権未支配領域への「取次」を行ったこと、第二に、清華成大名の「軍事力」を「惣無事」の維持のために積極的に利用したこと。第一の根拠についてはすでに指摘した。では、二点目についてはどうであろうか。

これに関する矢部の説明は「北条氏攻撃の先鋒を徳川家康がつとめ、また織田信雄・羽柴秀次・宇喜多秀家・上杉景勝らが関東へと出陣し、羽柴秀長・毛利輝元が畿内において秀吉の留守をまもった」というもので、これを理由として、清華成大名は関白秀吉が独占した軍事指揮権を秀吉の命令によって分掌し、豊臣政権の「公儀性」を補完するために創出された特権集団であると結論づけている。しかしながら、そのような捉え方には無理があろう。

まず徳川家康が先鋒をつとめたという点について、たしかにそれは事実と言えようが、北条氏と領国を接する徳川氏が先鋒となるのは当然である。軍事行動に際して、地理的に最も近接している者が先陣をつとめるのは当時の常識であった。(22) また、北条氏と縁戚関係にある徳川氏としては、秀吉の疑念を招かないためにも率先して軍事行動を起こす必要があったことは容易に想像がつく。清華成大名が出陣したというのも、秀吉が動員したのはなにも清華成大名だけだったわけではなく、多数の公家成・諸大夫成大名も従軍していたし、また清華成大名が秀吉の指揮を受けず独自の軍事行動をとったわけでも、他大名に対する軍事指揮権を保持していたわけでもなかった。これでは「軍事指揮権の分掌」とは到底言えない。

そもそも清華成・公家成などというのは、あくまで儀礼的なものであり、軍事力の発動時にそれが影響を及ぼすかどうかは極めて疑問である。ましてや大名連合政権論を主張するためには、例えば大名の改易・移封や、「唐入」、検地施行など、豊臣政権が行った様々な政策について、その決定に有力大名が関与した事実を立証する必要がある。だが、そのような証拠は今まで全く示されていない。だからこそ、豊臣政権は秀吉専制政権であるとの認識が一般化されていたのである。

以上、矢部が「連合政権論」の根拠として挙げたものはいずれも成立は困難であり、やはり豊臣政権は秀吉専制と定義づけるのが妥当であろう。

2 有力大名による地域分掌体制

つぎに、政権末期において形作られたとされる、有力大名による地域分掌体制とも言うべき体制について検証して

みたい。まず、以下の史料を検討してみよう。(23)

　　敬白天罰霊社起請文前書事

一、御ひろい様(豊臣秀頼)へ対し奉り、聊表裏別心を不レ存、もりたてまつるへき事、

一、諸事　大閤様御法度御置目之通、無二相違一様ニ可二相守一候事、

一、御ひろい様之儀疎略を存、幷　大閤様御置目等相背輩於レ在レ之者、縦雖レ為二縁者親類知音一、ひいきへんはなく、糺明之上を以、成敗之儀可二申付一候事、

一、坂東法度置目公事篇、順路憲法之上をもつて、家康可二申付一候、坂西之儀者輝元幷隆景可二申付一候事、

一、不断致二在京一　御ひろい様へ御奉公可レ申候、自然用所候て下国之時者、家康輝元かハり〳〵に御暇申上、可二罷下一事、

右条々、若私曲偽於二御座候一者、此霊社上巻之起請文御罰深厚ニ罷蒙、今生にてハ白癩黒癩之重病をうけ、弓箭之冥加七代迄尽果、於二来世一者阿鼻無間地獄に堕罪し、未来永功〔劫〕浮事不レ可レ有之者也、仍起請文前書如レ件、

文禄四年七月

羽柴筑前宰相
隆景(小早川)

羽柴安芸中納言
輝元

羽柴武蔵大納言
家康

これは小早川隆景・毛利輝元・徳川家康が差し出した起請文案で、関白秀次が失脚し、自刃させられたのを契機に

作成されたものである。とくに第四条に注目したい。「坂東」の「法度置目公事篇」は家康に、「坂西」は毛利輝元と小早川隆景に任せるとされている。

また、慶長三年（一五九八）八月十九日付毛利家臣内藤隆春の書状には、死の直前に秀吉が語った言葉として、つぎのような一文が記されている(24)。

家康と被㆓仰合㆒候子細をハ殿様へ被㆑成㆓物語㆒之由候、両家無㆓二㆒被㆓仰談㆒候へハ、おひろい《（豊臣秀頼）》事ハ無㆓気遣㆒候、人ニ被㆑成候する事をも不㆑被㆓知召㆒候へ共、おひろいを各めされ置候へハ王位すたらぬ事にて候、東西ハ家・輝両人、北国ハ前田《（利家）》、五畿内ハ五人之奉行無㆓異儀㆒候ハヽ、一向不㆑可㆑有㆓別儀㆒候、

日本の東西は徳川家康と毛利輝元、北は前田利家、畿内は「五奉行」というように分掌することによって、全国の安定を図るという秀吉の考えを示したものである。病床の秀吉が、果たしてこのようなことを明確に遺言したかどうか疑わしくもあるが、文禄四年（一五九五）段階においても同意の史料が存在していることから、これは事実秀吉がそのように語ったものと考えてよいだろう(25)。

では、秀吉は家康らに対して、具体的にはどのような役割を課し、またどのような権限を認めたのであろうか。これについては、二つの史料にははっきりとは記されていないが、可能性としては平時における担当地域の諸大名に対する指揮命令権の行使を認められていたのか、それとも非常時――反乱・一揆などの勃発――にのみに限定されたものであったのかのどちらかが考えられる。常識的には、やはり非常時に限られたものであったとみなすべきであろう。また、秀吉が語ったことと、本当にそのような体制がとられたかというのは別である。果たして実際にそのような体制が存在していたのかは検証してみる必要があろう。

そこで、慶長四年、島津家臣伊集院氏による叛乱（庄内の乱）における豊臣政権の対応をみてみよう。島津氏領国

の薩摩・大隅・日向は言うまでもなく西国に属する。とすれば、毛利輝元が主体となってこの叛乱に対処していかなければならないはずである。だが、山本博文の詳細な研究にある通り、実際には家康と「九州取次」の寺沢正成が中心となって対処しており(26)、毛利輝元は関与していなかった。とすると、前掲史料のような体制は、実際にはなかったのであろうか。

　だが、これは慶長四年という時期を考慮しなくてはなるまい。この時期は家康の勢威が格段に高まっており、毛利輝元はこれに屈した形になっていた。それゆえに輝元は庄内の乱に関わることができなかったとも推測されるのである。そういった事情は、以下の史料にもあらわれている(27)。

遠路之儀ニ候処、度々御使札忝次第、難二申謝一候、然者源二郎（伊集院忠真）事、于レ今楯籠躰ニ候、此中一途雖下可二申付一候上、種々差合事候て、令二遠慮一候、八月入候而、一行可レ存立二覚悟一候処ニ、従二内府様（徳川家康）一御使被二指下一候間、幸之儀共ニ候、内々得二御意一可二申付一心底候、此元之様子、聊御心遣入ましく候、猶期二後音之時一候、恐惶謹言、

「朱カキ」
「慶長四年」七月
安芸中納言殿（毛利輝元）

　差出人の名が記されていないが、おそらく島津義弘であろう。輝元から島津氏に対して「度々御使札」が送られていることが確認できる。「西国は毛利」という自覚は、輝元の中に確実に存在していたのである。輝元は西国担当として庄内の乱に主導的立場で臨もうとしたが、当時圧倒的な権勢をほこっていた家康によってそれを阻まれたのではなかろうか。このように考えてみると、翌慶長五年、上杉景勝に対する家康の積極的な軍事行動も納得できる。東国に位置する上杉氏領国は家康の管轄下にあったため、家康はこれへの対処方針を決定する大儀をはじめから有していたと考えることが可能であろう。

3　徳川家康の改姓問題――源姓か豊臣姓か――

最後に、家康の改姓問題について検討してみよう。家康が羽柴名字を称した事例は確認できるものの、豊臣姓については見当たらない。どころか、『聚楽行幸記』によれば、行幸が行われた天正十六年（一五八八）四月の段階では源姓となっている。さらにその後、慶長八年（一六〇三）将軍に任官したときも源姓であったから、家康は豊臣期一貫して源姓を称していたとも考えられている。[28]前章で述べたように、他の武家がすべからく豊臣姓によって叙任していたなか、家康がついに豊臣に改姓していなかったとすれば、家康は豊臣政権において特別な存在であったということになろう。笠谷が豊臣期における家康の立場を過大に評価する所以もそこにある。

しかし、結論から言えば、やはり家康も豊臣に改姓していたと思われる。その点については下村效も指摘しているが、[29]氏はその根拠として、家康が羽柴名字を称していることを挙げている。これは、前章で述べた、秀吉による擬制的一族体制補完のための方策、すなわち羽柴名字を与えた者へさらに豊臣姓をも授与することによって、彼らを「異姓同名字」から「同姓同名字」へと転換させたとする論旨に符号するものである。他のすべての大名が、羽柴名字を称する前段階において必ず豊臣へ改姓させられている事実を踏まえれば、家康のみ例外とされたとは考えにくい。たしかに聚楽第行幸の時点では源姓であったが、その後豊臣姓を与えられたものと推測される。

豊臣期武家官位制の完成は行幸後の七月であり、それ以降の叙任に関してはすべて豊臣姓によることになったことは前章においてすでに論じた通りである。だがこれは、その時点をもってすべての武家が豊臣姓になったということではなく、これ以降の叙任がすべて豊臣姓によってなされることになったという意味である。[30]家康の大納言任官は天正十五年であり、この任官は源姓によって行われたであろう。だが、家康は文禄五年（一五九六）五月に内大臣へと昇進している。(31) この折りに家康は豊臣に改姓させられ、「豊臣姓羽柴氏」となったと思われる。

おわりに

以上、清華成大名を考察の中心に置き、豊臣政権による支配秩序の実態について検証した。武家の清華成に注目した矢部健太郎の着眼は評価されるべきものでありかつ興味深いが、氏が論じた清華成の理由や政治的地位については賛同できない点も多い。

矢部は、清華成・公家成・諸大夫成という公家の家格が武家にも適用されたことをもって、武家家格の形成と結論づけている。だが、例えば室町期においては、義政期に御相伴衆・国持衆・准国主・外様衆・御供衆・番頭・節朔衆などといった、公家の家格とはまったく別個の、武家独自の格式が存在した(32)。また江戸期においても、官位・石高・城持・殿席・座次・松平名字授与・偏諱授与・徳川氏との親疎関係など、複合的要素によって家格が決定されていた。両政権とも、朝廷とは距離を置いた形で武家家格が形成されていたと言える。ただ単に公家の家格に武家をあてはめたことのみをもって、豊臣期における武家家格の完成とみなしてよいとは思われない。事実、矢部が示した史料は、聚楽第行幸や参内時など、公家・武家ともに参集している場面のものに限られており、純粋に武家のみが参集している場面において、清華成・公家成・諸大夫成という家格は区別されていない。

去十二水野と中八下着候、大閤様御気分趣、佐石(佐世元嘉)へ被二仰下一候条々、

一、去九日大名衆被二召寄一御対面候、御身ハ上段ニ御座候て種々之かり物を被レ敷、けうそくニ被二寄懸一、青キこそて紅之うらニ付たるをめされ、そはにハ女しゆ五人・露庵計(針カ)うち計祇候、

一、左座ハ家康（徳川）・前田殿（利家）・伊達（政宗）・宇喜多（秀家）・宰相様（毛利秀元）五人、右ハ殿様（毛利輝元）御一人計之由候、

これは先に引用した毛利家臣内藤隆春書状の前部分であり、(33) 死去直前の秀吉が家康ら有力大名と対面している状況を記したものである。右座に毛利輝元が、左座には徳川家康・前田利家・伊達政宗・宇喜多秀家・毛利秀元が座していたとされているが、ここで注目すべきは、徳川・前田・宇喜多・毛利といった清華成大名に混じって、公家成にすぎない伊達政宗が同席している点である。しかも政宗は、末席に連なっているのではなく、前田利家と宇喜多秀家の間に座している。ここでは、清華という家格が座次に反映していないことは瞭然である。むしろこの座次は石高の順であり、いわば大名としての実力が反映していると言える。こういった点を考慮すれば、豊臣期における武家家格はいまだ完成途上とみるべきであろう。

また、清華成大名は儀礼上重んじられる存在ではあったが、特別な権限や権力が付与されていたわけではなかった。清華成と秀吉の行った軍事行動を連動させて考えるのは妥当ではない。豊臣政権において、権威と権力の両方を有していたのは秀吉のみであり、清華成大名は権威を、石田三成らは秀吉側近として権力を有していたとみるべきであろう。

矢部は官位と家格をやや対立的に捉えているが、官位は家格を構成する有力な要素の一つであることはたしかであろう。さらに「秀吉死後の秀頼と家康の関係についてみても、官位は家康が上だが、家格は秀頼が上であったため、形式上、家康は豊臣家に臣従の姿勢をとる必要があった」とし、秀頼と家康の関係をも、家格面から説明している。だが、このような理解は、所領授受を媒介とした武家社会における伝統的主従関係の在り方と矛盾しているのではなかろうか。家格が下の者は上位の者に対して臣従するというのであれば、諸大夫成は公家成に、公家成は清華成に臣下の礼をとらねばならない理屈になる。そのようなことが一切なかったことは言うまでもあるまい。家康が秀頼に臣

従の姿勢をとったのと家格とは、別の問題として考えるべきだろう。

また、その立場の特殊性を指摘される徳川家康については、源姓から遅くとも文禄五年（一五九六）内大臣任官までには豊臣に改姓していたと考えられる。家康は、儀礼的な面を除けば、必ずしも豊臣政権において特別な待遇を得ていたわけではなかったし、権限を持っていたわけでもなかった。豊臣政権による大名支配の枠内に、完全に組み込まれていたのであり、ましてや笠谷和比古が言うような、豊臣政権下における「事実上の将軍制」が内包されていたというような事実は認められない。

しかし、徳川氏の政治的地位の高さについては、知行地の面から説明することも可能ではある。二五〇万石といわれる徳川家康領は、上杉一二〇万石、毛利一一二万石など、他のどの大名領よりもはるかに広大であり、そればかりか約二二〇万石といわれる豊臣蔵入地をも凌駕しているためである。主君である豊臣氏の領地が、臣下にすぎない徳川氏のそれよりも少ないというのが事実であれば、やはり特異なことと言わざるを得ず、これをもって徳川氏の政治的地位の高さを強調することは容易に思える。

だが、他大名との比較ならまだしも、豊臣蔵入地と比べることで、豊臣政権や徳川氏の力量を論じることはできない。というのは、徳川氏の二五〇万石という石高は、家康直領と家臣団領を合わせたものであるのに対して、豊臣氏の二二〇万石というのは、当時の用語として「蔵入」と表記されていることからもわかるように、基本的にすべてが秀吉の直轄領である。したがって、両者の経済的実力は単純に石高のみ比較しても隔絶していたと言えるだろう。

注

（1）　序章を参照。
（2）　下村效「豊臣氏官位制度の成立と発展―公家成・諸大夫成・豊臣授姓―」（『日本史研究』三七七、一九九四年）。

(3) 二木謙一「秀吉政権の儀礼形成」(桑田忠親編『豊臣秀吉のすべて』新人物往来社、一九八一年)、同「豊臣政権の儀礼形成」(『儀礼研究』九、一九八八年)、同『武家儀礼格式の研究』(吉川弘文館、二〇〇三年)。
(4) 黒田基樹「慶長期大名の氏姓と官位」(『日本史研究』四一四、一九九七年)。
(5) 矢部健太郎『豊臣政権の支配秩序と朝廷』(吉川弘文館、二〇一一年)。
(6) 笠谷和比古『関ケ原合戦と近世の国制』(思文閣出版、二〇〇〇年)。
(7) 小早川隆景の清華成は、この前日のことであった〈文禄五年〉五月二十四日付前田玄以宛中山親綱・久我敦通・勧修寺晴豊連署状『大日本古文書　家わけ第八　毛利家文書』九九四号〈以下『毛利家文書』と略す〉)。
(8) 矢部健太郎「太閤秀吉の政権構想と大名の序列」(『歴史評論』六四〇、二〇〇三年)。
(9) ただし、任官の時期についてははっきりせず、武家の叙任に関して詳細な一覧表である下村效「天正　文禄　慶長年間の公家成・諸大夫成一覧」(『栃木史学』七号、一九九三年)にも、これらの参議任官は載せられていない。だが、文書史料からはそれは明らかである。すなわち三鬼清一郎編『豊臣秀吉文書目録』(名古屋大学文学部国史研究室、一九八九年)によれば、丹羽・京極については遅くとも慶長三年には参議となっていたことが確認でき、また細川についても、慶長五年二月七日付長束正家・増田長盛・前田玄以連署状の宛所には「羽柴丹後宰相」と(「松井家譜　三」中村孝也『新訂徳川家康文書の研究』中巻、日本学術振興会、一九五八年)、また(慶長五年)八月十二日付徳川家康書状には「丹後宰相殿」とあって(同書)、参議任官は確実である。なお、家譜類には、丹羽長重は文禄四年中、京極高次は慶長元年中、細川忠興は同年九月二日に参議となったとされている。また、このほかにも『御湯殿の上の日記』文禄四年三月二十四日条に「あいすのさいしやうなりの御れゐ、つゐに申入候はぬと て、すきたるあとにて、あとめより御たち・おりかみ・三百疋まいる」とあるように、会津を領有していた蒲生氏郷が病没直前に参議となっていたことがわかる。だが、氏郷は同年二月七日、任参議の御礼の参内もできぬまま病没しているため、この後氏郷が存命であったならば清華成したかどうかは推測の域を出ない。
(10) 『御湯殿の上の日記』天正十七年五月十九日条。
(11) 「堀家文書幷系図」(東京大学史料編纂所架蔵謄写本)。
(12) 東京大学史料編纂所架蔵謄写本。
(13) 秀元の公家成は文禄元年(一五九二)八月二十三日のことである(「柳原家記録三七」東京大学史料編纂所架蔵謄写本)。

(14) 文禄三年九月二十一日付家康宛秀吉朱印状（「地蔵院文書」『三重県史』資料編・近世1、三重県、一九九三年）。
(15) 文禄四年六月三日付毛利輝元宛秀吉朱印状（『毛利家文書』九六五号）。
(16) 文禄四年六月三日付島津義弘宛秀吉朱印状（『大日本古文書　家わけ第十六　島津家文書』九五八）。
(17) 平野明夫「豊臣政権下の徳川氏」（『地方史研究』三〇五、二〇〇三年）。
(18) 山本博文『幕藩制の成立と近世の国制』（校倉書房、一九九〇年）。
(19) 『毛利家文書』九五五号。
(20) 『毛利家文書』九五六号。
(21) 池享『戦国織豊期における武家と天皇』（校倉書房、二〇〇三年）。
(22) 池享前掲注(21)書。
(23) 『毛利家文書』九五八号。
(24) 『萩藩閥閲録遺漏』巻五ノ一。
(25) これに関して藤田達生は、家康が「坂東」を任されたことをもって、その政治的地位の高さを論じている（『日本近世国家成立史の研究』校倉書房、二〇〇一年）。だが藤田は、「坂西」を毛利・小早川氏が任されたことについては触れておらず、それは北国担当の前田利家、畿内担当の「五奉行」についても同様である。
(26) 山本博文前掲注(18)書。
(27) 「旧記雑録後編」巻四五（『鹿児島県史料』）。
(28) 家康・秀忠の叙任時の文書について検討した米田雄介は、秀忠が豊臣姓によって叙任したことを明らかにしているが、家康については藤原姓・源姓によって叙任したとしている（「徳川家康・秀忠の叙位任官文書について」『栃木史学』八、一九九四年）。また、家康の姓の変遷を取り上げた笠谷和比古も、藤原姓から源姓への改姓問題について検討しており、家康の豊臣授姓には全く触れていない（前掲注(6)書）。
(29) 下村效前掲注(2)論文。
(30) 例えば、石田三成は天正十三年（一五八五）七月秀吉関白任官と同時に藤原姓で諸大夫成をしたが（『暦名土代』）、関ヶ原合戦に敗れて慶長五年（一六〇〇）十月に刑死するまでの間、一度も昇進していないから、終生「藤原三成」であったことになる。これは、豊臣授姓が叙任時に行われたためで、そのため天正十六年七月以前に叙任しそれ以降昇進しなかった武家は非豊臣姓のままであった。たしかに非豊臣姓の大名はなおも存在していたのである。しかし、石田家が代替わりし、三成の後継者が家督を継ぐことになれば、その後継者は当然豊臣姓により叙任するのであり、やがては官位を有するすべての武家の姓は豊臣になろう。このように、豊臣改姓は一斉にすべてが行われたわけではなかったため、一部に非豊臣姓の者も存在したが、それらも代替わりを経れば、いずれは豊臣に改姓されることは必定であった。

(31) 『公卿補任』(『国史大系』第十巻)。
(32) 二木謙一『中世武家儀礼の研究』(吉川弘文館、一九八五年)四六三頁。
(33) 前掲注(24)参照。

第二部　「太閤・関白体制」期における政治権力構造

第一章　文禄期における豊臣蔵入地

――関白秀次蔵入地を中心に――

はじめに

武家権力にとって自らの所有する直轄領は、経済的基盤の根幹、ひいては権力の源泉であることは言うまでもない。豊臣政権においてそれは「蔵入地」(1)と呼ばれており、天正十一年（一五八三）に賤ヶ岳の戦いにおいて柴田勝家らを破って以降、秀吉によって占領地各所に設置され、全国統一の進展とともに各地に展開していった。その規模は、慶長三年（一五九八）時で約二二〇万石ほどとされ(2)、豊臣政権の軍事・経済面を根底から支えていた。

豊臣蔵入地についてはすでに多くの研究があるが、概ね二つの視点に分かれている。一つは全国の蔵入地全体を総合的に考察し、その性格を明らかにしようとした朝尾直弘・山口啓二らの研究であり(3)、もう一つは地域ごとに焦点を絞り、その地域の蔵入地の性質や蔵入米の用途の明確化を試みた岩澤愿彦・古川貞雄・村上直・森山恒雄・長谷川成一らの研究である(4)。一九六〇年代以降、活発に行われたこれら一連の研究によって、豊臣蔵入地の性格や機能などの解明は大きく深化してきたと言ってよい。

しかしながら、蔵入地の規模、支配形態、機能などは決して一定であったわけではない。とりわけそれが顕著なのは、天正二十年初頭――十二月八日に文禄に改元――から文禄四年（一五九五）までの間、すなわち秀吉の後継者として養子秀次が関白職に就いていた期間である。関白任官にあたり、秀次は秀吉から多くの蔵入地を分与されており、それは「関白様御蔵入」、または「聚楽御蔵入」などと呼ばれ、秀吉蔵入地とは別個に管理運営されていた。つまりこの時期、豊臣家の蔵入地は秀吉・秀次の両蔵入地に二分化されていたのであり、このことを考慮すれば、豊臣蔵入地研究において、関白秀次蔵入地もその範疇に入れるべきことは自明である。

だが、これまでの豊臣蔵入地に関する研究は、秀吉蔵入地に限られており、秀次蔵入地についてはほとんど研究対象とはされてこなかった(5)。秀次に関する研究といえば、秀次の人格的側面などに関するもの(6)のほかは、もっぱら豊臣政権内での権力論、すなわち主従制的支配権や統治権的支配権といった面を中心に議論がなされてきた。しかしながら、このような権力論を論じる場合、権力の源泉となっていた領地支配の実態を究明することも当然必要なのではあるまいか。そこで本章では、研究史において空白となっている関白秀次蔵入地――関白任官以降の秀次蔵入地を本章では「関白蔵入地」と呼ぶこととする(7)――について考察する。とくに、関白任官以前と以後では、秀次蔵入地の所在はもとよりその支配体制も大きく変化していることから、その変遷について検討を加え、さらに秀次関白期における豊臣政権の権力構造の変化が豊臣蔵入地支配に及ぼした影響についても論及したい。

一　関白任官以前の秀次領

1　近江領有以前

秀次は永禄十一年（一五六八）の生まれといい、周知のごとく秀吉の甥にあたる。天正十年（一五八二）に河内に勢力をもつ三好康長の養子となっており、[8] 同年十月二十二日付の秀吉書状（下間頼廉宛）に「三好孫七郎」とあるのが、それがわかる初見となる。[9] また、実名を信吉と称していて、翌年中には「三好孫七郎信吉」の名での発給文書が確認できる。[10] 秀次は天正十二年まで三好家の養子にとどまっている。

ところで、三好家の養子となる以前の秀次のことはあまり知られてはいないが、実は秀次は三好家に養子入りする以前は秀吉家臣の宮部継潤の養子となっていたとする説がある。[11]

為二知行一七拾石進候之折紙

天正九　宮部次兵衛尉

五月廿一日　吉継（花押影）

村山与介殿

御宿所

これは「上坂文書　箱中古筆判鑑」という史料で、[12] 知行充行状のうち発給者署判・年月日・受給者などが書写されたものだが、この「宮部次兵衛尉吉継」が秀次だという。ただし、「吉継」という実名は秀吉と宮部継潤からそれぞれ一字ずつとったと考えれば納得がいくが、筆写されている花押形はのちに秀次が用いるものとは異なっていて、これを秀次とみなすには他の史料から検証する必要がある。そこで通称の「次兵衛尉」に注目すると、秀次の発給・受給文書にはこの通称を用いているものはないが、[13] 天正十三年に秀次が近江で知行を与えられた際のことを「宇野主水日記」[14] は「江州一ヶ国南北次兵衛殿へ被レ遣レ之」と記しており、秀次がその通称を用いたことがあるのはたしからしい。さらに、のちに秀吉によって秀次付「宿老」とされた者に、宮部家の家臣であった田中吉政や、[15] その名字からおそらくは宮部氏の同族と思われる宮部宗治などがいて、これを宮部家時代の縁によるものと想定するならば、秀次が宮部家の養子となっていたというのも信憑性があるように思われる。

ここでは七〇石の知行を与えているが、どの地域においての充行であるかはわからない。また、他の史料から十一年七月二十六日付での一〇〇石の充行が確認できるが、[16]これにも所付が記されておらず秀次領の所在はやはり不明である。確証はないが、この時期秀次は畿内近国において宮部継潤・三好康長らとは別個に秀吉から知行を与えられていた可能性はあるだろう。

2 近江領有期

秀次領の規模とおおよその所在地が明らかとなるのは天正十三年に入ってからで、羽柴家に戻った秀次は、閏八月二十二日に秀吉から近江国内で直領として二〇万石が与えられ、また同時に秀次付とされた「宿老共」にも二三万石が与えられた。[17]知行目録が現存しないため知行地については詳細がわからないが、藤田恒春は、秀次領は居城八幡山のある蒲生郡やその西隣の野洲郡などにあったと推定している。[18]いずれにせよ、秀次とその宿老らで近江の過半を領有することとなった。

ところで、この「宿老共」とは田中吉政・渡瀬良政（繁詮）・宮部宗治・山内一豊・堀尾吉晴らのことで、[19]それはのちに領内中野村と青名・八日市村との間に井水相論が起こった際、この五人の連署状によって裁定されていることから窺い知ることができる。[20]もっとも、秀次宿老とされたとはいえ彼らの身分は秀吉直臣であった。[21]そして、秀次領内の支配は、藤田恒春が指摘しているように、宿老のうちとくに田中吉政によって主に行われていた。[22]この時期、秀次領支配に関係する田中吉政の発給文書は一五例ほどあり、[23]これは他の宿老に較べて格段に多いため、吉政が宿老の中心的役割を果たしていたことは疑いない。[24]田中吉政は先述したように秀吉直臣となる以前は宮部家に仕えており、ここに吉政が秀次宿老となった素地があったと思われる。秀吉は秀次を近江に封じるにあたって、宮部家時代より秀次と関係のあった吉政をとくに選び、その宿老としたのであろう。

発給文書から知ることのできる吉政ら宿老の活動は、相論の裁許、寺社領の寄進・安堵、諸役免除などで、領域は数郡に及んでいる。これに対して秀次自身はどうかといえば、その発給文書は大半が知行充行状であり、領地支配を示すものとしては城下八幡山への掟書発布(25)のほかに諸役免除など五例があるのみで(26)、秀次領が事実上宿老らによって運営されていたことはやはり明らかである。

そして、こういった秀次や宿老らによる領地支配については、秀吉または秀吉の意を受けた秀吉奉行人が彼らへ様々な命令を与えていた。例えば、天正十三年九月十二日、秀吉は秀次に対し「小谷寺分事、最前遣候任二判形旨一如二有来一、無二別儀一可二申付一者也(27)」と命じているし、また同月中、八幡山ほど近くにある長命寺の寺屋敷・山林を変わらず免除するべきことが増田長盛から田中吉政へ伝えられ、吉政はそれを受けて長命寺に対して「其寺中、従二関白様(秀吉)被レ下候通、今以不レ可レ有二異儀一候」との書状を送っている(28)。

このように、近江領有期の秀次領の経営は秀次宿老とされた秀吉直臣により主に行われ、かつ彼らは秀吉の強い影響力を受けていた。すなわち秀次領は、実質的には秀吉の間接統治が行われていたと言っても過言ではないだろう。秀次直轄地・蔵米の管理をもこれら宿老が主体的に行っていたかは史料にみえずはっきりとはわからないが、徐々に編成されつつあった秀次直臣らの活動も顕著ではなく、のちに関白秀次の有力な奉行人として活動する駒井重勝らも、この時期にはほとんど史料にあらわれない(29)。断定はできないが、やはり宿老が中心となっていたと考えるのが妥当と思われる。

3　尾張領有期

つぎに、ごく短期間のことではあるが、天正十八年に尾張移封されてから翌年末に関白に任官するまでの秀次領についてみてみよう。

十八年七月、後北条氏を倒し全国を統一した秀吉は、徳川家康旧領への国替を拒絶した織田信雄の所領の尾張一国・北伊勢五郡を没収し、秀次を尾張へと移す(30)。それにしたがって宿老らも秀吉直臣身分のまま、近隣の東海諸国に知行を移すことになる(31)。

とはいえ、秀次は奥羽の反乱・一揆討伐のためほとんど在国していなかったという事情もあって、尾張移封直後の八月から九月にかけての時期、田中吉政による当知行・寺社領の安堵が行われていて(32)、尾張拝領直後においては吉政が秀次領の支配に関わっていることがわかる。そして、その安堵は秀吉の「御朱印之旨」によるものであり、やがて秀次が入国した際に「御書重而相調可ㇾ遣候」こととされており、秀次領に対する秀吉の影響力は継続していた。ただし、田中吉政ら宿老が、尾張国内において秀次領の代官をしていたことを示す史料は管見に触れない。秀次は九月後半頃より家臣に対する知行充行などを行い、織田信雄の旧臣を配下に加えつつ家臣団を整備していくが(33)、代官にはそういった秀次直臣が任命されたとも考えられる(34)。もっとも、たとえそうであったとしても、この時期、秀次は奥羽に在陣のままで尾張に入っていないことから、それを推進していったのは秀次ではなく、秀吉の意を受けた田中吉政あるいは秀次の実父三好吉房らであったと思われる(35)。

なお、秀次領はそれ以外の東海諸国にも点在していた。史料上それがはっきりわかるのは遠江国で、十八年九月二十日には遠江国城東郡内一万八〇〇石の秀次蔵入地の代官を渡瀬良政が秀吉から命じられているし(36)、秀次失脚後の文禄四年（一五九五）七月十五日には、山内一豊が「遠江国秀次蔵入内八千石」を秀吉から与えられている(37)。これは、以前から山内一豊自身が代官支配していた秀次領をそのまま与えられたものと想定できるが、その代官任命は、おそらくは渡瀬同様、秀次尾張拝領と同時に秀吉から命じられたものであろう。つまり、遠江国における秀次領の管理は、近江時代からの秀次宿老らに委任されていたとみられる。

三河国においても、秀次本領の尾張により近いということからすれば存在していたと考えるのが自然である。秀次領の存在を明確に示す史料は確認できないものの、天正十八年に秀次直臣の藤堂嘉清が高橋郡内で知行を与えられており(38)、秀次直臣領が存在したことは間違いない。これは当然秀次領内での知行充行であろうから、やはり三河にも秀次は秀吉から領地を与えられていたと考えられる。

一方、これら東海諸国には秀吉蔵入地も設置されていた。例えば遠江国では、天正十八年十月二十五日、山内一豊が「一宮辺御蔵入合壱万千九百八拾石」の代官を秀吉から命じられている(39)。もっとも、「御蔵入」という表現からは、秀吉の蔵入地とは断定できず、あるいは秀次蔵入地のことを指すと考えることも可能かもしれない。だが、秀吉発給文書においては、自敬表現が多くみられることがよく知られているように、秀吉蔵入地についてもその例にもれずに必ず「御蔵入」と敬称されているのに対して、秀次蔵入地は単に「蔵入」と呼ばれている。したがって、この文書における「御蔵入」が秀吉蔵入地を指していることは間違いない。つまり山内一豊は、遠江における秀吉と秀次の両蔵入地の代官を務めていたことになる。

また、駿河国においては、文禄四年七月十五日付秀吉朱印状によって「駿河国内御蔵入五千石」が中村一氏へ与えられており(40)、「御蔵入」と書かれていることから、これも秀吉蔵入地であることがわかる。なお、駿河には秀次蔵入地は存在せず(41)、駿河の領主中村一氏も秀次領の支配には関与していない。のちには「関白様御家中衆(42)」と称される中村一氏だが、近江領有期と同様、実質的には秀次との関係は希薄であった。

さらに、秀次本領の尾張国においても秀吉蔵入地は確認できる。例えば、秀次が関白となって以降の史料だが、『駒井日記』には「尾州ニ而大閤様御蔵入、先年一万貫之分未有レ之歟之由、直段ニ而相尋候処ニ、有レ之由被レ申事」とある(43)。これは、関白秀次に対して秀吉側から尾張国内における秀吉蔵入地の状況について問い合わせているもので、はっきりと「大閤様御蔵入」と記されている。そして、石高ではなく貫高表示であることは、これが天正十九年から翌二十年にかけて行なわれた、いわゆる「太閤検地」以前に設定されたことを示しており(44)、秀次の尾張拝領と同時に秀吉蔵入地が設置されていたことが窺われる(45)。

二 「関白蔵入地」の成立

1 「関白蔵入地」の形成過程

天正十九年（一五九一）十二月二十八日、秀次は秀吉から関白職を譲られ(46)、就任直後の翌年正月から、秀吉の所有していた豊臣家蔵入地を分与されることになる。

ただし、どのように分与するのかについては、他大名の「国割り」も含めて紆余曲折がみられた。まず、次の史料を検討したい(47)。

増田右衛門尉長盛書状之案

御朱印を以被二 仰出一候条、猶以爰元之様体申上候、

（中略）

一、御家督・聚楽、中納言様（秀次）へ被レ成二御渡一、上様（秀吉）大坂江可レ成二御隠居一旨、尾州ハ岐阜少将（羽柴小吉秀勝）へ被レ遣、岐阜田中（吉政）可レ被レ置様ニと被二思召一候、美濃之御蔵入・伊勢之御蔵入、尾張之御知行ほと可レ有二御座一候間、只今尾州之御給人右之分ニ被レ遣、其外之御蔵入ニて何様も可レ被二仰付一旨候、

年月日は不明だが、秀次が関白に就任する前、天正十九年八月のものと推測されている(48)。また宛所も記されていないが、『駒井日記』に収められていることから、秀吉の意向を増田長盛が秀次直臣の駒井重勝に伝えたものと考えて間違いない。まず、聚楽第とともに豊臣家家督を譲るとしていることが注目される。ここにおいて、秀次は名実ともに秀吉後継者に指名された。そして領地については、秀次領尾張は美濃国岐阜領主である秀次実弟の羽柴秀勝へ与え(49)、岐阜には三河岡崎城主の田中吉政を置くとされている。尾張を失うことになる秀次へは、その替わりとして尾張の秀次領とほぼ同じほどある美濃・伊勢両国における秀吉蔵入地を与えるとする。また、秀次が尾張において召抱えている給人へは、その両国において同じだけ所領を与えること、残りの分については秀次の裁量に任せるとなっている。

これらのうち、領地の移動は多くは実行に移されず、羽柴秀勝と田中吉政の領地は現状通りとされ、尾張も秀次領のままであった。そして、美濃・伊勢の蔵入地は秀次に分与はされたものの、秀吉蔵入地も依然として存在していた。構想変更の理由は定かではないが、当初の案では秀次の領地は石高が据え置きとなっていたものが実際には増加することになったわけであり、これは秀吉が「唐入」に専念できる体制を整えるために、その留守を預かることになる秀次の権力基盤を強化させようとした結果と捉えることができよう。

また、秀次給人のことに関する指示などは、秀次の領地経営に対する変わらぬ「干渉」とも受けとめられるが、一方では、給人へ与える領地以外における秀次の自由裁量を認めている。これは関白任官以前に較べれば、かなり秀次の主体性を容認しているとも言えるだろう。

2　「関白蔵入地」の所在

つぎに、実際に秀次蔵入地となった地域について検討する。東海諸国の所領はそのままとし、秀次は新たに畿内およびその近国において秀吉蔵入地を分与されている。国ごとにみていきたい。

①　近江国

近江は長浜時代からの秀吉本拠地として豊臣家との関係がとりわけ深く、秀吉蔵入地もかねてより多く置かれていたが、関白任官にあたりそれらが秀次に分与されている。それがかなり大規模なものであったことは、多数の史料が残存していることから明らかである。具体的にみていこう。

まず関白就任直後の天正二十年正月、秀次は秀吉直臣の増田長盛が代官であった甲賀郡内一万八〇〇〇石余の蔵入地の代官に直臣の藤堂嘉清を任じている。[50] そして翌月には、

　　至二大津一可二相届一八木之事
　　　先代官加須屋内膳（真雄）
一、壱万弐千石　坂田郡八木　益庵（宗甫）手前分
　　　先代官増田右衛門尉（長盛）
一、壱万石　上甲賀八木　駒井中務少輔（重勝）手前分
　　　同
一、壱万石　神崎郡八木　同
　已上、

右之分、手前之舟共申付、早速至㆓大津㆒可㆓相届㆒者也、
（天正二十年）二月六日　（秀次）（朱印）
（詮舜）観音寺

というように[51]、坂田郡・神崎郡においても「関白蔵入地」が設置され、代官職が秀吉直臣の加須屋直雄・増田長盛から秀次直臣の益庵宗甫・駒井重勝へと変更されている。また、江戸期寛政年間に記された「平埜荘郷記」（中巻）に[52]「（浅井郡）尊勝寺村御領主・御代官之事、（中略）天正十八年ニハ太閤様御蔵納トナル、其時ノ御代官衆、野村肥後守（直隆）殿・大田又助（牛一）殿・木下半助（吉隆）殿ナリ、（中略）天正十九年ニハ御代官早川主馬助（長政）殿也、文禄元年ヨリ関白（秀次）様知行所ト成、御代官熊谷大膳（直之）殿、其下代熊谷半介殿ナリ」とあって、浅井郡内の「関白蔵入地」の存在が確認できる。また、栗太郡においても秀次蔵入地の代官に秀次直臣為心が任じられ[53]、愛知郡・犬上郡においては秀次が知行充行を行っており[54]、これは自己の蔵入地内での充行と考えられることから、これらの諸郡にも「関白蔵入地」が存在したことがわかる。そして、琵琶湖西岸の高島郡にも、秀次側近の駒井重勝らの置目が出されていることから「関白蔵入地」があったと思われる[55]。さらに文禄二年（一五九三）閏九月十五日、秀吉が木曽から切り出された柾板を「江州内　関白蔵入自㆓八幡山㆒北之分幷濃州蔵入人足を以」て運搬することを秀次家臣に命じていることから[56]、かつての秀次居城八幡山のある蒲生郡にも「関白蔵入地」があったことが察せられる。

以上、史料上確認できる秀次蔵入地は、近江一二郡のうち、浅井・坂田・犬上・愛知・神崎・甲賀・栗太・高島・蒲生の計九郡に及んでいたと考えられ、地理的にみて近江のほぼ全域に点在していた。

② 美濃国

美濃国においては、駒井重勝が文禄三年四月二十六日付で織田秀信家臣の斉藤正印・滝川主膳に宛てた書状に「従㆓

大閤様一関白様江被レ進候御知行分之内濃州大野郡更地村」とあって、(57)大野郡内にあったことがわかる。また、同年十月十日には、筵田郡・多芸郡・池田郡内における秀次の知行充行の事例がある。(58)少なくともこれら美濃西部の四郡に秀次の蔵入地が設置されていたことは確実である。

③　伊勢国

伊勢国においては、天正二十年二月に一志郡内の秀次蔵入地代官に生駒直勝が任命されていて、秀吉家臣服部一忠から秀次家臣への代官職の変更が行われている。(59)

④　摂津国

摂津国については、「吉修（吉田好寛）御代官所摂州・江州・尾州分」(60)とあって、秀次直臣吉田好寛が代官を務めていることがわかる。

⑤　山城国

さらに、山城国内においても存在したとみられる。秀次蔵入地や秀次直臣の知行地の存在を直接示す史料は見当たらないものの、（天正十九年）八月二十三日付石田正澄書状（相良長毎宛）に「聚楽をハ中納言（秀次）殿関東御帰陣次第ニ、京廻御蔵納以下悉相添、可レ被レ成二御渡一之由候事」(61)とあり、少なくとも関白職譲与が内定した段階においては「京廻御蔵納以下」が秀次に分与されることになっていた。「京廻」が山城国内を指すとは必ずしも断定できないが、近江や伊勢・美濃などに存在した「関白蔵入地」が、秀次の根拠地京都聚楽第の周辺になかったとは考えにくく、やはり存在していたとする方が自然であろう。

⑥　丹波国・伊賀国

丹波・伊賀両国においては、秀次への山役銭の運上が行われたことや、「材木奉行」の存在などが確認できるものの、蔵入地の所在を示す明確な史料はみられない。ここでは存在の可能性を指摘しておくに留めておく。[62]
以上、関白就任後に設置された秀次蔵入地について考察した。これ以外の国にも存在した可能性はあるが、管見の限りにおいてはそれを示す史料は見出せなかった。そしてこのうち、もっとも多くの秀次蔵入地があったと思われるのは、史料の残存状況からみて近江であることは間違いない。これらに関白任官以前から秀次領が存在した尾張・三河・遠江を加えた国々に「関白蔵入地」は存在した。

3　「関白蔵入地」の支配構造

つぎに、これまでの考察を基にして、「関白蔵入地」の支配・運営体制について検討してみたい。

まず、関白任官以前からの秀次領については、尾張では国内に知行地を有する秀次直臣を代官とする支配体制がとられていたと考えられる。そして、これを統轄していたのは三好吉房であろう。また、遠江などに点在する領地については、近江時代からの宿老らが引き続き代官を務めていて、関白任官の前後で大きな変化は見られない。

これに対して、畿内近国に新たに設置された「関白蔵入地」では、駒井重勝・為心・益庵宗甫・藤堂嘉清・熊谷直之・生駒直勝といった秀次直臣らが代官を勤めている。彼らは秀次とともに京都聚楽第にいて、いわば秀次の側近とも言うべき者たちであった。[63] 関白任官以前、秀次領の統治に大きく関与したかつての宿老らが関与した形跡は全くなく、ここに関白任官後における秀次直臣層の台頭が見てとれる。[64] そして、在京していた彼らに代わって、実際に現地へ赴いたのはその下代たちである。[65] つまり、畿内近国の「関白蔵入地」は、秀次（在京）―秀次直臣（在京）―その下代層（現地）、という体制で支配・管理されていた。

そして、それらの蔵入地から産出される蔵入米は、京都へと廻送されていた。例えば、畿内近国における最大の

「関白蔵入地」がある近江についてみてみると、中部から北方にかけての諸郡の蔵入米は、琵琶湖の水運を利用して、主に「湖水船奉行」とも言うべき観音寺詮舜によって大津に送られている。(66) 大津においては公家衆への扶持米の受け渡しなども行われ(67)、そして残りは陸路京都へ運ばれて、関白政権によって管理されていた。

ところで文禄期には、「唐入」遂行のために諸大名や秀吉蔵入地の蔵米が肥前名護屋へ廻送され、兵糧米として朝鮮へ送られている。(68)「関白蔵入地」の蔵米が「唐入」に活用されていたかどうかについては、史料の制約もあってはっきりとしないが、豊臣蔵入地のみならず諸大名の蔵米が名護屋へ廻送されていることからすれば、当然同様であったと推測される。実際、これに類似する例として、文禄三年三月、秀次の蔵米一万三〇〇〇石を石見銀山に運搬し、そこで銀に替えたのち長崎において鉛や塩硝を調達するようにとの命令が下されている。(69) これらの軍事物資が、長崎からそのまま名護屋、朝鮮へと送られたであろうことは容易に想像できる。

なお、東海諸国の蔵米が京都や名護屋へ搬送されたことを示す史料は管見に触れない。廻送された可能性がないとは言い切れないが、多くは尾張経営の財源とされたと考えるのが妥当であろう。

4　「関白蔵入地」の性格

それでは、これら「関白蔵入地」は、いったいどのような性格をもっていたのであろうか。秀吉蔵入地と比較しながら考えてみたい。

まず、新たに秀次蔵入地となった国々における秀次の知行充行についてみてみよう。すでに述べてきたように、これらの国に設置された秀次蔵入地は秀吉蔵入地から分与されたものであるが、秀次はそれらを直臣らへの給地として充ててもいる。それは、天正十九年四月二十七日付で秀吉が自己の蔵入地である近江・美濃両国内四万五〇〇〇石の代官を石田三成に命じた中にみえる近江国犬上郡大堀村、美濃国池田郡津汲村・外津汲村などが、秀次によって文禄二年十一月十七日には大堀村が兼松正吉へ、翌年十月十日には津汲村・外津汲村が寺西新五郎へ与えられていることから明らかである。そしてこのことは、蔵入地分与が秀次関白就任以降も断続的に行われていた可能性があることを示唆している。またこれらは、いったんは「関白蔵入地」に編入された土地が、やがて秀次により自己の直臣へ充行われたものだが、秀吉蔵入地であったものを、直領化を経ずに直接秀次直臣に与えている例もみられる。いずれにせよ、秀吉から分与された「関白蔵入地」は、豊臣政権の財源としてそのまま温存されてはおらず、秀次直臣らの知行にも充てられていたことは明らかである。

このようなことは、秀吉蔵入地においても同様にみられることではあるが、決定的に異なるのは、秀吉は豊臣大名への充行にも蔵入地から給付することがあったのに対して、秀次は直臣へのみしか与えていなかったということである。すなわち、秀吉蔵入地は大名への恩賞充行予備地としての性格を有していたが、「関白蔵入地」にはそのような性格はなく、直臣のみにしか給与しえなかったという点において、秀次は他の豊臣大名と等しかった。このことから、秀吉蔵入地の公儀性、秀次蔵入地の非公儀性というような区分が可能であり、よって秀吉による秀次への蔵入地分与は、東海・畿内近国において広大な所領を有する大大名を創出させたという側面もあったと言えるであろう。

もちろん、秀次は秀吉の後継者として家督・関白職を譲られていたわけであるから、軽々しく大名と同一視はできない。もし秀吉が死去すれば、秀吉蔵入地はすべて秀次の所有するところとなり、秀次蔵入地がたちどころに公儀性を帯びたであろうことは間違いないないし、また秀吉が存命であっても、秀吉・秀次の関係が良好であり続けるかぎりにおいては何の問題も生じない。だが、両者の関係に亀裂が入ったときには、秀次蔵入地の非公儀性という性格は、大きな問題として浮上せざるを得なくなる。

三　太閤・関白「並立」体制と豊臣蔵入地

1　太閤・関白をめぐる政治状況

そこでつぎに、太閤秀吉と関白秀次をめぐる政治状況の変化が、豊臣政権の蔵入地政策にどのような影響を与えたのか検討したい。

太閤・関白間の政治的構造について、中野等は、両者の関係の変化が朝鮮における戦況の推移と密接に関連していることを強調しつつ、以下のように説明している。すなわち、関白任官当初の秀次は秀吉の「留守居」的存在であり、秀吉権力の掣肘を受け大きな政治的機能は有していなかったが、文禄二年（一五九三）に入り、秀吉が名護屋において「唐入り」に専心するようになると、「外」へ向かう太閤と「内」に留まる関白という図式の中、秀次の権力が強化される。権力体系は明確に二分化され、それまで前田玄以が保管していた御前帳・国絵図も秀次側へ引き渡され、また官位推挙権を行使するなど、秀次は関白として独自の機能を発揮しだす。だが、同年八月、淀殿懐妊の報に接した秀吉が名護屋から帰陣し、朝鮮での戦況悪化により以後は京・大坂に留まるようになると、文字通り太閤・関白が「並立」するという政治状況が生まれ、やがて太閤権力と関白権力とは軋轢を生じることになっていったという(74)。この中野の見解は、太閤・関白間の政治的関係は決して一定ではなかったというこれまで見落とされてきた事実を踏まえたもので、従来の二重権力論とは一線を画しており、かつ説得力に富んでいる。

そのような政治状況の推移と蔵入地支配との関連性を考えると、まず関白任官とほぼ同時に秀次へ畿内近国蔵入地を分与したことは、「留守居」として京都聚楽第に在する秀次に、豊臣政権の根拠地である畿内の支配を委譲したものであり、関白職譲与と同様、秀吉の「唐入」遂行と一体の関係にあったと捉えられる。

2 秀次と「太閤蔵入地」

ついで、秀吉が名護屋に在陣している間、すなわち関白秀次がその権能を顕しだした時期になると、秀次は秀吉蔵入地についても関与していくことになる。以下に掲げる史料は、それより少し後、秀吉が帰陣してからのものではあるが、そういった状況を窺い知ることができる(75)。

大閤様御蔵入御算用方之儀、被㆓聞召㆒候、就㆑其 関白様御蔵入御算用之儀、如何様ニ被㆓仰付㆒候哉、被㆓聞召㆒度候、被㆑入㆓御念㆒候様ニと被㆓ 思召㆒候条、被㆑得㆓ 御諚㆒候而、様体可㆑被㆓仰下㆒候、随㆑其可㆓申上㆒候、恐々謹言、

（文禄三年）三月廿日
長束（正家）大蔵大輔
増田（長盛）右衛門尉
民部卿法印（前田玄以）

駒井（重勝）中務少輔殿
益庵（宗甫）
御宿所

これは文禄三年三月二十日に秀吉奉行人が秀次奉行人へ出した書状だが、冒頭の「大閤様御蔵入御算用方之儀、被㆓聞召㆒候」という記述から、秀吉が秀次に自らの蔵入地の算用について尋ねたのに対しその回答があったことがわかり、それまで秀次権力が秀吉蔵入地の算用を把握していた状況が察せられる。実際、先述したように、尾張国内の秀

吉蔵入地は秀次によって管理されていたが(76)、この史料からは尾張に限定されている印象は受けない。そこでこれ以前、文禄二年閏九月中の『駒井日記』の記述に「松浦伊予(秀任)ニ御知行千石、杉原伯耆(長房)ニ三千石被レ下候由(77)」、「上田左太郎(重安)三上跡之御代官被二仰付一候由」、「かすや(加須屋真雄)にもみき(三木)にて右衛門大夫(木下延俊)跡之内一万石御代官被二　仰付一候由(78)」などとあって、秀吉の行った知行加増や秀吉蔵入地の代官任命についての情報が秀次側へもたらされていることが注目される。これらは、秀吉蔵入地の変動の状況が逐一秀次側へ伝えられていたことを示している。

ところで、すでに先学によって論じられているように、「唐入」遂行のための畿内から名護屋までの物資輸送については、京都～名護屋間は秀次の印判、大坂～名護屋間は北政所の印判によって継船が通過していた(79)。地理的事情の如何によっては、大坂からではなく京都から名護屋へ送られる秀吉蔵入米もあったはずであり、当然これらは秀次権力によって名護屋へ廻送されたと考えられる。そして、これを円滑に行うためには、秀次権力による秀吉蔵入地の把握は必要不可欠であったろう。すなわち、これこそが秀次へ秀吉蔵入地に関する情報が送られていた理由だったのではないだろうか。

また、この年には大友吉統が改易され、その領国である豊後国が秀吉蔵入地に編入、秀吉直臣らが代官に任命されたが、閏九月十四日、その検地帳は秀吉直臣木下吉隆によって秀次側にもたらされたことが『駒井日記』の記述からわかる(80)。豊後の蔵入米は、当時の状況から考えて大半が直接名護屋へ送られたと思われるが、あるいは一部が畿内へも廻送されたためにこのような措置がとられたのかもしれない。いずれにせよ、遠隔地の秀吉蔵入地に関する情報までもが秀次に知らされていることは興味深い事実であり、このことからすれば、全国に点在するこれ以外の秀吉蔵入地についても秀次側が把握していた可能性もあろう。

だが、文禄二年閏九月を境として、『駒井日記』には秀吉蔵入地の変動を示すような記述はみられなくなる。つまりこれ以降、秀吉蔵入地に関する秀次側への情報伝達は停止されたと思われる。秀吉が名護屋から大坂へ戻ったのは八月中であるから、秀吉帰坂後も約二ヶ月ほどの間は秀次側へ情報が伝えられていたことになるが、これは秀吉の帰坂が一時的なものと予定されていたためであろう。帰坂の理由はあくまで淀殿懐妊を知ったからであり、「唐入」を断念したわけではなかった。すなわち秀吉は、再び名護屋へ下向して陣頭指揮を取る意志をなおも持ち続けていたがゆえに、それまで通りに秀次側へ秀吉蔵入地の情報がもたらされていたが、戦況悪化により当面の名護屋下向を取り止めたのにともない秀次への情報伝達が中止され、ついで自己の蔵入地を再び掌握化しようとしたと考えられる。

3　秀吉と「関白蔵入地」

そして秀吉は、それに併せて秀次蔵入地へも関与をしはじめていく。まず文禄二年末、秀吉は秀次領尾張国一円の再検地を命じる[81]。そのため秀吉・秀次からそれぞれ八人ずつの検地奉行が派遣されることとなるが、その検地は「諸事　大閤様御奉行次第仕、聊も助言不レ可レ仕候[82]」という秀次検地奉行の覚書からわかるように、秀吉奉行に秀次奉行が完全に隷属する形で行われた。

再検地の結果、前回の検地において石高齟齬があったことが明らかとなる。「三位法印(三好吉房)様江先年拾万石之内、御検地ニ而不足分一万二千二百石之分、則尾州御蔵入之内を以被レ進、帳面仕立、御朱印之儀申上[83]」というように、秀次の実父三好吉房領として一〇万石が設定されていたにもかかわらず、一万二二〇〇石の不足分があったことがわかり、その不足分が補填されることとなったわけである。秀吉をして異例といえる再検地に踏み切らせた主因は、秀次の本拠地を完全に掌握しようとするもの、つまり秀次権力を秀吉権力の中に包括しようという政策の一環であったと考えられるが、秀次によって実施された前回の検地に対する不信も理由の一つであったろう。

また、奉行人が代官を務める畿内近国の「関白蔵入地」内では、様々な不正・問題が発覚していた。すなわち文禄二年閏九月には駒井重勝・益庵宗甫の下代と称した池村小兵衛という人物が近江国高島郡内において「桝を郡中へ遣、礼を取」ったとして処罰され(84)、同年十二月には為心の下代道徳による蔵米私曲が発覚し(85)、さらに翌年正月には駒井重勝代官地近江国栗太郡矢橋村において「惣百姓出入」となる騒動があった(86)。これら一連の不祥事が、秀吉に知らされなかったとは思えない。事実、矢橋村の「惣百姓出入」は、秀吉直臣大名である浅野長継（幸長）の家臣が駒井重勝へ知らせている。こういった秀次領内における不祥事の続出は、秀次ならびにその権力を支える奉行人に対する秀吉の感情をしだいに悪化させていったと考えられる。

そしてそのような中、秀吉は尾張のみならず諸国の秀次蔵入地についても関与していくことになる。先に掲げた史料中に「関白様御蔵入御算用之儀、如何様ニ被二仰付一候哉、被二聞召一度候」(87)とあるように、秀吉が秀次蔵入地の算用について聞きたいとの意向を示していることが秀次側へ伝えられており、秀吉による秀次蔵入地全体に対する把握志向がみてとれる。

また秀吉は、「大和之算用はや　関白様聞召被レ置候哉、然者其様子　大閤様可レ被二　聞召一旨被二　仰出一由」というように(88)、秀次実弟の羽柴秀保の大和領についても把握しようとしている。秀次は秀保領の算用を「聞召」す、いわば後見人的立場にあったわけで、秀吉の秀次領支配への不信が秀保領にまで拡大したものと言える。同時に、秀次領・秀保領を含めた畿内近国の豊臣一門の領地を一元的に掌握し、自らの権力の再強化を図ったものとみなすこともできよう。

おわりに

以上、秀次蔵入地について時系列的に考察した上で、太閤・関白をめぐる権力構造の変質と蔵入地支配との関連性についても検討を試みた。最後に若干の補足を付け加えてまとめとしたい。

まず、関白任官以前における秀次領について、近江領有期には秀次付宿老とされた秀吉直臣が領地支配の主体となっており、秀次の領地支配に対して秀吉が強い影響力を保持していたことを確認した。ただし宿老については、秀次権力を牽制する「付家老」的存在として位置づける見解が出されているが[89]、少なくとも関白任官以前において、秀吉が秀次を牽制しなければならない理由があったとは思えない。秀次領国の支配力強化は、当然豊臣権力の安定にもつながるものであったはずである。やはり、若年の秀次権力を支えるために秀次に付けられたと考えるのが妥当であろう。なお、尾張領有期には、宿老は遠江国内の秀次蔵入地の代官としての活動などがみられるが、本領の尾張支配についてはさほど強い関与は確認できない。尾張には秀吉蔵入地も設置されていたことから、秀吉による秀次領地への影響力はなおも存続していたとも言えるが、それが秀次により管理されていたことからすれば、少なくとも近江領有期に比べれば秀次の自主的統治権は確立されてきたと考えてよいであろう。

やがて秀次が関白に任官すると、秀吉から畿内近国において蔵入地を分与され、これに関白任官以前からの領地である東海諸国を含めて関白秀次蔵入地が形成される。その支配については、東海諸国においては近江以来の秀次付宿老や在国の秀次直臣らによる代官支配が行われ、新たな畿内近国の蔵入地支配においては秀次の奉行人的立場にあった側近らによる代官支配が行われた。すなわち畿内近国の新蔵入地は、聚楽秀次権力に直結するものとして、まさに秀次を支える財政的根幹であったのであり、それを管理していた秀次奉行人は、秀次権力を支える中核的存在として位置づけられる。つまり、関白秀次権力のもとでは、宿老の役割が大きく減退する一方で、直臣奉行人の著しい台頭がみられたのであり、そしてそれゆえに、秀吉による関白権力抹殺に際しては、宿老のほとんどが処罰の対象とはならなかったのに対し、直臣奉行人の多くが秀次とともに罰せられたことになる。

また、秀次蔵入地の性格については、秀次領内では豊臣大名への知行充行は行われておらず、充行はすべて秀次直臣に対してのものであったことから、秀次蔵入地には秀吉蔵入地が有していたような「公儀性」はないと捉え、両者の蔵入地には大きな質的相違があったことを指摘した。これは、秀吉が主従制的支配権を、秀次が統治権的支配権を行使していたという、(90)従来指摘されてきた論旨と符合するものではあるが、秀次権力を安易に過大評価するべきではないことを明確に示すものとして強調しておきたい。

そして、文禄期における太閤・関白間の権力構造の変質は、豊臣蔵入地の支配にも大きな影響を与えていた。秀吉の「唐入」への専心が秀次権力による秀吉蔵入地の把握へとつながり、それが秀次権力をして「留守居」以上の存在とならしめることとなるが、「唐入」の頓挫により、やがては秀吉による自己の蔵入地「奪回」、さらには秀次蔵入地掌握へと進展していく。そしてその延長線上には秀次権力の根絶があった。

秀次権力が消滅したことにより、蔵入地は秀吉のもとに一元化されることにはなった。だが、畿内から東海に及ぶ蔵入地は、すべてを秀吉一人に集約するには広範すぎた。とくに秀次蔵入地が集中していた近江・尾張は、東方の徳川家康への対処という意味からも、強力かつ信頼のおける領主権力を配置する必要性が生じることになる。そのため、近江には石田三成、尾張には福島正則というように、一元化したはずの豊臣蔵入地が今度は大名に割り振られることになり、かえって豊臣権力が弱体化するという皮肉な結果を招くのである。

注

（1）ただし当該期においては、史料上では「蔵入」と表記されている。また秀吉政権初期においては「台所入」と呼ばれていた（例えば〈天正十年〉六月二十七日付堀秀政宛柴田勝家・丹羽長秀・羽柴秀吉・池田恒興連署状「堀家文書幷系図」『大日本史料』第十一編之一、天正十一年八月一日付杉原家次宛羽柴秀吉判物『大日本古文書　家わけ第二　浅野家文書』六など）。

（2）「慶長三年蔵納目録」（内閣文庫所蔵）。

（3）朝尾直弘「豊臣政権論」（岩波講座『日本歴史』9・近世1、一九六三年）、山口啓二「豊臣政権の構造」（『歴史学研究』二九二、一九六四年）。

（4）岩澤愿彦「山城・近江における豊臣氏の蔵入地について」（『歴史学研究』二八八、一九六四年）、古川貞雄「信濃における豊臣氏の蔵入地と金山（一）～（四）」（『信濃』六～九、一九六四年）、同「北信太閤蔵入地と代官」（『長野』一八八、一九九六年）、村上直「近世信濃における直轄領の分布―太閤蔵入地及び天領に関連して―」（『信濃』二八―七、一九七六年）、森山恒雄『豊臣氏九州蔵入地の研究』（吉川弘文館、一九八三年）、長谷川成一「陸奥国における太閤蔵入地試論―津軽地方を中心に―」（弘前大学『文経論叢』一八―三、一九八三年）。

（5）三鬼清一郎「太閤検地と朝鮮出兵」（岩波講座『日本歴史』9・近世1、一九七五年）、宮本義己「豊臣政権における太閤と関白―秀次事件の真因をめぐって―」（『國學院雑誌』八九―一一、一九八八年）、中野等「文禄・慶長期の豊臣政権」（『豊臣政権の対外侵略と太閤検地』校倉書房、一九九六年）、寺沢光世「秀吉の側近六人衆と石川光重」（『日本歴史』五八六、一九九七年）などにおいて関説されている。比較的詳細なものに播磨良紀「豊臣政権と伊勢国―所領関係をめぐって―」（『四日市市史研究』七、一九九四年）があるが、論題の通り伊勢を中心に考察したものである。また、関白任官以前の近江領有期秀次領を考察したものに藤田恒春「豊臣秀次と近江の領地支配」（三鬼清一郎編『織豊期の政治構造』吉川弘文館、二〇〇〇年）があるが、任官後については触れられていない。

（6）諏訪勝則「関白秀次の文芸政策」（『栃木史学』九、一九九五年）など。

（7）秀吉も関白であったわけだが、関白任官時の秀吉蔵入地を「関白蔵入」と呼ぶ事例は見当たらない。したがって「関白蔵入地」と言った場合、それは秀次蔵入地のことでしかありえない。

（8）諏訪勝則「織豊政権と三好康長―信孝・秀次の養子入りをめぐって―」（米原正義先生古希記念論集『戦国織豊期の政治と文化』

続群書類従完成会、一九九三年)。秀次の三好氏養子時代についてはすべてこれを参照している。

(9) 『大日本古文書　家わけ第二　浅野家文書』九号。

(10) 天正十一年七月二十六日付香西又一郎宛判物写(『黄薇古簡集』)。

(11) 『東浅井郡志』巻弐。また、この説を紹介しているものに、小島広次「豊臣政権の尾張支配」(『清洲町史』清洲町役場、一九六九年、のちに三鬼清一郎編『戦国大名論集一八　豊臣政権の研究』吉川弘文館、一九八四年に再録)がある。

(12) 東京大学史料編纂所架蔵謄写本。江戸期延享四年(一七四七)に記されたとある。

(13) 三鬼清一郎編『豊臣秀吉文書目録』(名古屋大学文学部国史学研究室、一九八九年)中の秀次発給文書一覧参照。

(14) 『石山本願寺日記』下巻、五三七頁。

(15) 元豊臣大名で、関ヶ原合戦において所領を失った宮部長熙(継潤嫡男)が後年記した覚書に「田中兵部大夫《吉政》ハ古へ宮部兵部少《長熙》譜代之儀ニ候」とあることから明らかである(寛永十年〈一六三三〉八月二十七日付宮部長熙覚書「宮部文書」『早稲田大学所蔵〈荻野研究室収集〉文書』下巻、吉川弘文館、一九八〇年)。

(16) 『黄薇古簡集』。

(17) 「前田家所蔵文書」(『大日本史料』第十一編之十九)。

(18) 藤田恒春前掲注(5)論文。

(19) 「宿老」の構成について、藤田恒春は中村一氏・堀尾吉晴・山内一豊・田中吉政・一柳直末の五人の名を挙げている(前掲注(5)論文)。だが、中村一氏は(天正十八年)十月二十五日付田辺入道・寿得・長束藤吉宛秀吉朱印状に「上甲賀中村式部少輔《一氏》当知行分者、増田右衛門《長盛》に可二引渡一候」(「田辺伊之助氏所蔵文書」『坂田郡志』)とあることから近江国内に所領を有していたのは間違いないが、秀次領支配への関与を示す史料は管見の限りにおいては確認できない。それは一柳直末も同様で、かつ一柳の場合、その所領は近江ではなく美濃にあった。したがって中村・一柳が「宿老共」のうちであったかどうかは疑問があり、仮に宿老のうちに数えられていたとしても、この両者が秀次領の支配に直接関わっていなかったことは確かである。

(20) (天正十七年)八月十七日付中野郷百姓中宛田中吉政・渡瀬良政・宮部宗治・山内一豊・堀尾吉晴連署状「池野文書」(『東浅井郡志』巻弐)。また、その二日後の八月十九日に中野郷側へ出された堀尾吉晴判物には「五人之為二奉行一、無二異儀一旨判形遣候」とあって(「清水淳氏所蔵文書」東京大学史料編纂所架蔵写真帳)、彼ら五人が「奉行」と呼ばれていることがわかる。秀吉判物にある「宿老共」と同義と考えて差し支えないであろう。

(21) そのことはすでに中野等が指摘しているように（前掲注(5)書）、例えば宿老の一人山内一豊が秀吉から知行を与えられていることから明らかである（天正十三年閏八月二十二日付秀吉知行充行状「山内文書」『東浅井郡志』巻弐）。

(22) 藤田恒春前掲注(5)論文。

(23) 藤田恒春前掲注(5)論文の田中吉政発給文書一覧を参照。

(24) この他の宿老では、注(20)の両文書以外に山内一豊・宮部宗治の発給文書が一例ずつみられるのみである。

(25) 天正十四年六月日付秀次判物（「八幡山共有文書」『滋賀県史』第五巻・参照史料、一九二八年）。

(26) 藤田恒春前掲注(5)論文の八幡城主時代秀次発給文書一覧を参照。

(27) 「小谷寺文書」（『大日本史料』第十一編之二十）。

(28) （天正十三年）九月二十六日付田中吉政宛増田長盛書状、（天正十三年）九月晦日付長命寺宛田中吉政書状（ともに「長命寺文書」『大日本史料』第十一編之二十）。

(29) わずかに、秀次領内の山林の管理者として山田家元・羽淵家次らの名が確認できる程度である（天正十三年十月二十日付桜はさま百姓中宛山田家元・羽淵家次連署状写「御上神社文書」『大日本史料』第十一編之二十二）。

(30) 秀次は織田信雄の旧領すべてを与えられたというのが従来の通説であったが、すでに播磨良紀により、北伊勢五郡（桑名・朝明・員弁・三重・河芸）は秀次領ではなかったことが明らかにされている（前掲注(5)論文）。つまり秀次の領地は尾張一国のみであった。

(31) 例えば、山内一豊は天正十八年九月二十日に遠江国内で五万石を（「山内家御手許文書（甲一〔一〕）」東京大学史料編纂所架蔵写真帳）、田中吉政は同年十月二十日に三河国内で五万七四〇〇石を（小林吉光「柳川市所蔵田中文書について」『岡崎市史研究』九、一九八七年）それぞれ秀吉から与えられている。なお、東海諸国におけるそのほかの大名配置については、本多隆成『近世初期社会の基礎構造―東海地域における検証―』（吉川弘文館、一九八九年）参照。

(32) 天正十八年八月晦日付坂井文助宛知行安堵状（「酒井家文書」『新修坂井遺芳』三好町酒井家調査団、一九九九年）、同年九月九日付正眼寺宛寺領安堵状写（「正眼寺文書」『新編一宮市史』資料編六、一宮市、一九七〇年）、同年九月十四日付杉原久三郎宛知行安堵状（「杉原三郎兵衛氏所蔵文書」『新編一宮市史』資料編六）など。

(33) 信雄の家臣団の構成を記した「織田信雄分限帳」(『続群書類従』巻第二十五上)には、のちに秀次直臣となった者が多く認められる。

(34) 例えば、『駒井日記』(藤田恒春校注『増補　駒井日記』文献出版、一九九二年、文禄二年十月五日条。以下、引用の『駒井日記』はすべてこれによる)に、

一、高百石　尾州春日井郡内しの木内
新名村内

右、御鷹師田中ニ被ㇾ下、当代官大山伯耆也、

とある。秀次が鷹師に対して、大山伯耆なる人物が代官を務める春日井郡内一〇〇石を与えたものだが、この大山伯耆は秀次の直臣である(『増補　駒井日記』三三七頁、藤田恒春による注釈部)。秀次が関白になって以降に記された史料ではあるが、尾張国内にはこれ以前から秀次直臣代官が数多くいた可能性もあろう。

(35) 三好吉房と尾張支配の関連については、小島広次前掲注(11)論文に詳しい。

(36) 天正十八年九月二十日付秀吉朱印状写(「難波創業録　抄写」東京大学史料編纂所架蔵写真帳)。

(37) 「山内家御手許文書(甲一〔一〕)」(東京大学史料編纂所架蔵写本)。

(38) 「水野文書」(東京大学史料編纂所架蔵影写本)。

(39) 「山内文書」(東京大学史料編纂所架蔵影写本)。

(40) 「中村義和氏所蔵文書」(東京大学史料編纂所架蔵影写本)。

(41) 駿河は「慶長三年蔵収目録」によれば総石高一五万石だが、天正十八年段階では中村一氏がそのうち一四万五〇〇〇石を領したとされる(本多隆成前掲注(31)書)。そして、残りの五〇〇〇石が秀吉蔵入地であったわけであるから、秀次蔵入地が存在する余地はなかった。

(42) 『駒井日記』(文禄三年正月二十三日条)。

(43) 『駒井日記』(文禄二年十二月十一日条)。

(44) 尾張国内の太閤検地については、小島広次「尾張における太閤検地―文禄再検の理由をめぐって―」(『日本歴史』二〇二、一九六五年)、同前掲注(11)論文などを参照。

(45)　このほか、文禄二年閏九月十九日付秀吉朱印状によって「尾張国津嶋之内若山印松分三十石、同高御堂之内吉田喜左衛門尉分五拾石」の代官に河野藤三・酒井文介の二人が任じられていることも確認できる（「酒井家文書」『新修坂井遺芳』三好町酒井家調査団）。

(46)　天正十九年十二月二十八日付後陽成天皇宣旨（「足守木下家文書」山陽新聞社編『ねねと木下家文書』）。

(47)　『駒井日記』補遺。

(48)　播磨良紀前掲注(5)論文。

(49)　文中の「岐阜少将」については、藤田恒春校注『増補　駒井日記』などでは織田秀信と比定されている。だが、織田秀信の少将任官は史料に見えず、少将を称している実例も管見に触れない。そこで、『角川日本地名大辞典二一　岐阜県』（「岐阜城」の項）で織田秀信の岐阜入城は文禄元年としていることや、渡辺世祐『豊太閤の私的生活』（大阪創元社、一九三九年）で天正十九年三月に羽柴秀勝が甲斐から岐阜に移ったとする記述を手掛かりにすると、「岐阜少将」は秀次実弟で「小吉秀勝」と称されたこの人物である可能性が指摘できる。秀勝の岐阜領主時代は事実であったとしてもごく短期間であり、支配を裏づける史料も管見に触れないが、『聚楽行幸記』に「丹波少将秀勝朝臣」とあって少将任官も確認でき、また秀次の跡の尾張領主としても、実弟秀勝の方が信長直系の織田秀信を置くより自然であるように思われる。そこで本章では、これを羽柴秀勝と比定しておく。

(50)　「藤堂文書」（東京大学史料編纂所架蔵影写本）。天正十八年九月二十四日に藤堂嘉清は秀次から知行三五〇〇石を与えられている（「藤堂文書」）。

(51)　「木村栄蔵氏所蔵文書」（東京大学史料編纂所架蔵写真帳）。なお、この文書と同文のものが「栗太郡観音寺文書」として『坂田郡志』に秀吉朱印状として収録されている。だが、実際に本文書を写真帳の正文で実見したところ、秀次の朱印を確認できた。したがってこれは秀次朱印状に間違いなく、秀次が自身の蔵入地の代官を命じているものということになる。

(52)　東京大学史料編纂所架蔵写本。

(53)　『駒井日記』（文禄二年十二月二十九日条）に「御蔵入御代官所為心斎下代道徳、当国栗太郡しふ川村」とある。また、為心は渋川村に近接する草津の代官をも兼ねていた（同年十月十日条）。為心の経歴などについてははっきりとしたことはわからないが、下代道徳が不正を行ったとして「おとな百姓一人・肝煎一人・同妻子共」らとともに処罰された際、奉行として秀次のもとから駒井重勝らが派遣されて草津に高札が掲げられていることから（同年十二月二十九日条）、秀次家臣であることは間違いないと思われる。

(54) 文禄三年十月十日付寺西新五郎宛秀次朱印状（「寺西文書」東京大学史料編纂所架蔵影写本）。

(55) 文禄元年（一五九二）十二月二十六日付高嶋郡百姓中宛駒井重勝・益庵連署置目（『駒井日記』文禄二年閏九月二十五日条）。また、文禄三年三月六日条には「森若狭代官所高嶋郡分、其ま、御蔵入ニ可ㇾ被ㇾ成由」とあり、秀次家臣森若狭の代官地も存在したことがわかる。森若狭も秀次家臣と想定されている。

(56) 『駒井日記』文禄二年閏九月十六日条。

(57) 『駒井日記』文禄三年四月二十六日条。

(58) 「寺西文書」、前掲注(54)と同一。

(59) 「生駒文書」（『三重県史』資料編・近世1、三重県、一九九三年）。

(60) 『駒井日記』文禄三年三月二十九日条。

(61) 『大日本古文書　家わけ第五　相良家文書』六九九号。

(62) 丹波国については、天正二十年九月四日付高山忠右衛門宛豊臣秀次朱印状（「御上神社文書」東京大学史料編纂所架蔵影写本）から、伊賀国については、『駒井日記』の「丹波・伊賀・甲賀材木之儀、重而被二仰出一」（文禄二年十二月十六日条）、「伊賀御材木奉行渡瀬仁助・長野右近」（文禄三年四月十九日条）などの記述からわかる。

(63) 駒井重勝が秀次に近侍していたことは『駒井日記』の一連の記述から明らかであり、益庵宗甫についても『駒井日記』文禄二年十月十四日条に「（秀次が）益菴所へ朝ヨリ御成」とある。また、生駒直勝についても「大閤様為二御見廻一生駒勘右衛門《直勝》被ㇾ遣御直書、幷木下大膳《吉隆》・木村常陸《重茲》・羽孫四《前田利長》・浅左京《浅野長継》・金法印《金森長近》・孝蔵主、何も被ㇾ成二御書一」（『駒井日記』文禄二年十一月晦日条）というように、秀次から秀吉への使者となっており、やはり聚楽第にいたようである。常時、また全員がそうとは限らないが、彼らの多くは秀次側近くに仕えていたのであろう。

(64) とくに駒井重勝は、秀次直臣への知行充行に際して領地の所在を記した目録を発している例もある（『駒井日記』の駒井重勝発給文書一覧参照）。秀吉権力内においても、石田三成ら有力奉行人も同様の活動をしており（天正十七年〈一五八九〉十一月十四日付伊木忠次宛石田三成・浅野長吉連署知行目録「伊木文書」『岐阜県史』史料編　古代・中世四、岐阜県、一九七三年）、両者の役割には類似性がみられる。

(65)　例えば、熊谷直之代官地には下代熊谷半介が、為心の代官地には下代道徳が派遣されていたのはすでに述べた通りである。
(66)　天正二十年十二月一日付観音寺宛秀次朱印状（「南部晋氏所蔵文書」『坂田郡志』）、（文禄二年）閏九月十五日付西川五郎右衛門（観音寺寺臣）宛駒井重勝・益庵宗甫連署状写（『駒井日記』文禄二年閏九月十四日条）など。なお、観音寺詮舜については藤田恒春「湖水船奉行―芦浦観音寺第九世詮舜を中心に―」（『史泉』五三、一九七九年）を参照。
(67)　例えば『言経卿記』文禄二年正月十四日条に「殿下《秀次》御扶持方五人分駒井中務少輔《重勝》へ取遣了」とあり、それは「大津早嶋平蔵やしき」において渡されている。「早嶋平蔵」とは、琵琶湖の水運に従事していた秀吉家臣早崎平三家久のこととも考えられるが、家久は天正十七年には通称を「平内左衛門尉」に改めているし、かつ翌年中を最後にその活動が確認されなくなることからこの時期に死没した可能性が指摘されている（鍛代敏雄「戦国・織豊期の地域と交通」『栃木史学』一〇、一九九六年）。あるいは家久の同族であろうか。
(68)　森山恒雄前掲注(4)書、中野等「第一次朝鮮侵略戦争における豊臣政権の輸送・補給政策」（前掲注(5)書）など。
(69)　『駒井日記』文禄三年三月二十三日条。
(70)　「林祝太郎氏所蔵文書」（『岐阜県史』史料編　古代・中世四）。
(71)　「兼松文書」（『新編一宮市史』資料編六）。
(72)　「寺西文書」（東京大学史料編纂所架蔵影写本）。
(73)　天正二十年正月日付今枝重直充秀次朱印状写（「今枝氏古文書写」東京大学史料編纂所架蔵写本）。これによって秀次は、秀吉直臣小野木重次の代官地五〇〇石（近江国相生村等）を今枝重直に与えている。
(74)　中野等前掲注(5)論文。
(75)　『駒井日記』文禄三年三月二十日条。
(76)　前掲注(43)参照。
(77)　『駒井日記』文禄二年閏九月十二日条。
(78)　ともに『駒井日記』文禄二年閏九月十三日条。
(79)　中野等前掲注(5)論文、井原今朝男「戦国・織豊期の乙名衆と海運・鉱山・地方経営」（『中世のいくさ・祭り・外国との交わり―農村生活史の断面―』校倉書房、一九九九年）。

（80）『駒井日記』文禄二年閏九月十二日条。
（81）同じ地域への再検地は特例的であった（小島広次前掲注（44）論文）。
（82）『駒井日記』文禄二年十二月二日条。
（83）『駒井日記』文禄二年十二月十一日条。これは「尾州御給人帳・検地帳・御蔵入、何も帳面仕立、大閤様為ㇾ可ㇾ懸二御目一、民部法印《（前田玄以）》・浅野弾正《（長吉）》ニ為二持被一ㇾ遣」（『駒井日記』文禄二年十二月十二日条）というように、蔵入地のみならず尾張に知行をもつ秀次家臣をも把握しようとするものであった。
（84）『駒井日記』文禄二年閏九月二十三日条。
（85）『駒井日記』文禄二年十二月二十九日条。
（86）『駒井日記』文禄三年正月二十五日条。
（87）『駒井日記』文禄三年三月二十日条。
（88）『駒井日記』文禄三年三月二十八日条。
（89）中野等前掲注（5）論文。
（90）三鬼清一郎前掲注（5）論文。

第二章　太閤・関白間における情報伝達の構造

――木下吉隆・駒井重勝の動向を中心に――

はじめに

豊臣政権に関する研究の中で、太閤秀吉・関白秀次期における政治権力構造の解明は、重要な課題の一つである。天正十九年（一五九一）十二月に任官して以降、文禄四年（一五九五）七月、秀吉によってその職を追われるまでの間、秀次は関白職にあり、一方で秀吉は太閤と称された。「太閤・関白並立期」(1)とも呼ばれるこの期間において、関白秀次が果たしてどれほどの権力を有していたのかという点については、これまで様々に議論されてきた。大別すれば、太閤秀吉権力に匹敵するほどの権限や権能を有していたのか、それともごく限定的な権力にすぎず、結局は秀吉権力に包括されたものと規定すべきなのか、秀次権力に対する評価は、結局のところ、このような二通りの捉え方に分かれていると言ってよいであろう(2)。

しかしながら、秀次権力に対する評価を決するにあたっては、明らかにしなければならない課題がなおも残されているように思われる。その一つに、太閤・関白間における情報――あるいは命令――伝達の実体解明が挙げられる。秀吉権力から秀次権力に対して、どのような情報・命令が伝えられていたのか、またその逆に秀次権力から秀吉権力へはどうであったのかを明らかにすることによって、両者の関係はより明確化し、ひいては秀次権力の実体にせまれるのではないだろうか。

さらにもう一つの課題として、秀次権力を支えた有力家臣が果たした役割の解明の必要性が挙げられよう。秀吉権力下に石田三成・前田玄以・増田長盛・長束正家といった奉行人がいたように、同じく秀次権力下にも奉行人がいた。その代表的存在が駒井重勝である。秀吉奉行人についての研究が、充分ではないにせよ、それなりの進展をみせている一方、秀次奉行人についてはほとんど手つかずと言ってよいが、実はこの駒井重勝こそが、太閤・関白間の情報伝達において、関白秀次側にあってその中核を担った人物と考えられるのである。

また、秀吉奉行人の中でも、これまで研究の対象とされてこなかった者もいる。とりわけ木下吉隆は、三鬼清一郎によって、秀吉朱印状に対する副状の発給数が、いわゆる「五奉行」をも凌いで奉行人中最多であることが指摘されているほどの重要性をもった人物でありながら、(3)研究上においてほとんど等閑視されてきた。唯一、藤田恒春によって、関白秀次に対する取次役であったことが指摘されているが、(4)とすれば取次の木下吉隆は、秀次権力に対する情報伝達の中心的存在であったとみてよいことになる。

そこで本章では、太閤・関白間における情報伝達について、とくに木下吉隆・駒井重勝の動向に注目しつつ考察することとする。また駒井重勝は、関白秀次に関する重要な史料である『駒井日記』(5)を遺したことで知られるが、これは太閤・関白間のやりとりを克明に伝えるものとしても貴重である。自然、本章はこの『駒井日記』を主な材料とすることになろう。ただしこの日記は、文禄二年閏九月以降同四年四月までの間について、しかも断片的に伝えられているのみであるため、ここで検討するのはその期間になることをあらかじめお断りしておく。

一　太閤権力から関白権力への命令・情報伝達

はじめに、太閤権力から関白権力に対する情報または命令の伝達について検討する。まず、太閤権力の主権者である秀吉による伝達について確認しておこう。秀吉は関白秀次に対して直書を発することができる唯一の存在で、『駒井日記』には五通の秀次宛秀吉直書の文面が筆写されている。無年号、書止め文言は「恐々謹言」、宛所を「関白殿」とする書状形式で書かれていることが確認できるが、内容をみるとどれも命令や情報を伝えるものではなく、見舞状の域を出ていない。「唐入」のため、秀吉が名護屋に在陣していた間においては朝鮮における戦況を伝えるなど具体的な内容を含むものがみられたが、文禄二年（一五九三）八月帰陣以降の秀次宛秀吉直書は命令や情報の伝達とは関連性がないと言える。

また、秀吉直書は秀次直臣に対しても出されている。例えば文禄二年閏九月十五日には、秀吉が秀次直臣の益庵宗甫・吉田好寛・駒井重勝に宛てた朱印状によって、木曽から美濃国表佐までの木材運搬に際し近江・美濃の秀次蔵入地から人足を徴発するよう命令しているし（『駒井日記』文禄二年閏九月十六日条）、翌三年三月には「大閤様吉田《（好寛）》ニ被二仰出一由、伏見関白様御書院御こほち被レ成候へと被二仰出一由」（『駒井日記』文禄三年三月二十日条）と、伏見城内にある秀次の書院を取り壊すように命じている。「被二仰出一」とあるから、これは文書ではなく秀吉が自身の近辺にいた秀次直臣の吉田好寛に申し渡したものだが、この二例は明らかに命令を伝えるものであり、その内容も具体的である。ただし、こういった事例は他にはみられず、数的にみてやはり主な命令伝達ルートとは言い難い。

つぎに秀吉直臣による伝達についてみていこう。まず秀次に対してはどうかといえば、直接宛てられた文書はさすがに関白という身分上ありえず、そういった例は皆無である。だが、秀次直臣へ宛てては文末を「可レ預二御披露一候」などという文言で結んだ披露状、もしくは披露状に類すると認められるものが、『駒井日記』に九通ほど筆写されている。その内訳をみると、木下吉隆が発給したものが六例、他には前田玄以によるものが二例、長束正家・増田長盛・前田玄以による連署状が一例である。また宛所は、駒井重勝宛が四例、秦宗巴宛が三例、秦宗巴・曲直瀬正紹両名宛が一例、駒井重勝・益庵宗甫両名宛が一例となるが、秦宗巴と曲直瀬正紹に宛てられたものは、いずれも文禄二年閏九月中のものである。この時期、秀次は伊豆熱海まで湯治に行っており、駒井重勝はこれに同道せず京都聚楽第の留守を預かっていたため、侍医として秀次に付き従っていた秦・曲直瀬に宛てて出されたと想定できる。よってこれらは特例的なものと言えよう。駒井が秀次と共にいる限りにおいて、常に披露状は駒井に宛てて出されていたのであり、秀次への披露状の基本ラインは木下吉隆→駒井重勝であったと考えてよいであろう。

そして、その内容をみると、かなり具体的なものがみられる。例えば文禄二年、朝鮮における失態を理由に大友吉統（義統）が改易され、その領国の豊後は秀吉の蔵入地となり代官が派遣されることとなったが、木下吉隆は同年閏九月十三日付秦宗巴宛披露状の中で、その代官に太田一吉・熊谷直盛・早川長政・垣見一直・宮部継潤らが任命されたことや、各代官の支配地域・石高などについて、詳細に書き記し送っている（『駒井日記』文禄二年閏九月十四日条）。また同年、信濃国飯田城主毛利秀頼の死去に際しては、その跡目問題に関する秀吉の裁定が、やはり木下から秦に伝えられている（『駒井日記』文禄二年閏九月二十三日条）。こういった情報の伝達が、秀吉の命令によるものであったかは明確ではないが、必ずしもそうとは限らず、木下が独自の判断によって知らせた可能性も否定できないであろう。

最も数的に多く、またその内容も多岐に富んでいるのは、秀吉直臣から秀次直臣に対するものである。具体的にみていこう。

一、神崎郡小川江下着、
一、亥刻京より早道到来、
一、木下半介（吉隆）方より申越、御ひろい（秀頼）様と姫君様御ひとつになさせられ候ハん由被二仰出一由、関白様被レ成二還
御一次第、其通羽筑州（前田利家）夫婦ヲ以可レ被二仰出一由也、

これは『駒井日記』文禄二年十月一日条だが、秀次が熱海から帰京の途にある中、駒井重勝がこれを出迎えようと近江国神崎郡小川の地まで赴いたところに、「御ひろい様」すなわち秀頼と秀次息女とを婚約させるとの秀吉の意向を知らせる木下吉隆の書状が「早道」と呼ばれる飛脚によってもたらされたものである。秀次と秀頼との関係を婚姻によって強固にし、秀次をして秀頼の後見役に、さらにできれば秀頼を秀次の跡の豊臣家家督にしようと秀吉は考えたのであろうか、文禄二年の段階で、秀次排除以外の政権構想を秀吉が視野に入れていたことを示すものとして興味深いが、ここでは、その秀吉の意向が木下吉隆によって駒井へ伝えられている点、そしてもう一つ、その内容を駒井がこの時点ですでに知っている、すなわち秀次に呈する前に木下の書状を駒井が内覧している点の二つに注意しておきたい。

また翌文禄三年四月、近衛信輔の薩摩配流を秀吉が決定した際には「近衛殿（信輔）薩摩国へ御なかし被レ成へき由、従二関白様一被二仰出一候へと木下大膳（吉隆）為二御使一被二仰出一」（『駒井日記』文禄三年四月十一日条）というように、秀次から秀吉の意向を伝えるように命じている。摂関家筆頭の近衛信輔を処罰するというのはまさに異例であり、文禄年間における重大な政治的事件であったと言えようが、その秀吉の命令もやはり木下吉隆によって秀次へもたらされている。秀頼と秀次息女との婚約、近衛氏に対する処罰という、重要な案件に関する命令の伝達が、ともに木下吉隆によって行われていることは注目に値する。

　それでは、木下以外の秀吉側近はどうであったかというと、関白権力への伝達にまったく関わっていなかったわけではない。たとえば文禄三年二月には「山内対馬(一豊)　大閤様御折檻被レ成、高麗へ可レ被レ遣由、石田治部少輔(三成)・増田右衛門尉(長盛)・山中山城(長俊)御使参」（『駒井日記』文禄三年二月十七日条）というように、秀次付「宿老」のひとりであった山内一豊(6)が秀吉により「折檻」として朝鮮の戦地へ遣わされることとなった折りには、石田三成・増田長盛・山中長俊の三名が使者として秀次のもとへ派遣されている(7)。また翌三月には、秀次蔵入地の算用について秀吉の「被二聞召一度」との意向が、長束正家・増田長盛・前田玄以の三名によって、駒井重勝・益庵宗甫を経て秀次へ伝えられている（『駒井日記』文禄三年三月二十日条）。さらに翌四月には、前田利家ら六人の官位叙任について、秀次から「叡慮」を経るようにとの秀吉の「御諚」が、前田玄以から駒井重勝を通して秀次へ伝えられているし（『駒井日記』文禄三年四月七日条）、同月二十一日に伏見へ秀頼が赴くことが決定した際に、代官として秀次直臣の為心を宇治まで派遣するようにとの秀吉の「御意」を伝えたのは、前田・長束・石田・増田の四人であった（『駒井日記』文禄三年四月十五日条）。

　このように、石田三成・増田長盛などの秀吉の有力な側近も秀次への伝達を行ってはいた。ただし、それは秀吉の「御諚」や「仰出」・「御意」を伝える場合にのみ限られている。数的にも木下吉隆と比較すれば寡少である。太閤・関白間の折衝においては、前田玄以を除けば、のちに「五奉行」となる有力側近は大きな役割は果たしていないと言える(8)。

　秀吉直臣から関白権力への伝達は、秀吉の命令のみであったわけではない。彼ら自身の裁量によって、とくに秀吉の動向に関する様々な情報が伝えられていた。たとえば『駒井日記』文禄二年閏九月七日条には「従二有馬一木下半介(吉隆)・山中(長俊)・長束(正家)書状来ル、十一日比　大閤様大坂江還御之由申来ル、然者(共カ)俄昨日大坂へ被レ成二　還御一由、付置候者中来ル」とあって、摂津有馬へ湯治に赴いていた秀吉の大坂帰還の日程が、秀吉に同行していた木下吉隆らから知らされていることがわかる。もっとも秀吉の帰還は予定外に早まり、十一日の予定であったのが急遽七日に大坂へ到着し(9)、そしてその知らせは駒井重勝が「付置」いた者によっていち早くもたらされることになる(10)。

『駒井日記』には、このような秀吉の動向に関する情報が駒井重勝へ届けられている記録が頻繁にみられる。その多くが木下吉隆からのもので、「伏見江廿日比可レ為二御上洛一由、木下半介書状」（文禄二年閏九月十二日条）、「従二木下大膳方一書中、大閤様明後日有馬江被レ成二御湯治一由、御かいな先度よりいたミ申故之由」（文禄三年四月二十二日条）、「木下大膳書中ニ明日六日より御能始、二日程可レ被レ成由」（文禄四年四月五日条）などのように、『駒井日記』の記述がある文禄二年閏九月から同四年四月に至る期間、木下吉隆は終始一貫して秀吉の動向を知らせている。

さらに、秀吉が行った知行充行や蔵入地代官の任命などに関する情報も送られている。すなわち文禄二年閏九月、木下吉隆・山中長俊らからの書状によって松浦秀任に一〇〇〇石、杉原長房に三〇〇〇石が与えられたことが伝えられているし（『駒井日記』文禄二年閏九月十二日条）、また同月中、木下吉隆から新たに豊臣蔵入地に編入された豊後の代官任命などに関する情報が送られたことは先述した通りである。ただし、このような情報が伝達されたのは文禄二年閏九月までであり、翌月以降はほとんどみられなくなる。これは、すでに指摘したように、秀吉による自己の蔵入地再掌握の志向によるものと考えられる(11)。

二　関白権力から太閤権力への情報伝達

つぎに、関白権力から太閤権力に対する伝達について考察しよう。表1と表2を比較すると、太閤権力からの伝達

表1　太閤権力から関白権力に対する伝達の発信数（使者も含む）

	秀吉	木下吉隆	前田玄以	山中長俊	長束正家	浅野長吉	石田三成	増田長盛	黒田如水	有馬則頼	小出秀政	木村重茲	滝川雄利	木下祐慶	富田高定	戸田重典	雨森長助	施薬院全宗	孝蔵主	御ちやあ	久阿弥	友阿弥	合計
文禄2·⑨	4	23		14	11				1								2		4		5		64
文禄2·10	1	5	3	3	2														2	1	1	2	20
文禄2·11		1																					1
文禄2·12	1	1	2	1															1				6
文禄3·1	1	2	6			1					1	1							6				18
文禄3·2	2	2	2	3			1	1		1			2	1					2				17
文禄3·3	1	5	8	3	2			1							1				1				22
文禄3·4	2	11	7	3	1		1	1									1	1	3				31
文禄4·4	1	5	6			2		1					1			1			5		1		23
合　計	13	55	34	27	16	3	2	4	1	1	1	1	3	1	1	1	3	1	24	1	7	2	202

表2　関白権力からの発信数

	秀次	駒井重勝	寺西正勝	益庵宗甫	益田照澄	吉田好寛	合計
文禄2·⑨	7	3					10
文禄2·10	1	1					2
文禄2·11	4						4
文禄2·12		6					6
文禄3·1	4	8	1				13
文禄3·2	1	5					6
文禄3·3		8		2	1	1	12
文禄3·4	1	3					4
文禄4·4	1	8					9
合　計	19	42	1	2	1	1	66

表3　関白権力からの伝達の受信数

	木下吉隆	前田玄以	山中長俊	長束正家	浅野長吉	増田長盛	木村重茲	雨森長助	孝蔵主	久阿弥	友阿弥	合計
文禄2·⑨	9	1	3	3						2		18
文禄2·10	2	1	1	1					1	1	1	8
文禄2·11	3								1			4
文禄2·12	3	3			1		1	1	1			10
文禄3·1	3	8							6			17
文禄3·2	1	4							1			6
文禄3·3		6	2	1		1						10
文禄3·4	2	1	1									4
文禄4·4	2	5							3			10
合　計	25	29	7	5	1	1	1	1	13	3	1	87

量に比べて、関白権力からはかなり少ないことがわかる。また、情報の発信者について表2をみると、秀次もそれなりに多くみられるが、最多は駒井重勝であり、駒井が太閤権力に対する情報伝達の中核であったことは間違いない(12)。そして表3で受信者をみると、木下吉隆・前田玄以・孝蔵主に宛てられたものが抜きん出て多い。

では、内容はどうであったか。まずは秀次による伝達について確認すると、秀吉への直書はまったくみられない。秀吉からは秀次へ直書が出されていたことを考えると、ここに秀吉と秀次の上下関係が如実に表れていると言ってよい。秀吉に対しては、その直臣宛に、文末を「宜二申上一候也」などとする披露状が出されており、『駒井日記』にはそれと認められるものが六通筆写されている。そしてその宛所はいずれも木下吉隆であり、木下が秀吉・秀次間の公的な取次であったことが端的に窺える(13)。実際、駒井重勝も、木下宛秀次直状を実質的には秀吉へ差出したものと認識していた(14)。ただし内容については、秀吉から秀次宛直書と同様、形式的な見舞状という程度にとどまっており、関白権力から太閤権力に対する主な伝達手段であったとはみなすことはできない。

ついで、駒井重勝による伝達についてみていこう。その内容としては、まず「木下半介（吉隆）・長束（正家）・橘内（山中）・久阿弥方江御膳之様子尋ニ書状遣」（『駒井日記』文禄二年閏九月二十一日条）、「大閤様　還御之様子為二御尋一、木下大膳（吉隆）方迄御早道両人遣」（『駒井日記』文禄二年十二月八日条）などというような、秀吉の動向を尋ねるものが挙げられる。ただしその事例は案外に少なく、わずか三例にすぎない。秀吉の動向に関する情報は、先述したように木下吉隆らから頻繁に送られていたため、とくに要請する必要がなかったのであろう。太閤権力から関白権力に対する伝達では、秀吉の動向に関するものが最も多いことはすでに指摘したが、木下らがそのような情報を送っていたのも、おそらくはそれが関白権力にとって必要とされていたからであり、関白権力としては、最高権力者である秀吉の動静について常に関心を寄せていたと考えてよい。

伝達された情報の中で最も多いのは、秀次の動向に関するものである。たとえば「還御之様子、民法（前田玄以）・木大膳（木下吉隆）・山中山城（長俊）・長束（正家）・友阿弥・久阿弥・孝蔵主、右何茂書状」（『駒井日記』文禄二年十月八日条）というように、熱海湯治からの秀次の帰還は秀吉の直臣や同朋衆・侍女にまで伝えられている。だが、このように秀次の動向を単に知らせるものだけでなく、秀次がこれから行おうとする行為について、秀吉の許可を得ようとするものが多くみられる。

一、関白様御掟ニ付而、民法（前田玄以）・孝蔵主・木大膳（木下吉隆）申遣書状之覚、申ノ下刻早道遣、

一、来ル五日可レ被レ成二　御参内一与被二　思召一候事、

一、六日ニ大坂へ可レ被レ成二　御下向一与被二　思召一候事、

一、四日ニ御公家衆幷諸国之大名衆御礼可レ被レ成二御請一と　思召候事、

これは『駒井日記』文禄三年正月一日条で、秀次の参内や大坂下向、公家・武家から年賀の礼を受けることなどに関する日程について細かく申し送ったものである。これに対して秀吉は「大坂江御下向之事、来十四五日比ニ尤ニ思召候」（文禄三年正月三日条）という意向を示し、これを前田玄以・孝蔵主・木下吉隆を通して秀次へ伝えた。大坂下向の日程が、秀次の案は正月六日であったのが、秀吉はこれを正月十四、五日頃に変更するように秀次へ指示したのである。このことから、秀次側からの伝達は、決定した事柄を単に知らせるものではなく、秀吉の認可を得るためのものであったことは明らかであろう。そして実際、正月十五日に「関白様大坂へ御下向之儀、いつニても御気色御験次第」との秀吉の意向が伝えられ、これを受けて秀次はようやく同月二十六日に参内、翌日に公家衆の礼を受け、大坂下向を果たしたのは翌二十八日であった。秀次は、参内や公家衆との対面など、とりわけ関白の職責としての性格を色濃くする職務を遂行することでさえ、秀吉に伺いをたてなければならなかったのである。

また、秀次蔵入地に関する情報の伝達も数多くみられる。例えば『駒井日記』文禄二年十二月一日条には「法印様《(三好吉房)》江御知行被レ進様子、幷尾州国中御置目彼是　御諚之旨、木下大膳《(吉隆)》・木村常陸《(重茲)》為レ承、一書を以被二申上一」とある。これは、同年行われた秀次領尾張の再検地の結果(15)、尾張国内に設置されていた秀次実父三好吉房の知行一〇万石について一万二〇〇〇石ほど足りないことが明らかとなったため、その不足分が吉房に与えられたことなどを報告したものである。木下吉隆の名がみえるものの、他の蔵入地に関する伝達にはいずれも木下は関係していない。「民部卿法印《(前田玄以)》大坂へ被二罷下一ニ付而、尾州方々帳面共幷河口久介《(宗勝)》知行分之書物遣」（『駒井日記』文禄三年正月十四日条）、「従二　大

閤様」関白様御蔵入方彼是御尋之儀、民法（前田玄以）・増田（長盛）・長束（正家）ヲ以被仰出付而、此方より為御使益庵（宗甫）・拙者（駒井重勝）相越、御蔵納方之儀覚書相調伏見江相越、右両三人ニ申渡」（『駒井日記』文禄三年三月二十一日条）というように、秀次蔵入地に関してはむしろ前田玄以の関与が強い。他の事柄の伝達に関しては主要な役割を果たしていた木下吉隆だが、秀次蔵入地に関する伝達にはほとんど関与していないと言える。その理由についてはよくわからないが、秀次には関白権力の主権者としての立場のほかに、もう一つ個別の大名領主という側面もあった。木下の取次行為は、秀次の前者としての立場に対して行われていたのであって、後者としての性格、すなわち秀次が領主的支配権を行使するにおいては関与していなかったとみなすことができよう。

三　太閤・関白間における木下吉隆・駒井重勝の役割

これまでの考察から、木下吉隆と駒井重勝が太閤・関白間の情報伝達の要であったことは明らかであろう。しかし、木下・駒井の行った行為は、単なる情報や命令の伝達のみに留まらなかった。彼ら独自の裁量によって、秀吉・秀次の関係を円滑にすべく動いていたのである。ここでは、そういった両者の行動を具体的にみていこう。

まず、木下吉隆について挙げられるのは、秀次に対する秀吉への使者派遣の要請である。すなわち文禄二年（一五九三）閏九月、秀吉の上洛に際して木下は「大閤様来廿八九日比可被成御出京旨ニ御座候、今日木半介（木下吉隆）方より御見廻旁ニ而飛脚進上可仕之由申候間、弥御前之様子半介方より可申上候」（『駒井日記』文禄二年閏九月二十六日条）というように、秀次に秀吉への見舞いの使者を送るように要請している。また翌三年四月にも「木下大膳（吉隆）ヨリ書中幷孝蔵主書中ニ、大閤様御手足いたミ申候間、為御見舞御使者被進之由申来」（『駒井日記』文禄三年四月二十四日条）と、やはり使者の催促をしている。秀次はこれを受けて、早速同日中に見舞いの使者を派遣し、木下宛披露状をも携行させた。その書中で秀次は「一両日以来御筋被レ為レ痛、御気色少悪御座候由、如何無二御心許一存候、然者有馬御湯治之儀、早炎天之時分御座候条、先被レ成二御延引一候様ニ申上度候」（『駒井日記』文禄三年四月二十五日条）と述べ、有馬へ湯治に赴こうとする秀吉に対して、炎天を理由にその延引を勧めている。おそらくこの勧めにしたがったのであろう、秀吉は有馬湯治を数日遅らせた(16)。つまり木下吉隆は、秀次に使者の派遣及び見舞状の進上を要請、自身宛の披露状を受け取り、それを秀吉に上呈したのである。当然ながらこれは秀吉からの命令によるものではなく、木下自身の発案と考えられる。

さらに、以下の史料（『駒井日記』文禄四年四月十八日条）を検討してみたい。

> 大和中納言（羽柴秀保）様御他界之由　大閤様江可レ被二仰上一ため、孝蔵主江為二談合一木下大膳（吉隆）・駒井（重勝）御城（伏見城）へ参、則　中納言様気色悪由、孝蔵主口上ニ而先申上、二度目ニ以外御大事之由、十五日宵之注進状被レ懸二　御目一由、孝蔵主被レ申候也、

秀次実弟の羽柴秀保は大和十津川において発病し、文禄四年四月十五日、同地にて疱瘡により急死した。秀保発病の第一報は四月十日に秀次のもとへもたらされ、使者として秀次直臣の生駒直勝が派遣されているが、秀保発病の報は同時に秀吉へも届けられたらしく、秀吉からの見舞いの使者も遣わされている(17)。だが、その詳しい病状やその後の経過については秀吉には知らされなかったのであろう、発病の第一報からわずか五日後に秀保が急死という事態に至り、木下吉隆と、折から秀次にしたがい伏見へ来ていた駒井重勝が伏見城に登城し、秀保の死去をどのように秀吉へ言上するかについて秀吉侍女孝蔵主(18)と談合したのであった。そして孝蔵主の意見として、まず孝蔵主が口上にて秀保の病状がおもわしくない旨を秀吉へ伝え、ついで「二度目」にその容態が「以外御大事」であることを知らせること

になったのである。

　そのように段階的に秀吉へ言上しなければならなかったのは、一体どのような理由によるものかといえば、おそらくは先述したように、秀保発病に関する第一報以降の報告が、秀吉には届けられていなかったためと思われる。そもそも秀保の病状について、秀次はさほど深刻なものとは認識していなかった。四月十二日には「ほうさうにて無レ之由」と、当初疑われたらしい疱瘡の懸念が打ち消され、翌日には「ゆほろし」であるとの注進が届き、そして十六日には、やはり疱瘡ではあったがしかし「御験」であるとの報告がもたらされるなど、秀保の安否に関して楽観的な情報を知らされていたためである。そのため秀次は秀吉へ報告せず、したがって秀吉も秀保の病が死に至るほど重いものとは思っていなかったであろう。そこへ秀保急死の報が届けられたのである。

　発病の知らせがあってからわずか数日のうちに、しかもさほど重病ではないと観測されていたものが突然死去したとなれば、秀吉はそれまでの経緯を自分に知らせなかったことについて不快に感じるであろう。そしてその感情は、実兄として秀保の後見的立場にあり[19]、したがって秀保の病状について詳細に把握していなければならないはずの秀次に向けられる恐れが十分にあったことは容易に想像できる。ましてや有力一門大名である秀保の死去は、単なる一大名のそれとは比較にならないほどの打撃を豊臣政権に与えることは明らかであったから、秀次への不快感はさらに増幅される可能性すらあった。木下・駒井・孝蔵主の談合はそれを避けるためのものであり、結局それが功を奏したのか、翌十九日に孝蔵主から秀保死去の報告を受けた秀吉は「関白様無二御愁傷一様ニ与被レ成二御教訓一」（『駒井日記』文禄四年四月十九日条）というように、秀次に対して気遣いの姿勢をみせたのであった。このように木下らは、秀吉・秀次間の良好な関係維持のため、ときに積極的に奔走していたのである。

　つぎに、駒井重勝についてはどうか。駒井は公家衆や寺社から秀次への取次役などを務め[20]、また秀次直臣への知行充行に際して知行目録を発給するなど、秀次の側近中の側近ともいうべき存在であった。そして、木下吉隆から秀次に対する披露状の宛所であったこと、秀保死去を秀吉に言上するに際して木下や孝蔵主との談合にも加わっていたことなどはすでに指摘した通りであるが、ここではとくに駒井による情報収集の動きについてみてみよう。(21)

まず特筆すべきは、秀次宛秀吉直書や秀吉宛披露状などを駒井が内覧していることである。例えば『駒井日記』には五通の秀次宛秀吉直書の文面が記載されていることは先述したが、文禄二年閏九月秀次伊豆熱海湯治期を例にとれば、『駒井日記』文禄二年閏九月十四日条には、大坂の秀吉から秀次に宛てた前日付直書の文面が筆写されている。つまりこの秀吉直書は、いったん京都聚楽の留守を預かる駒井重勝に届けられ、それから駒井の手によって熱海にいる秀次へ届けられることになるわけだが、『駒井日記』に直書の文面が筆写されているということは、駒井が、秀次が目にする前にその直書を内覧したということにほかならない。また同時期、逆に秀次から秀吉に宛てられた文書――実際には木下吉隆宛披露状――も、『駒井日記』にその文面が載せられていることから、秀吉や木下吉隆に渡される前に、駒井がその内容に目を通したことは明らかである。文書を内覧できたのは、当然秀次の許可があってのことであろう。駒井はそれだけ秀次の信任が厚かったと言えるが、同時に駒井が職務を遂行する上で、その必要性があるために許されていたと考えるのが妥当であり、関白権力における駒井の政治的役割の大きさが察せられる。

そしてまた、駒井による自主的な情報取得の志向が挙げられる。先述したように、文禄二年閏九月中、秀吉の有馬での湯治に際して、その帰還が木下らからの伝達では十一日とされていたものが、急遽日程が早められ七日に秀吉が帰還したとの情報は、駒井が「付置」いた者によって迅速に届けられていた(『駒井日記』文禄二年閏九月七日条)。また同月二十四日には「伏見ニ付置申者」よりの情報として、同日における秀吉の行動と翌二十五日の予定とが届けられており(『駒井日記』文禄二年閏九月二十四日条)、ここでも「付置」いた者によって秀吉の動向が駒井へ伝えられていることが確認できる。そしてその「付置」いた者は、「早道」とも呼ばれていることからも明らかなように、いち早く情報を駒井のもとへ届ける飛脚でもあり、また秀吉近辺のみではなく木下吉隆のもとにも置かれ、両者間の連絡役としての役目を担っていた(22)。すなわち駒井は、木下からの伝達が届くのをただ単に待つのみではなく、秀吉の周辺に情報収集網をめぐらし、率先して秀吉に関する情報を得ようとしていたのである。

ところで、駒井による自主的な情報取得は、このような「早道」の派遣・配置に留まっていたのであろうか。駒井の積極的な情報取得への志向から考えると、さらに様々なルートを見出し、情報を得ようとしていた可能性が高いように思われる。そこで注目したいのは、先に触れたような木下吉隆ら秀吉側近以外からも駒井へ情報がもたらされていた点である。その情報源としては、例えば秀吉直臣の雨森長助という人物がいる。雨森による伝達は表1に三例ほどみられるが、秀吉直臣としてさほど有力とも思えない雨森が、なぜ駒井へ情報を送っていたのであろうか。そこで『駒井日記』の他の記述をみると、「雨森才次」（文禄三年一月二日条）、「雨森出雲」（文禄四年四月六日条）など、秀次直臣中に雨森名字の者が散見されることに気づく。確証はないが、あるいは雨森長助と同族であるのかもしれない。同じ羽柴家中として、秀吉と秀次直臣の中に同族関係にある者が混在していたとしても不思議はなく、むしろ自然なことであったろう。駒井はそういった縁故を利して働きかけ、雨森長助に情報伝達を依頼したのではないだろうか。

また、そのような働きかけは、秀吉の同朋衆へもなされていた可能性がある。権力者に近侍するという同朋衆の性格を考慮すれば、秀吉の動向に関する詳細な情報を得ようとする場合、彼らはもっともふさわしい者たちと言えようが、例えば『駒井日記』文禄二年閏九月十八日条には「七条門主（准如光昭）之儀、彼是被二仰出一、重而木下半介・山中橋内（長俊）・長束大蔵（正家）・久阿弥書状夜前致二到来一候間、何茂進上仕候」と、同年十月五日条には「四日之日付ニ而木下半介（吉隆）・山中橋内（長俊）・長束（正家）・友阿弥書中」とあり、久阿弥・友阿弥という二人の同朋衆から駒井へ書状が届けられていることが確認できる。さらに文禄四年四月一日条には、久阿弥からの大坂よりの書中として「大閤様宇治江　御成五日比与被二仰出一候」、「御咄衆羽下（滝川雄利）・岩井弥三郎昨日能々御供仕候て、両人ニ御道服二被レ下由、弥三郎ニ者被レ成二御加増一、諸大夫ニ被二召加一由」とあって、秀吉の出向の予定や恩賞下賜などに関する情報までもがもたらされている。そして、これらの伝達が関白権力からの要請によるものであったことを暗に示すように「久阿弥ニ八木百石、大津ニ而、近江舛ニ而車力を相加可レ遣之由被二　仰出一」（『駒井日記』文禄四年四月十九日条）と、久阿弥に対して秀次から米一〇〇石が与えられている。これは情報伝達に対する礼米であったとも解釈できよう。これら同朋衆へ情報伝達を依頼したのが誰であったのかを示す史料は見当たらないが、「早道」を用いての情報取得への積極的な志向、また関白権力内におけるその役割の重要性を考えれば、それは駒井であったと考えるのが妥当ではなかろうか。

おわりに

以上、太閤・関白間における情報伝達の構造について考察した。秀吉からは秀次の行動を規制するような動きがあったのに対して、秀次から秀吉に対してはそのような動きは全くみられず、逆に秀次の行動について秀吉の許しを得ていた有様であり、実権の所在は明らかである。

そのような中、命令の伝達を担っていたのはそれぞれの直臣たちであったが、なかでも秀吉側近の木下吉隆と秀次側近の駒井重勝はその中心的存在であった。木下吉隆は秀吉の命令だけでなく、秀吉の動向について頻繁かつ詳細に伝達していた。そして、秀吉・秀次の良好な関係維持のため、ときに秀次に秀吉への使者派遣を勧め、また秀次の立場を損なうことがないように積極的に動いていた。かたや駒井重勝は、秀吉直書や秀次から秀吉宛の披露状を、秀吉・秀次より先に内覧するほどの立場にあり、さらに秀吉近辺に情報収集網を設け、同時に秀吉の直臣や同朋衆へも働きかけて、秀吉に関する情報を得るべく活動を行っていた。

一方、石田三成・増田長盛ら秀吉の有力側近は、秀吉の命令伝達に従事することはあったものの、それはごく稀であり、ましてや内々に秀吉の動向を秀次へ知らせるようなことは一切していなかった。彼らと秀次の関係は極めて希薄であって、同じく秀吉側近の木下とは対照的と言える。もし秀次が実権を掌握すれば、木下の政治的地位はさらに上昇したろうが、逆に石田三成らの地位低下は避けられなかったであろう。秀次への権力移譲は、三成らにとって好ましい事態ではなく、その点においては、実子秀頼を後継者にしたい秀吉も同様であった。秀吉と三成らの思惑は、秀次排除の方向で一致したとみてよい。

秀次が排除されると、駒井は秀吉の直臣に取り立てられるが、木下は秀次とともに失脚、薩摩へ配流され、やがてその地において没することになる。藤田恒春は駒井が失脚を免れた理由について、秀吉側近の石田三成・長束正家・増田長盛らと同様の近江出身であったことを挙げているが[23]、『駒井日記』には彼らと駒井との間に親しい交流があったことを示す記述は見当たらず、疑問も残る。また、木下失脚の理由については触れていない。側近第一ともいえる木下が[24]、なぜ失脚しなければならなかったのであろうか。

ここで、すこし想像をめぐらせてみよう。秀次失脚時、当然その側近であった駒井も詮議を受けたことは間違いない。その際、駒井が木下から送られた様々な情報について、包み隠さず申告していたとすればどうだろうか。実は木下は「大閤様去十五日之夜少御心悪、御覚なく小便たれさせられ候」（『駒井日記』文禄三年四月十七日条）、「大閤様明後日有馬江被レ成二御湯治一由、御かいな先度よりいたミ申故」（『駒井日記』文禄三年四月二十二日条）、「大閤様御手足いたミ申候」（『駒井日記』文禄三年四月二十四日条）というような、秀吉の健康面に関する情報をも送っていた。最高権力者である秀吉の健康状態は、「唐入」の途上であることをも考慮すれば、当然重要機密だったはずである。秀吉と秀次の関係が良好であるのならともかく、秀次をその一族ともども抹殺するというような非常事態において、木下がそのような情報を秀次側に漏らしていたと秀吉が知れば、それまでいかに木下が秀吉の信任を得ていたとしても、失脚は免れなかったのではなかろうか。

木下が失脚したのは、駒井がそれまで木下と行った様々な折衝を公にしたためであり、またそれゆえに駒井は救われた――確証はないが、情報伝達を担った両者に対する、あまりに違いすぎる秀吉の対応からすると、そのように考えられてならない。

注

(1) 中野等「太閤・関白並立期における豊臣政権について―政治史上の段階設定を伴う一つの試論―」(『歴史評論』五〇七、一九九二年)。

(2) 秀次権力の大きさを肯定的に評価するものとしては、朝尾直弘「豊臣政権論」(岩波講座『日本歴史』9・近世1、一九六三年)、三鬼清一郎「太閤検地と朝鮮出兵」(岩波講座『日本歴史』9・近世1、一九七五年)、水林彪『封建制の再編と日本的社会の確立』(山川出版社、一九八七年)、中野等前掲注(1)論文、難波正治「『太閤・関白体制』の特質」(『海南史学』三四、一九九六年)などが、否定的に捉えるものとしては、宮本義己「豊臣政権における太閤と関白―豊臣秀次事件の真因をめぐって―」(『國學院雑誌』八九―一一、一九八八年)、拙稿「文禄期における豊臣蔵入地―関白秀次蔵入地を中心に―」(『国史学』一七七、二〇〇二年、本書第二部第一章)、藤田恒春『豊臣秀次の研究』(文献出版、二〇〇三年)などがある。

(3) 三鬼清一郎「豊臣秀吉文書の概要について」(『名古屋大学文学部研究論集』史学四四、一九九八年)。

(4) 藤田恒春前掲注(2)書。ただし、木下吉隆による取次行為の具体的内容についてまでは触れられていない。

(5) 本章で引用する『駒井日記』は、すべて藤田恒春校訂『増補　駒井日記』(文献出版、一九九二年)による。

(6) 山内一豊ら秀次付「宿老」は、秀吉から知行を与えられており、基本的な身分は秀吉の直臣であった(中野等前掲注(1)論文)。ただし、『駒井日記』文禄三年一月二十日条には「関白様御家中衆」とあり、いわば両属的な立場にあったとも考えられる。

（7）もっとも山内一豊に対する「折檻」は「山内対馬　御赦免之由、有馬中書(則頼)・羽柴下総(滝川雄利)・木下祐慶其外二三人為二御使一被レ来」（『駒井日記』文禄三年二月十七日条）というように即日取り消されており、その「赦免」を知らせる使者は、有馬則頼・滝川雄利・木下祐慶の三名であった。

（8）「五奉行」中、唯一前田玄以のみは深く関与していたことが表1・表2から明らかである。前田玄以は、例えば「赴二聚楽一太閤公御成見物、馬上先駆如レ恒、殿下(秀次)為二御迎一乗車、到二東方一停車、中山大納言公(親綱)・日野大納言公(輝資)・玄以(前田)法印、自二殿下一為二御使一往二于太閤公一也」（『鹿苑日録』文禄三年十月二十日条）というように、秀次からの迎えの使者として秀吉のもとへ赴くなど、秀次と密接な関係にあったことが窺われる。その理由として、前田玄以が主に京都に関する行政を担当していたため、京都聚楽第に居していた秀次とは自然と深い交流が生じたというような事情が想起できるものの、詳しくは未考とし、今後の課題としたい。

（9）「俄昨日大坂へ被レ成二　還御一」とあり、大坂到着は六日のように記されているが、『駒井日記』文禄二年閏九月八日条には「大閤様昨日七日大坂被二　還御一候」とあるから、やはり七日のことであろう。

（10）ここには誰によって「付置」かれたのかは記されていないが、翌日条には「木下半介(吉隆)・山中(長俊)・長束(正家)書中ニハ来ル十一日比之様ニ申越候得共、俄　還御之由、駒井付置申候者見申候而罷上候」とあって、駒井重勝によるものだということがわかる。

（11）本書第二部第一章。

（12）駒井の記した記録から検出したものであるため、若干差し引いて考える必要はあろうし、駒井の関知しないところで何らかの伝達が行われていたこともあったろうが、太閤権力からの伝達の多くが駒井へ伝えられていたことを勘案すれば、やはり太閤・関白の伝達における駒井の役割の重要性は否定できない。

（13）一例を挙げれば、文禄二年閏九月、伊豆の熱海において湯治中であった秀次が、時を同じくして摂津有馬へ湯治に赴いていた秀吉に宛てた見舞い状の宛所も木下吉隆であったが（『駒井日記』文禄二年閏九月十一日条）、「従二有馬一木下半介(吉隆)・山中(長俊)・長束(正家)書状来ル」（『駒井日記』同年閏九月七日条）というように、有馬へは木下のほかに山中長俊・長束正家なども秀吉に付き従っていたにもかかわらず、披露状の宛所が木下のみであったことがそれを物語っている。

（14）例えば『駒井日記』文禄二年閏九月十二日条には「有馬御湯治為二御見廻一　大閤様江去六日之御書付」とあるが、これが『駒井日記』文禄二年閏九月十一日条に記されている六日付木下吉隆宛秀次直書を指していることからも明らかである。また、『駒井日記』文禄二年十月四日条には「昨日三日至二清須一御着座之由、大閤様江御直判之御書、宛所民部法印(前田玄以)・木下半介(吉隆)、副状共」とあって、秀吉への「御直判之御書」の宛所が木下吉隆・前田玄以の両名とされている。なお、前田玄以が秀吉宛披露状の宛所になっている事例はこの一例のみであるが、木下以外では唯一の事例であることから、前田玄以が取次として木下に準じる存在であったことが窺われる。

(15) 尾張再検地については、小島広次「尾張における太閤検地―文禄再検の理由をめぐって―」（『日本歴史』二〇二、一九六五年）、同「豊臣政権の尾張支配」（『清洲町史』清洲町役場、一九六九年）などに詳しい。

(16) 『駒井日記』文禄三年四月二十五日条に「大閤様御快気ニ付而、今日京極様御湯治之由、大閤様者五三日茂御跡有馬江可レ被レ成二御入湯一由、山中山城《(長俊)》言上」とある。文禄三年四月時点における両者の関係はなお一応の良好状態にあったとみてよいであろう。

(17) 『駒井日記』文禄四年四月十日条に「大和中納言様《(羽柴秀保)》とつ川《(十津川)》にて御煩出被レ成由注進ニ付而、為二御見廻一上松隼人被レ遣、大かミ様《(秀次生母・日秀)》へ和州通被レ成二御越一、御供西尾豊後《(光教)》・生駒内膳《(直勝)》、従二大閤様一増田右衛門尉《(長盛)》・孝蔵主被レ遣」とある。

(18) 孝蔵主は秀吉の侍女中もっとも有力な存在であり、たとえば天正十九年正月には「殿下《(秀吉)》尾州へ御鷹野、幸蔵主《(孝)》御供ト候」（『時慶記』天正十九年正月十九日条）というように、秀吉の鷹狩りにも同行しようとしている。この折りの尾張での鷹狩りは秀吉実子鶴松の「御不例」により中止されたが、文禄二年十一月、再び尾張での鷹狩りが催された際には「孝蔵主ハ早昨日御供ニテ尾州へ御下向也」（『時慶記』文禄二年十一月十九日条）と、秀吉に付き従っていることがわかり、秀吉の出向に際して頻繁に同行している様子が窺われる。さらに「侍二殿下一諸大名群集也、太閤公廿五日御成延却之由、自二康蔵主《(孝)》一告報也」（『鹿苑日録』文禄三年九月二十三日条）というように、公家・寺社と秀吉との取次役を務めることもあった。

(19) 本書第二部第一章。

(20) 例えば『時慶記』文禄二年四月七日条には「飯後聚楽へ若公《(秀次子)》去朔日ニ誕生為二御礼一金剣一振進献、益庵《(宗甫)》・駒居《(駒井重勝)》取次候」とある。

(21) 知行目録の発給については、石田三成・増田長盛が秀吉権力の下において行っており、両者の行動には類似性が認められる。

(22) たとえば『駒井日記』文禄三年四月十九日条には「大坂ニ付置早道帰、木下大膳《(吉隆)》書中」とある。

(23) 藤田恒春前掲注(2)書。

(24) 秀吉副状の発給数が最も多いのが木下であるとの指摘が三鬼清一郎によってなされていることは、先述した通りである。

第三章　秀次事件をめぐる諸問題

はじめに

実子の鶴松を亡くした天正十九年（一五九一）の十二月、秀吉は秀次を後継者に指名し、養子とした上で関白に任官させる。太閤と称されるようになった秀吉は「唐入」に専念するため、翌年三月には肥前国名護屋城へと向かった。実母の死去にともない、文禄元年（一五九二）七月から九月までの間は大坂で過ごすが、その後また名護屋へ戻り、翌二年八月に淀殿の懐妊を知らされて帰坂するまでの間、その地に留まることになる。その間、秀次は秀吉から譲り受けた京都聚楽第にあり、留守を預かっていたが、秀吉に実子の「お拾」（のちの秀頼）が誕生したこともあって文禄四年七月に失脚、切腹して果てることになった。

このいわゆる秀次事件については様々な議論がなされているが(1)、本章では、①秀次排除を可能にした要因、②「五大老」が秀次事件を契機として実質的に成立したとされる問題、③「五大老」の中でもとりわけ重要な位置を占めたとされる徳川家康・前田利家の「二大老」の位置づけ、以上三点に論点を限定して検討する。

一　羽柴秀保の病死と秀次事件

関白秀次の死去からさかのぼること二年、秀吉の実子である秀頼が誕生する。以後、秀吉は秀次と秀頼の共存も模索するが、結局は秀次の処分という形で事態を落着させる。おそらく秀吉は、自分が死んだあとも秀次が秀頼をそのままにしておくとは思えなかったのであろう。そして文禄四年（一五九五）七月八日、秀次は謀叛の疑いにより失脚、高野山へと送られ、十五日にはその地において自害する(2)。現関白にして秀吉の後継者とされていた秀次の死は、豊臣政権に極めて大きな打撃を与えたことは疑いない。この秀次事件をめぐっては様々な議論があるが、最近とくに注目されたのは矢部健太郎の説だろう(3)。

矢部は、秀次は秀吉の命令により切腹したとする従来の説に異論を唱え、秀吉には秀次に腹を切らせるつもりはなく、切腹は秀次自身の意思によるものだとした。この見解は興味深いもので、史料解釈にも整合性があるため、賛意を示したい。惰弱で暗愚なイメージで語られることが多かった秀次像に対して、新たな一面を呈するものとも言えよう。

ただし、秀吉による秀次排除の方針自体は否定できない事実である。実子を後継者とするため、秀次の存在が邪魔となった秀吉は、明らかに秀次を除こうとした。高野山へ追放された時点で、秀次の政治生命はほぼ絶たれたと言ってよい。すなわちこれまでは、秀吉は秀次の政治生命のみならず身体的生命をも奪ったと解釈されてきたのに対して、矢部の説は、前者はともかく後者を奪うつもりはなかったとするものと捉えられる。だが、秀吉が示した秀次排除の方向性そのものが否定されるわけではない。

もっとも、秀次が自害などせずにおとなしく謹慎していたならば、秀吉は、秀次自身についてはわからないが、その子たちの生命までは奪っていなかったかもしれない。「くわんはくとの《関白殿》しゆ《衆》御せいはい《成敗》のよし申、三人のわかきみ《若君》・四人の御ふくろ《袋》・てかけしゆ《手懸衆》三十四人くるまにて、三てう《三条》のかわら《河原》にてきられ候」というように、[4]秀次の一族たちへ、秀吉が過酷なまでの処置を行ったことはよく知られている。将来の禍根を絶つため、男子を殺すということは古来より頻繁にみられる行為だが、多くの夫人たちまでというのは、あまり例があるまい。よってこれは、いわれもない罪科を名目として自分を追放した秀吉に対する、秀次の意趣晴らしとも言うべき切腹への報復的措置ともみなせよう。それゆえ、秀次が自重していれば、やがて彼らについては許された可能性もあると考えるが、推測の域を出ないため、この議論についてはこれまでとしよう。いずれにせよ、秀吉は強い意思をもって秀次を追放したのである。

さて、では秀吉は、なぜ文禄四年七月という時期を選んで、このような挙に踏み切ったのであろうか。よく語られるように、自己の健康の衰えからくる焦りがそうさせたというのは否定しきれないが、もっとはっきりとした別の要因があると考える。それは、同年四月における羽柴秀保の病死である。

羽柴秀保は秀次の実弟で、後継者のいなかった叔父秀長の養子となり、その没後は大和・紀伊の所領を継いで「大和中納言」と称された人物である。[5]若年の秀保は、秀次の後見を受けていたが、四月十五日、大和十津川において疱瘡により病没する。当初、秀保の病状は楽観視されていたものの、すぐに悪化して死に至った。秀吉に対して生死に別条なしと報告していた秀次およびその側近が対応に苦慮し、はじめに病状悪化、ついで死去の事実を知らせるというように、二段階に分けて秀吉へ報告したことは、前章で述べた通りである。これに対して秀吉は「従二大閤様一為二御使一、戸田内記《重典》被レ進、大和中納言様之儀、聊不レ可レ被レ成二御愁傷一由、様々被二仰出一、則大閤様御自筆之御書を被レ進」というように、自筆の書状を送って秀次を慰めている。[6]少なくとも、表面的にはこの時点で両者の間に亀裂はみられない。

しかし秀保の死は、それから三ヶ月後に起こる秀次の追放に大きな影響を与えたのではなかろうか。大和・紀伊両国を有する秀保領はかなりの規模であり(7)、麾下には藤堂高虎ら有力な家臣もいた。一方、近江・尾張を中心に広大な地域を与えられていた秀次も、相当な軍事力を有していたことは間違いない。すなわち彼ら兄弟は、畿内とその近国において、極めて大きな軍事力を有していたのである。秀保在世中に秀次処分を強行すれば、兄弟が結束して軍事手段に訴えるということもあり得ないことではない。対外戦争中ということもあり、その場合の混乱は計り知れない。むろん、彼ら兄弟はともかく、その家臣たちまでもが一致結束して秀吉への謀叛に応じるとは限らない。だが秀吉としては、そういった最悪のシナリオも一応想定せざるを得ないだろう。よって秀保の死去は、秀吉をして秀次処分を容易にさせたと言える。秀次事件の、一つのきっかけとなった可能性は大いにあるのではなかろうか。逆に、秀保が健在であったら、秀吉としてもたやすく秀次を処分することはできなかったであろう。

秀保の死と秀次失脚との因果関係については、これまで指摘されてこなかったが、密接に関連していると考えるべきであろう。

秀次の死により、その家臣団は解体されることになる。またその領国は、秀吉直轄領へ編入または大名に分配されたため、豊臣家全体の軍事力や経済力は大きく弱体化し、後年の家康台頭を招く延引ともなったと言える。

二 「五大老」成立時期に関する議論

ところで、この文禄四年(一五九五)中旬という時期は、「五大老」と無縁ではない。「五大老」が成立したのは秀吉が死ぬ直前の慶長三年（一五九八）七月とされていて、すでに定説となっているが、それは「名実ともに」成立した時期であり、実質的にはそれ以前、この文禄四年段階で「五大老」は形成されていたとする考え方が主流だからである。

秀次自害の翌八月には、のちに「五大老」となる五人に小早川隆景を加えた連署によって「御掟」と「御掟追加」が発せられている。[8]

御掟

一、諸大名縁辺儀、得二御意一、以二其上一可二申定一事、
一、大名小名深重令二契約一、誓紙等堅御停止事、
一、自然於二喧嘩口論一者、致二堪忍一輩理運可レ属二理運一事、
一、無レ実儀申上輩在レ有レ之者、双方召寄、堅可被レ遂二御糺明一事、
一、乗物御赦免衆、家康《（徳川）》・利家《（前田）》・景勝《（上杉）》・輝元《（毛利）》・隆景《（小早川）》幷古公家・長老・出世衆、此外雖レ為二大名一、若年寄衆者可レ為二騎馬一、年齢五十以後衆者、路次及二一里一、駕籠儀可レ被レ成二御免一、於二当病一者、是又駕籠之儀御免事、
右条々、於二違犯輩一者、可レ被レ処二厳科一者也、

文禄四年八月三日

隆景（花押）
輝元（花押）
利家（花押）
秀家《（宇喜多）》（花押）
家康（花押）

この掟書きに名を連ねた者と「五大老」との構成の同一性をもって、この時期を「五大老」制の成立と捉える見方がなされているのである。(9)

このことは、「五大老」の存在事由に関わる大きな問題と言えよう。なぜならば、成立が慶長三年の秀吉死去直前であれば、その役割は秀頼の補佐にあったということになるが、もしも文禄四年段階に、すでに何らかのかたちで存在していたならば、「五大老」はなおも健在の秀吉を支えるために設けられたと考えなければならないからである。豊臣政権における五大老の位置づけは、両者でまったく異なってしまうことは言うまでもあるまい。

しかし、この「五大老文禄四年成立説」ともいうべきものに対しては賛同できない。「五大老」が成立したのはあくまで慶長三年以降であって、それ以前では決してないと考えている。理由は二つある。

第一に、慶長三年七月以前において、「五大老」連署による文書は「御掟」・「御掟追加」以外に見当たらないこと。すでに成立しているならば、必ずや存在して然るべきであろう。

第二に、これがより重要だが、慶長三年八月二十八日付で毛利輝元が石田三成らに差し出した起請文の中に、

大閤様御他界以後、　秀頼様へ吾等事無二三可レ致二御奉公一覚悟候、自然世上為レ何動乱之儀候而、もし今度被レ成二御定一候五人之奉行之内、何も　秀頼様へ逆心ニハあらす候共、心々ニ候て、増右・石治・徳善・長大と心ちかい申やからあらハ、於二吾等一者、右四人衆と申談、　秀頼様へ御奉公之事、

とあること。(10)ここに記されている「今度被レ成二御定一候五人之奉行」が「五奉行」ではなく「五大老」を指すことは明らかであり、(11)この一点からも「五大老」文禄四年七月成立は否定される。よって「五大老」の成立は、あくまで慶長三年とみなさなければならない。(12)それでは「御掟」の発布については、どのように捉えるべきなのであろうか。

秀次事件の打撃はあまりに大きすぎた。揺るいだ政権の安定化を図るため秀吉は、臣従する大名の中で最も有力な

者を選定し、これを政権内部に取り込もうとしたのではないか。彼らはたしかにこの法令に署判しているが、これは必ずしも「違犯輩」に対する処罰権限までも付与されたことを意味しているわけではない。罰するのはあくまで主君たる秀吉であるとみなすのが妥当だろう。彼らの署判は、今後も秀吉に従っていくことへの意思表示であるとも受け止められるが、これは当然ながら秀吉の命令によるものであろう。すなわち秀吉は、彼らに署判させることによって、失われかけた政権の求心力を再び取り戻そうとしたと考えられる。

「御掟」への署判は、彼らが豊臣政権下で最も有力な大名であることを、改めて秀吉から認知されたことを意味する。その点において、彼らにとっても「御掟」発布は極めて意義あることと言える。ただし「政権内部に取り込んだ」と述べたが、それが政権の政策決定にまで関与するというような、実質をともなうものであったかについては、また別個の問題である。実際、徳川家康と前田利家の「二大老」は秀吉の意思決定に影響を及ぼしえたとする跡部信の見解もある(13)。次節では、この点について検討する。

三 「二大老」制について

跡部の論考は極めて興味深いもので、徳川家康と前田利家が、秀吉の意思を変更させえたことを緻密に実証していて説得力があり、異存の余地はない(14)。両人が強い発言力を有していたことは明白で、後の「五大老」の中でも最も高い格式や権限を与えられていたこととの連続性といった面からも首肯できる。

それでは、なぜ家康・利家の二人は、これほどまでの発言力を有することができたのであろうか。大名中、最も広大な領地を有する家康については納得もできようが、利家については不明な点もある。最後に、このあたりの事情について考察したい。

家康を政権内に迎え入れたとき、秀吉は弟の秀長と家康とを対比させるような形をとったことはよく知られている(15)。二人は天正十五年（一五八七）八月八日、同時に従二位権大納言に叙任しているが、豊臣政権においては、官位推挙の権限は秀吉が完全に掌握していたから、これが秀吉の意思によるものであることは明らかであろう。ところがその後、秀長が同十九年正月に病死すると、秀吉は利家の官位を急上昇させる。秀長の生前には宇喜多・上杉・毛利よりも下だった利家の官位は彼らを追い越して、「五大老」となったときには内大臣の家康につぐ大納言となっていた。利家が大納言となったのは家康が内大臣に任官したのと同時なので、秀吉が家康の地位が突出するのは良くないと考えて、利家の官位も上昇させたことはたしかであろう。いわば利家は、秀長に代わる家康に対しての「対抗馬」として、秀吉から引き立てられたのである。

ではなぜ、毛利輝元や上杉景勝ではなく、利家であったのだろうか。その理由を、秀吉が利家のことを「おさな《幼》とも《友》たち《達》」(16)と呼んでいることから明らかなように、利家に対する秀吉の個人的信頼に求めることは簡単ではあるが、これ以外にも理由があったと考える。それは「出自の差」である。

秀吉期の大名は、よく「豊臣大名」と一括して呼び表されることが多く、江戸時代の譜代大名・外様大名のような分類は通常されることはない。しかし豊臣大名にも、実質的にはそれに類するようなものがあったのではなかろうか。私見では、三つの系統に分けられると思われる。

まず、元信長の直属の家臣にして秀吉の同僚であり、のちに秀吉に臣従した「旧織田系大名」。そして信長時代、つまり本能寺の変以前から秀吉の直属の家臣だった「直臣系大名」。それから「旧戦国大名」。これは説明するまでもあるまい。中には「旧敵国」とも言うべき、信長や秀吉と激しい抗争を繰り広げた大名も含まれるが、「五大老」となった上杉景勝や毛利輝元は、まさにこの「旧敵国」大名であった。

この三つの系統のうち、秀吉との関係が近い「旧織田系大名」と「直臣系大名」は豊臣政権における主流派、そして「旧戦国大名」は非主流派と言える。両者の政権内における立場や影響力には、大きな差があったとみなすべきであろう。

こう考えれば、利家が引き立てられた理由、というより上杉や毛利が引き立てられなかった理由が想像できよう。非主流派に属する毛利・上杉には、はじめから家康の「対抗馬」としての資格はなかった。彼らの大名としての実力は関係なく、「旧敵国」としての経歴が障害となり、主流派に対する影響力が期待できないからである。家康に匹敵するほどの声望を主流派から得ることが可能なのは、利家をおいて他にはなかった。秀吉が利家を取り立て、家康とならぶ「二大老」としてその発言力を認めたのも、そこに起因するのではないだろうか。

おわりに

羽柴秀保の予期せぬ急死は、秀次の命運にも大きな影響を与える結果となった。後継者のなかった秀保の大和羽柴家が解体されたことは、秀次にとって大きな痛手であったが、一方で、かねてより秀次除去を志向していたであろう秀吉にとっては絶好の契機となる。

もちろん、一度は後継者と定めて、関白職までも譲った秀次を追放することが、政権にとって大きなマイナスとなることは避けられるはずもなく、秀吉も当然そのことは承知していただろう。だが、実子を跡継ぎにするという誘惑以上に、秀吉には秀次を排除しなければならない、差し迫った理由があったように思われる。おそらく秀吉は、自分が死んだ後に秀次が秀頼をどのように遇するか、不安に感じていたのではあるまいか。秀吉がいればこそ秀頼は安泰だが、後ろ盾がなくなったとき、秀次は自己の保身を図って秀頼を殺そうとするのではないか、との疑念にとらわれていたとしても不思議ではあるまい。そして、それに自身の健康悪化が加わって、その結果として秀次事件が発生したのではないだろうか。

　秀次事件によって大きな傷を負った豊臣政権は、徳川・前田をはじめとする有力大名を取り込むことによって求心力の回復を図る。「御掟」・「御掟追加」へ署判した、あるいはさせられたことは、彼らが政権下における最有力大名であることを秀吉から認められたことを意味する。このことは、「清華成」によって「武家関白家」である秀吉のすぐ下に位置する「武家清華家」としての高い家格を与えられたことに続く優遇的措置とも受け止められよう(17)。

　彼らの中でもとくに秀吉から重要視されたのは家康と利家であった。慶長三年（一五九八）八月、秀吉の死去が避けられない状況の中、その直前に成立した「五大老」と「五奉行」は互いに起請文を交わし、今後の協力を確認しているが、そこで「五奉行」は「御法度・御置目等諸事、今迄之コトタルヘキ儀勿論候、幷公事篇之儀、五人トシテ難二相究一儀ハ、家康《（徳川）》・利家《（前田）》得二御意一、然上ヲ以急度伺二上意一可レ随レ其」と誓約している(18)。ここから、秀吉死去直前においても、家康・利家の「二大老」が重んじられていたことが窺われる。ただし、これがそのまま彼らに付与された政治的権限の大きさを示しているかといえば必ずしもそうとは言い切れない。この点については第三部第三章「豊臣『五奉行』の政治的位置」で改めて指摘したい。

注

（1）とくに近年の研究成果として、中野等「豊臣政権論」（岩波講座『日本歴史』10・近世1、二〇一四年）、矢部健太郎「関白秀次の切腹と豊臣政権の動揺―秀吉に秀次を切腹させる意思はなかった―」（『國學院雑誌』一一四―一一、二〇一三年）などがある。

(2) 『御湯殿の上の日記』文禄四七月八日条に「けさくわんはくとの《(関白殿)》へ大かう《(太閤)》より御つかゐ《(使い)》ありて、むほん《(謀叛)》とやらんのさた《(沙汰)》御入り候て、大かうきけん《(機嫌)》わろくて御ことはり《(理)》御申候まてとて、くわんはくとの《(関白殿)》のかうや《(高野)》へ御のほりのよし申」と、同十六日条には「くわんはくとの、きのふ十五日のよつ時に、御はら《(腹)》きらせられ候よし申、むしち《(無実)》ゆへかくの事候のよし申なり」とある。

(3) 矢部健太郎前掲注(1)論文。

(4) 『御湯殿の上の日記』文禄四年八月二日条。

(5) 羽柴秀保については、桑田忠親「羽柴秀保につきて」(『国史学』一九、一九三四年)、北堀光信「羽柴秀保と聚楽亭行幸」(『豊臣政権下の行幸と朝廷の動向』清文堂、二〇一四年)などの研究がある。また矢部健太郎『豊臣政権の支配秩序と朝廷』(吉川弘文館、二〇一一年)においても、武家家格の創出という観点から関説されている。

(6) 『駒井日記』文禄四年四月二十日条。

(7) 慶長三年(一五九八)時の石高が、大和国は四四万石余、紀伊国は二四万石余ほどであったとされる(『大日本租税志』清文堂、一九二六年)。

(8) 『豊臣と徳川』(大阪城天守閣、二〇一五年)所収。ここにのちの「五大老」上杉景勝の名はみえないが、同日付で出された「御掟追加」には署名に加わっていることが確認できる(『大日本古文書　家わけ第二　浅野家文書』二六六号〈以下『浅野家文書』と略す〉)。

(9) 近年の例でいうと、たとえば藤井譲治は「八月三日、いわゆる五大老の連署で『御掟』『御掟追加』が出された」と述べ、この段階をもって「五大老」が成立したとの認識を暗に示している(日本近世の歴史1『天下人の時代』吉川弘文館、二〇一一年)。

(10) 『大日本古文書　家わけ第八　毛利家文書』九六二号。この起請文については、第三部補論「『毛利家文書』に残る二通の起請文前書案」において詳しく検討しているので、ここでは多く触れない。

(11) 第三部第一章「豊臣『五大老』・『五奉行』についての再検討—その呼称に関して—」にて詳述する。

(12) 跡部信もこの史料の存在から同様のことを指摘している(「秀吉独裁制の権力構造」『大阪城天守閣紀要』三七、二〇〇九年)。

(13) 跡部信前掲注(12)論文。

(14) 事例として、天正二十年(一五九二)、「唐入」に際して秀吉が朝鮮への渡海に並々ならぬ意欲をみせたとき、両人とくに家康はこれに強く反対し、秀吉の面前で石田三成らと激しい討議を行った上で秀吉の意思を覆した一件や、慶長元年(一五九六)における、朝鮮への出陣中に秀吉の勘気にふれ召還された加藤清正や、先に秀吉の怒りを買って薩摩へ配流されていた近衛信輔の赦免に尽力した件などが挙げられている。

(15) 三浦宏之「豊臣秀長と徳川家康」(『史学研究集録』四、一九七八年)など。

(16) 『浅野家文書』一〇七号。

(17) 矢部健太郎前掲注(5)書。

(18) 『武家事紀』巻第三十一。

第三部　「五大老」・「五奉行」の成立と政治権力構造

第一章　豊臣「五大老」・「五奉行」についての再検討

――その呼称に関して――

はじめに

「五大老」・「五奉行」は、豊臣秀吉死後、合議によって政治運営を行ったとされる、豊臣政権末期における最重要な政務機関である。ともに秀吉死去直前の慶長三年（一五九八）七月頃に設置されたと考えられており、「五大老」は豊臣大名中の最有力者である徳川家康・前田利家（利家死後は利長）・宇喜多秀家・毛利輝元・上杉景勝の五人が、「五奉行」は政権発足以降、吏僚的活動をしてきた前田玄以・浅野長政・増田長盛・石田三成・長束正家の五人が任じられた(1)。

この「五大老」・「五奉行」という呼称は、例えば江戸期においては「五大老」は山鹿素行『武家事紀』に、「五奉行」は小瀬甫庵『太閤記』などにみられ、以来研究史上においても踏襲されて用いられており、一般にも広く知られて現在に至っている。

ところが近年、この呼称は阿部勝則によって否定された。阿部は当該期の史料表記を検討し、「五大老」・「五奉行」という呼称は当時用いられておらず、実際には「五大老」が「奉行」と、「五奉行」が「年寄」と呼ばれていたと結論づけたのである。[2]「大老」・「奉行」ではなく、「奉行」・「年寄」が正しい呼称であるというこの阿部の見解は、従来の通説を覆すものとして大きな衝撃をもって受けとめられ、また同時に多くの研究者の支持を得た。[3]そしてそれは、今においても変わりはないように思われる。

阿部の見解は緻密な史料解釈に基づいた結果であり、これに対して反論の余地はないかにみえるが、阿部が当該期の史料を広く網羅的に検証したとは必ずしも言い切れないようで、実際、三鬼清一郎によって、従来の通説を裏づける以下のような史料の存在がすでに指摘されている。[4]

一、奉行共五人之内、徳善院（前田玄以）・長束大（長束正家）両人ハ一番ニして、残三人之内壱人宛伏見城留守居候事、内府（徳川家康）惣様御留守居候事、

一、大坂城、右奉行共内弐人宛留守居事、

これは秀吉の遺言を記した（慶長三年）八月五日付の「覚」案で、[5]「奉行共五人」が交替で伏見城と大坂城に詰めること、徳川家康は伏見城の留守居を務めることなどが取り決められているが、「五奉行」の前田玄以・長束正家両人が「奉行共五人」の内に含められていることから、通説の「五奉行」＝「奉行」を裏付ける形となっている。

後述するように、このような「五奉行」を「奉行」と呼ぶ史料は他にも数多く存在するため、阿部氏の説がはたして妥当なものなのかという疑問は当然出てこよう。「奉行」・「年寄」が、通説でいう「五大老」・「五奉行」に対する当時における唯一の呼称であるなら、なぜそのような史料が存在するのであろうか。

本章は、このような問題関心から、「奉行」・「年寄」説に対して疑義を呈し、「五大老」・「五奉行」の呼称について再検討しようとするものである。だが、これは単に呼称の問題にとどまるものではない。秀吉死後、政権運営を担当した「五大老」・「五奉行」を、周囲や彼ら自身が実際にどのような存在として位置づけていたかを明らかにすること

でもあり、ひいては豊臣政権末期の政治権力構造解明の糸口ともなると考える。

一　「奉行」・「年寄」の呼称を用いている史料

まず、「五大老」を「奉行」、「五奉行」を「年寄」と呼称している史料について再吟味してみたい。その際、その史料が誰の手によって作成され記されたものであるか、つまり誰が「五大老」・「五奉行」を「奉行」・「年寄」と呼んでいたのかという点について留意してみる。すると、実はその多くが「五奉行」とその同調者によるものだということがわかる。年次を追いつつ検証しよう。

「奉行」・「年寄」文言を用いている史料のうち、もっとも早い時期に作成されたのは、慶長三年（一五九八）八月十一日付の「五奉行」連署による起請文である（「五大老」宛）(6)。秀吉死去七日前のこの日、「五大老」と「五奉行」は、秀頼への奉公や両者の間に隔心なきことなどを互いに誓約し、起請文を交わした。このうち「五奉行」が「五大老」へ出した起請文の一文には「今度被レ成二御定一対二五人之御奉行衆一、不レ可レ存二隔心一候」とあるが、これが「五奉行」が差し出したものということを考えれば、「五人之御奉行衆」とは、「五奉行」ではなく徳川家康ら「五大老」を指し示していることは確実であろう。つまりこの史料は、「五奉行」が「五大老」を「奉行」と呼んだものということになる。

また、同じく秀吉生前に作成されたと思われるものに『浅野家文書』一〇七号文書がある(7)。これは秀吉の遺言を記したもので、阿部も全文を引用し、入念に検証している。それには「内府(徳川家康)久々りちきなる儀を御覧し被レ付、近年被レ成二御懇一候、其故　秀頼(豊臣)様を孫むこになされ候之間、秀頼様を御取立候て給候へと被レ成二　御意一候、大納言殿(前田利家)・年寄衆五人居申所にて度々被二仰出一候事」といった記述や「備前中納言（宇喜多秀家）殿事ハ、幼少より御取立被レ成候之間、秀頼様之儀ハ御遁有間敷候条、御奉行五人にも御成候へ」、または「年寄為二五人一御算用聞候共、相究候て、内府・大納言殿へ懸二御目一」などという記述があるが、阿部が論証したように、これも明らかに「五大老」を「奉行」、「五奉行」を「年寄」と呼んでいる。だが、注意しておかねばならないのは、これが秀吉朱印状などの類ではなく、秀吉の遺言を側近くで聞いた者たちが作成した覚書であるという点である。それは文末に「右一書之通、年寄衆・其外御そはに御座候女房衆達御聞被レ成候」とあることから明らかであり、またこの文書が「年寄衆」（＝「五奉行」）の一人である浅野長政の家に伝来したことも、これを傍証していよう。つまり、これは秀吉の遺言を傍らで聞いていた「五奉行」らによって文書化されたものと推定できるのであり、ここでも「五奉行」によって「奉行」・「年寄」という呼称が用いられているということになる。

慶長三年八月十八日に秀吉は死去し、遺言によって朝鮮在陣中の諸将の帰還が決定、その完遂が豊臣政権にとって当面の最大懸案事項となった。そのため、毛利秀元・浅野長政・石田三成の三名が九州博多へ赴き、事態収拾の指揮にあたることが決定するとともに、朝鮮へは徳永寿昌・宮木豊盛の両名が派遣されることとなる。徳永・宮木の派遣は、秀吉がすでに死去しているにもかかわらず、秀吉朱印の押された印判状によって諸将へ伝達された。これは、戦時における混乱を恐れて、最高権力者である秀吉の死を隠したためであったが、それにも、

　其表為二見廻一、徳永式部卿法印（寿昌）・宮木長次（豊盛）両人被二指越一候、長々在番、辛労之至候、仍道服袷被レ遣レ之候、猶、奉行衆・年寄共かたより可レ申候也、
　（慶長三年）八月廿五日　（豊臣秀吉）（朱印）

と、「奉行衆・年寄共」という文言がある。(8) これも阿部が指摘したように、①「奉行」が「年寄」に先行して記されて

いる、②「奉行」に付されている「衆」と「年寄」に付されている「共」とでは、「衆」の方が対象に対して厚礼である、という二つの理由から、「奉行衆」がいずれも中納言以上の高い官位を持つ「五大老」を、「年寄共」が特殊な事情から「公家成」していた前田玄以を除けば諸大夫成大名に過ぎなかった「五奉行」を指すものと考えてよい。ただし、確認しておきたいのは、この時点ですでに秀吉は死去していたのだから、この朱印状の作成や「奉行衆・年寄共」という文言の使用などが、秀吉の意思によるものとは言えないということである。では、誰がこの朱印状を作成し、そこに「奉行衆・年寄共」という文言を織り込んだのか。秀吉死後の政務を担当したのは「五大老」・「五奉行」であるから、当然それは彼らによるものと考えられるが、「五大老」・「五奉行」すべての合意によるものとは必ずしも限らないであろう。可能性として、①「五大老」の意思、②「五奉行」の意思、③「五大老」・「五奉行」の総意、の三つが考えられるが、今の時点でこれを確定するのは困難である。さらに他の史料を検討してから後述することにしたい。

なお、この秀吉朱印状にみえる「奉行衆・年寄共」とほぼ同様な記述をしている史料は、他にもいくつか存在する。例えば、慶長三年のものと思われる九月十八日付増田長盛書状（荻野孫五郎宛）(10)や、十一月二日付浅野長政・石田三成連署状（島津義弘ら四名宛）(11)には「御奉行衆・年寄衆」と、また翌慶長四年のものと思われる寺沢正成書状（七月九日付、島津忠恒宛）(12)にも「御奉行衆・御年寄衆」とある。表現に多少の違いはあるものの、「奉行」が「年寄」に先行して書かれていることから、やはり「奉行」は「五大老」を、「年寄」が「五奉行」を指し示していると考えてよい。

石田三成らが博多へ赴くことが決定した直後の八月二十八日、「五奉行」のうち浅野長政を除く四人宛に、「五大老」の一人毛利輝元が起請文を差し出している。(13)輝元が秀頼への忠節などを誓約したもので、加筆の跡がある案文だが、その加筆部には「もし今度被㆑成㆓御定㆒候五人之奉行之内、何も　秀頼様へ逆心ニハあらす候共、心々ニ候て、増右《（増田長盛）》・石治《（石田三成）》・徳善《（前田玄以）》・長大《（長束正家）》と心ちかい申やからあらハ、於㆓吾等㆒者、右四人衆と申談、秀頼様へ御奉公之事」とある。実はこれは石田三成によって記されたと考えられるものだが[14]、「五人之奉行」という文言がみえる。果たして「五大老」と「五奉行」のどちらを指すかといえば、加筆部の意味は「もしもこのたび定め置かれた五人の奉行の中で、秀頼様へ逆心を抱くということではなくとも、増田長盛・石田三成・前田玄以・長束正家と心違いする者があれば、自分（毛利輝元）は右の四人と相談し、秀頼様へ御奉公する」と解釈できるから、文中の「五人之奉行」が「五奉行」では意味が通らない。やはり「五大老」のことであろう。つまり、ここでは石田三成が「五大老」を「奉行」と呼んでいるわけだが、三成が毛利輝元に対して、その呼称を用いるよう強いているとも言える。そのことにも留意しておきたい。

朝鮮からの撤兵問題を処理したものの、今度は国内の政局が動揺し、慶長三年後半から、家康と前田利家・石田三成らとの軋轢が表面化する。しかしながら、翌年閏三月に家康と唯一拮抗しうる存在であった利家が死去し、さらに加藤清正・福島正則らいわゆる武断派大名らと対立した三成が居城近江佐和山へ閉居するにおよんで家康の勢威はますます強まり、事態は慶長五年九月の関ヶ原合戦へと進展していく。

上洛を拒絶し、家康に対して対抗の姿勢をみせる会津の上杉景勝攻撃のため、家康が諸大名を率いて東下すると、七月、三成が他の「大老」や「奉行」らと語らい上方において挙兵した[15]。そして、前田玄以・増田長盛・長束正家連署による「内府ちかひの条々」と題された家康弾劾状（七月十七日付）が諸大名に発せられる。そこには「五人の奉行・五人之年寄共、上巻之誓紙連判候て無㆓幾程㆒、年寄共之内弐人被㆓追籠㆒候事」、または「五人の奉行衆内羽柴肥前《（前田利長）》守事、遮而誓紙を被㆑遣候て、身上既可㆑被㆑果候処ニ、先景勝《（上杉）》為㆑可㆓討果㆒、人質を取、追籠候事」とあって、明らかに「五大老」が「奉行」と、「五奉行」が「年寄」と呼ばれている。

また同日付で、宇喜多秀家・毛利輝元の連署状が前田利長宛に出されている(16)。

> 態申入候、去年以来、内府《(徳川家康)》被レ背二御置目一、上巻誓紙被レ違レ之、恣之働、従二年寄衆一可レ被二申入一候、殊更奉行・年寄一人宛被二相果一候てハ、秀頼《(豊臣)》様争可レ被二取立一候哉、其段連々存詰、及二鉾盾一候、御手前も定而可レ為二御同前一候、此節秀頼様仁可レ有二御馳走一段、不レ及レ申候歟、御返事待入候、恐々謹言、
>
> 七月十七日《(慶長五年)》　　安芸中納言《(毛利)》　輝元
>
> 　　　　　　　　　　備前中納言《(宇喜多)》　秀家
>
> 羽柴肥前守殿《(前田利長)》
>
> 　　御宿所

利長に西軍への参加を要請したものだが、「奉行」が「年寄」に先んじて記されており、これも「奉行」は「五大老」、「年寄」が「五奉行」を指していると考えられる。また「年寄衆」より申し入れたとは、「三奉行」による同日付家康弾劾状のことをいっているのであろう。つまり、「五奉行」のみならず、西軍に参加した二人の「大老」も「奉行」・「年寄」という呼称を用いていたということになる。

二　「五奉行」を「奉行」とする史料

つぎに、「五奉行」を「奉行」としている史料について検証する。これは言うまでもなく阿部の説とは矛盾し、むしろ従来の通説に有利なものであるが、その呼称を用いているのは、「奉行」・「年寄」の呼称を用いている者たちと

は全く異なることがわかる。

史料上もっとも早く「五奉行」を「奉行」と呼んでいることが確認できるのは、先に掲げた（慶長三年〈一五九八〉）八月五日付の「覚」案である。[17] 内容的には秀吉の置目と考えてよいものだが、秀吉自身によるものと考えるには不自然な点もある。[18] 作成者の確定はできないが、秀吉の遺言を聞いた者が書き記したものであろう。

秀吉死後一月と経たないうちに、早くも「五奉行」と家康との間に「不和」の風説が流れる。毛利家臣内藤隆春は、九月二日、これを「五人之奉行と家康半不和之由ニて、当家御操半之由候、（中略）菜塚大蔵（長束正家）・増田右衛門（長盛）・浅弾正忠（浅野長政）・石田治部少輔（三成）・徳善院（前田玄以）、右之衆奉行ニて候」と記しており、[19]「五奉行」がはっきり「奉行」と呼ばれている。

なお、同年中の史料としては、十一月六日付島津龍伯（義久）書状[20]には「御老中衆幷御奉行衆」と、同月十六日付加藤清正書状[21]には「日本御年寄衆・御奉行衆」とある。「御老中」や「御年寄衆」は「五大老」を、「御奉行衆」は「五奉行」を指していると推定できる。

翌慶長四年初頭、秀吉の死は公のものとされる。朝鮮からの撤兵が完了し、隠す必要がなくなったためだが、醍醐寺座主義演はこれについて「伝聞、五人御奉行衆本結ヲ払云々、大閤御所御遠行、旧冬迄ハ隠密之故ニ無二其儀一、高麗国群兵引取之間、披露ノ体也」と記している。[22] この「五人御奉行衆」が「五大老」・「五奉行」のどちらを指しているかは、「本結ヲ払」との内容に着目すれば答えを導き出すことができる。同年二月五日、家康と他の四人の「大老」・「五奉行」が起請文を交わした際、[23] 僧籍の前田玄以を除く浅野・増田・石田・長束の四人がいずれも「入道」と記している。同時期、「五大老」署名の文書に「入道」と記している事例は見当たらないから、本結を払った「五人御奉行衆」とは、やはり「五奉行」のことと考えられる。[24]

翌慶長五年中頃、家康と「五大老」の一人上杉景勝との対立が表面化、家康が上杉氏攻撃のため会津下向を表明すると、秀頼の生母淀殿はこれを制止しようとした。浅野長政の嫡子幸長はその状況を「秀頼様御袋様より、内府様（徳川家康）御下候儀御留有度と、御奉行衆為二御使一就下被二仰付一候上、内府様へ奉行衆被レ参候」と父長政に伝えている[25]。淀殿が家康の会津下向制止のために「御奉行衆」を使いとして家康のもとへ遣わしたというものだが、これが誰を指すのかと言えば、家康のもとへ「御奉行衆」が訪れたわけだから、家康と「御奉行衆」とは別と考えるのが妥当である。よって「御奉行衆」が「五大老」を指しているとは思えず、ここでは「五奉行」（実際には前田・増田・長束の「三奉行」）のこととみなして間違いないであろう。

制止を振り切って家康が会津へ向かって出陣すると、大坂において石田三成らが挙兵する。家康は自分に味方する各地の諸大名に書状を発し、当面の対処について指示している。

急度申候、治部少輔（石田三成）以二才覚一、方々へ触状を廻ニ付而、雑説申候条、御働之義、先深者御無用ニ候、従二此方一重而様子可二申入一候、大坂之儀者手置等堅申付候、此方と一所ニ候段、三奉行より之書状、為二披見一進レ之、恐々謹言、

（慶長五年）七月廿三日　　家康（徳川）

出羽侍従殿（最上義光）

これは最上義光に宛てて、当面の大規模な軍事行動は慎むように申し送ったものである[26]。「三奉行」が前田・増田・長束の三人を指していることは疑いなく、ここでも「五奉行」を「奉行」としていることが確認できる。

この時期、家康の発した他の書状にも「上方奉行衆」[27]、「大坂奉行」[28]といった文言がみえ、嫡子秀忠の書中にも「大坂御奉行」とある[29]。また、徳川家臣榊原康政なども「三人之奉行衆」という文言を用いている[30]。これらはいずれも「五奉行」を指すものと推定できる。つまり、関ヶ原合戦直前のこの時期、徳川家においては「五奉行」を常に「奉

行」と呼んでいたということになる。

そして、徳川方に味方した大名も家康らと同じく「五奉行」を「奉行」と呼んでいた。

上方において毛利輝元が西軍の総大将に迎えられて大坂城に入ると、九州にあって家康に意を通じていた黒田如水は、八月一日、毛利一族の吉川広家に対して「天下之儀、てるもと《（毛利輝元）》様御異見被ㇾ成候様にと奉行衆被ㇾ申、大坂城御うつりなされ候事、目出度存候」と申し送っている(31)。ここにみえる「奉行衆」もやはり「五奉行」を指すものである。なぜならば、毛利輝元に大坂入城を要請したのは「奉行衆」であるから、輝元と「奉行衆」とは別と考えられるし、また、このとき「大老」は前田利長・上杉景勝は共に在国、家康は会津攻めのため東国在陣中で、京・大坂にいた可能性のある「大老」は輝元の他には宇喜多秀家のみであって、「奉行衆」の「衆」が複数を指すものであることをも考慮すれば、「奉行衆」＝「五大老」という可能性はありえない。よって「奉行衆」とは「五奉行」を指していると断定できよう。

また、黒田如水と同じく九州の大名中川秀成（豊後国岡城主）は、八月十八日付で「内府様《（徳川家康）》へ我等無ㇾ二無二表裏別心一ニ付、奉行衆、又輝元《（毛利）》へも身上之儀頼存との書状一通不二相遣一候」という一文を含む起請文を、やはり徳川方の加藤清正に宛てて差し出している(32)。自分は家康に対し心底より別心がないから、「奉行衆」へも毛利輝元へも自らの身上のことを頼んだりはしないということを誓ったものであるが、ここにみえる「奉行衆」も、毛利輝元を擁した前田玄以・増田長盛・長束正家を指すことは疑いないであろう。

九月十五日の関ヶ原合戦は結局家康率いる東軍の勝利に終わり、東軍諸将は西軍の根拠地大坂へと進軍する。合戦の二日後、東軍の黒田長政と福島正則は、大坂城にいた西軍総大将の毛利輝元へ書状を送っている(33)。

以上、

態申入候、今度奉行共逆心之相搆付而、内府公（徳川家康）濃州表御出馬付て、吉川殿（広家）・福原（広俊）、輝元（毛利）御家御大切ニ被レ存付、
両人迄御内存、則内府公へ申上候処、対二　輝元一少も無二御如在之儀一候間、於二御忠節一者、弥是以後も可レ被二仰
談一之旨、両人より可二申入一之御意候、委曲福原口上ニ申含候間、可レ被二申上一候、恐惶謹言、

（慶長五年）九月十七日　　黒田甲斐守
　　　　長政（花押）
（福島）羽柴左衛門大夫
　　　　正則（花押）

輝元様
　　人々御中

輝元に対して家康への恭順を促したものだが、文中の「奉行共」もやはり「五奉行」のことと考えられよう。

三　「奉行」呼称の相違の理由

以上、「五大老」・「五奉行」を「奉行」・「年寄」とする史料、「五奉行」を「奉行」とする史料についてそれぞれ検討した。管見の限りにおいて、「奉行」・「年寄」の呼称を用いている史料は、どちらか片方のみの事例をも含めて一四例、「五奉行」を「奉行」と呼んでいる史料は三〇例確認できる。それらを一覧化したものが表4・表5である。阿部の説は、表4中の史料群を検討した結果であって、実際には表5のような、これを否定する多数の史料が存在する。

表4　「五大老」を「奉行」，「五奉行」を「年寄」とする史料

	年　月　日	史　料　名	「五大老」の表記	「五奉行」の表記	出　　典
1	慶長3・8・11	「五奉行」連署起請文写	御奉行衆	×	『武家事紀』第31
2	(慶長3)8・25	豊臣秀吉朱印状	奉行衆	年寄共	『島津家文書』423等多数
3	(慶長3)8・28	毛利輝元起請文前書案	五人之奉行	×	『毛利家文書』962
4	(慶長3・8月ヵ)	豊臣秀吉遺言覚書	御奉行	年寄(衆)・おとな	『浅野家文書』107
5	(慶長3)9・24	増田長盛書状	御奉行衆	年寄共	「荻野文書」(『兵庫県史』史料編 中世3)
6	(慶長3)11・2	浅野長政・石田三成連署状	御奉行衆	年寄衆	『島津家文書』989
7	(慶長4)閏3・7	鍋島直茂書状	×	年寄衆	「鶴田家文書」(『佐賀縣史料集成』古文書編　第7巻)
8	慶長4・6・1	「五大老」連署状	×	年寄四人	「榊原家所蔵文書坤」(中村孝也著『新訂徳川家康文書の研究』中巻)
9	(慶長4)7・9	寺沢正成書状写	御奉行衆	御年寄衆	『旧記雑録後編』3-795
10	慶長4・8・20	前田玄以・浅野長政・増田長盛・長束正家連署状	御奉行衆	×	『伊達家文書』676
11	(慶長5)7・17	前田玄以・増田長盛・長束正家連署状写	五人の奉行(衆)	(五人の)年寄共	「真田家文書」(『新訂徳川家康文書の研究』中巻)等
12	慶長5・7・17	宇喜多秀家・毛利輝元連署状写	奉行	年寄(衆)	「加能越古文書」(『新訂徳川家康文書の研究』中巻)
13	(慶長5)7・29	毛利輝元書状	×	年寄衆	『真田家文書』上巻
14	(慶長5)7・30	大谷吉継書状	×	年寄衆	『真田家文書』上巻

そこで問題となるのは、なぜこのように矛盾する二つの史料群が存在するのかということであろう。これについて、かつて「五奉行」を「奉行」と呼称している史料の存在を指摘した三鬼清一郎は「年寄と奉行とは、同じ対象を異った側面からとらえるにすぎないから、その違いについては意識されずに混用されていた時期があったと思われる」と述べておられる(34)。だが、これまでの検討の結果、明確な意志のもとに使い分けられていた可能性が指摘できると考える。以下、二つの表を見比べながら、さらに考察を加えてみたい。

まずは「奉行」に注目してみ

	年　月　日	史　料　名	「五大老」の表記	「五奉行」の表記	出　　典
28	(慶長5)10・2	黒田長政起請文写	×	奉行共	「吉川家什書」(『新訂徳川家康文書の研究』中巻)
29	(慶長5)10・4	黒田円清（如水）書状	×	奉行方	『吉川家文書』154
30	慶長5・10・3	吉川広家起請文写	×	奉行衆	「吉川家什書」(『新訂徳川家康文書の研究』中巻)

注　検出範囲は慶長5年中までとした。
※表2№21は「東行衆」と翻刻されているが、文脈から考えて「奉行衆」が正しいと思われる（実際、『中川史料集』
（北村清士校注、新人物往来社刊）では「奉行衆」としている）。

よう。表4をみると、「五大老」を「奉行」と呼んでいる者は石田三成ら「五奉行」が主であることがはっきりとわかる（七例）。この他には宇喜多秀家・毛利輝元・寺沢正成が一例ずつ確認できる。秀吉朱印状にもその文言はみえるが、先述したように秀吉死去後に出されたものであって、秀吉自身がその呼称を用いたものではない。そして、このうち寺沢以外は「五大老」・「五奉行」として中央政権を構成した有力者であり、また浅野長政を除けば、いずれも関ヶ原合戦に際しては石田方西軍に属し、家康を打倒しようとした者たちである。寺沢正成は東軍参加の大名だが、豊臣政権の九州「取次」を務めた人物であり、[35]これも中央政権と深い繋がりを持っていた。

以上から、全体的にみて「五大老」を「奉行」と呼んでいたのは、「五奉行」を中心とする中央政権の吏僚たちと結論づけることができよう。そして浅野・寺沢を除けば、いずれも関ヶ原合戦時に家康と敵対しているということになる。[36]

一方、表5をみると、「五奉行」を「奉行」と呼んでいた者は、まず一番多く目に付くのは徳川家康であり（六例）、嫡子秀忠も一例みられる。その他、加藤清正、島津義久・同義弘、浅野幸長、福島正則、黒田如水・長政父子、中川秀成、吉川広家らの諸大名、榊原康政、本多正純、内田正次（いずれも徳川家臣）、内藤隆春（毛利家臣）、松井康之、有吉立行（ともに細川家臣）らの陪臣層、または武家政権とは直接関係のない醍醐寺座主義演などであり、合計一八名を数える。総じて家康及び関ヶ原合戦時に家康に味方した大名（島津氏以外）が主となっていることがみてとれる。「五奉行」

表5 「五奉行」を「奉行」とする史料

	年　月　日	史　料　名	「五大老」の表記	「五奉行」の表記	出　　典
	(慶長3)7・22	徳川家康書状	年寄	×	『新修徳川家康文書の研究』第二輯
1	(慶長3)8・5	豊臣秀吉遺言覚書案	×	奉行共	『早稲田大学所蔵《荻野研究室収集》文書　下』
2	(慶長3)8・19	内藤隆春書状写	×	五人之奉行	『萩藩閥閲録』巻5-1
3	(慶長3)9・2	内藤隆春書状写	×	五人之奉行	『萩藩閥閲録』巻99-2
4	(慶長3)11・6	島津龍伯（義久）書状写	御老中衆	御奉行中	『旧記雑録後編』3-556
5	(慶長3)11・16	加藤清正書状	日本御年寄衆	御奉行衆	『島津家文書』974
6	慶長4・1・05	『義演准后日記』第2	×	五人御奉行衆	史料纂集
7	慶長4・2・2	全阿弥（内田正次）書状	×	御奉行衆	「昌国寺所蔵文書」（徳川義宣著『新修徳川家康文書の研究』）
8	慶長5・4・27	島津義弘書状写	×	御奉行中	『旧記雑録後編』3-1098
9	(慶長5・5月ヵ)	浅野幸長書状写	×	（御）奉行衆	「坂田家文書」(『甲府市史』史料編　第2巻)
10	(慶長5)7・22	徳川秀忠書状写	×	大坂御奉行中	「古文書」(『新訂徳川家康文書の研究』中巻)
11	(慶長5)7・23	徳川家康書状写	×	三奉行	『歴代古案』443（史料纂集）
12	(慶長5)7・24	松井康之書状	×	御奉行衆	『中川家文書』(神戸大学文学部日本史研究室編) 88
13	(慶長5)7・27	榊原康政書状	×	三人之奉行衆	「秋田家文書」(『秋田県史』資料　古代　中世編)
14	(慶長5)7・29	徳川家康書状写	×	上方奉行衆	『歴代古案』444（史料纂集）
15	(慶長5)7・29	徳川家康書状	×	大坂奉行衆	『黒田家文書』第1巻（福岡市博物館）
16	(慶長5)7・29	徳川家康書状	×	大坂奉行衆	「戸田家文書」(『新訂徳川家康文書の研究』中巻)
17	(慶長5・7月)	島津義弘覚書写	×	御奉行衆	『旧記雑録後編』3-1132・1133
18	(慶長5)8・1	黒田如水書状	×	奉行衆	『吉川家文書』950
19	(慶長5)8・2	徳川家康書状	×	大坂奉行中	『伊達家文書』695
20	(慶長5)8・7	徳川家康書状	×	上方三人之奉行	『伊達家文書』697
21	(慶長5)8・13	黒田円清（如水）書状	×	※奉行衆	『中川家文書』(神戸大学文学部日本史研究室編) 92
22	(慶長5)8・18	中川秀成起請文案	×	奉行衆	『中川家文書』(神戸大学文学部日本史研究室編) 93
23	(慶長5)8・19	島津義弘書状	×	御奉行中	『島津家文書』1161
24	(慶長5)8・21	本多正純書状写	×	奉行中	『譜牒餘録』
25	(慶長5)8・25	松井康之・有吉立行連署状	×	御奉行衆	『中川家文書』(神戸大学文学部日本史研究室編) 94
26	(慶長5)9・7	加藤清正書状	×	奉行衆	『黒田家文書』第1巻（福岡市博物館）
27	(慶長5)9・17	福島正則・黒田長政連署状	×	奉行共	『毛利家文書』1022

を「奉行」と呼んでいた中心は、家康とその同調者らであったと言ってよいだろう。

　このように、表4と表5では明確な差異がみられる。すなわち、秀吉の死後、豊臣政権の中枢に位置し、かつこれを保全しようとしていた者が「五大老」＝「奉行」としたのに対し、通説通りに「五奉行」＝「奉行」としたのは、秀吉死後に飛躍的にその政治的地位を上昇させていった徳川家康およびこれに従う諸大名、または中央政権とは関係が希薄な陪臣階層等であった(37)。論じつめると、関ヶ原合戦で対決した両陣営が互いに相手の側を「奉行」と呼び合っていたということになろう。

　ここで、豊臣政権期における「奉行」について確認しておきたい。当然ながら「五大老」・「五奉行」が設置される以前にも「奉行」と呼ばれる者が存在する。例えば秀吉発給文書においてみてみると、大名家臣を指す事例も多く認められるが、大名クラスの者を「奉行」と呼ぶ場合、それらはいずれも秀吉譜代とも言うべき者を指している(38)。つまり、豊臣政権下にあって通常「奉行」と呼ばれ、「奉行」としての職務を遂行していたのは、のちに「五奉行」となった者を含む秀吉の直臣階層である。一方、徳川家康ら「五大老」が慶長三年（一五九八）七月以前に「奉行」と呼ばれた例はなく、同年八月、「五大老」・「五奉行」が任じられて以降になってようやくその事例が見受けられるようになるが、そのように呼称するのは「五奉行」らの吏僚にほぼ限られていた。つまりは「五大老」のような有力大名が「奉行」と呼ばれるのは、それまでの経緯からしてかなり特異なことであり、またその呼称を用いていたのもごく一部にすぎなかったのである。

　以上をまとめると、次のようなことが言えるのではないだろうか。まず、「五奉行」ら豊臣政権の吏僚らが「五大老」を「奉行」と呼んだのは、「五大老」は秀吉の後継者である秀頼の「奉行」にすぎないということを示すことが目的であったと思われる。三鬼清一郎も述べているように、「奉行」とは、主人の命令を「奉」り、ことを執り「行」

う者のことである。(39)つまり、「奉行」には政策の決定権などはなく、上位者の意向を忠実に実行するのがその職務であり、また「奉行」がいる以上、これに命令を下す者が厳然と存在していることを意味する。「五大老」が「奉行」であるということは、つまりは豊臣政権における政策の決定権は、秀吉の死後はあくまで秀頼のみが有しているのであり、「五大老」は秀頼の「奉行」として、単にその命を奉じて執行する機関にすぎないというのが「五奉行」らの考えであったということになろう。もっとも秀頼が幼少であるため、実際には「五大老」が重要政務の執行や知行充行などに深く関与することになったわけだが、それはあくまでも特例的・臨時的な措置なのであって、成人のあかつきには当然「五大老」の権限は減退し、秀頼が自ら政務を執り行うことになるというのが「五奉行」らの考えであったのである。

一方、家康やその同調者が、「五大老」ではなく「五奉行」を「奉行」と呼んだのは、「五奉行」こそが豊臣家の「奉行」であって、「五大老」——とりわけ家康——は、政治的決定権を有するそれ以上の存在であることを主張したいがためであったと思われる。豊臣体制を克服し、自らの新政権の樹立を意図する家康にとっては、自分が秀頼の一「奉行」にすぎないなどということは到底認められないはずであったし、家康を支持する者にとってもそれは同様であったろう。また、実際に「五奉行」は、以前から秀吉の奉行人的活動をし、現に「奉行」とも呼ばれることがあったから、その意味では彼らがそう呼ばれるのは自然なことでもあった。陪臣などがその呼称を用いているのには、そういった理由もあると考えられる。

ここで「年寄」にも触れておこう。「五大老」を「年寄」とする事例が表5中に一例あるものの、他はいずれも表4に「五奉行」を指し示すものとしてみられる。よって「年寄」もまた、「五奉行」とその同調者によって主に用いられた呼称ということになるが、これはすなわち「五奉行」自身が自らを「年寄」と称していたということにほかならない。阿部がいうように、「五奉行」は「年寄」と呼ばれていたのではない。自分たち自身でそのように呼んでいた、つまり自称していたというのが正しい。

ただし、以下のような史料も存在する(40)。

於二朝鮮一数年防戦付而、其方之及二迷惑一由候条、八木壱万石被レ遣候、年寄四人任二切手之旨一、被レ請二取之一、堪忍成候様ニ可レ被二申付一状如レ件、

慶長四

六月一日

（前田）利長
（上杉）景勝
（毛利）輝元
（宇喜多）秀家
（徳川）家康

（宗義智）羽柴対馬侍従殿

朝鮮出兵時における宗義智の功績を賞して米一万石を与えたものだが、「年寄四人」が、「五奉行」のうちこの時期すでに失脚していた石田三成を除く他の四人を指すことは疑いない。よって、家康がここでは「五奉行」を「年寄」と呼んでいることは明らかである。わずか一点ではあるが、家康も「五奉行」を「年寄」と呼んでいる事例が存在する以上、先述した論旨とは矛盾する。しかしながら、これについては以下のような解釈が可能だと考える。

家康が「五奉行」を「奉行」と呼んでいる事例は、すべて慶長五年七月・八月中のものである。したがって家康は、

吉川弘文館 新刊ご案内

〒113-0033 東京都文京区本郷7丁目2番
電　話 03-3813-9151(代表)
ＦＡＸ 03-3812-3544／振替 00100-5-2

(表示価格は10%税込)

● 2024年5月

Q&Aで読む縄文時代入門

山田康弘・設楽博己編

A5判・二六四頁／二七五〇円

土器を使用し、定住生活を行い、狩猟・採集・漁労・栽培を営みながら、約一三〇〇〇年続いた縄文時代。最新の研究成果から見えてきた時代像を、五四の問いにわかりやすく答えて明らかにする。図表豊富でコラムも充実。

〈続刊〉Q&Aで読む弥生時代入門

寺前直人・設楽博己編　二七五〇円

Q&Aで読む日本外交入門

片山慶隆
山口　航 編

ペリー来航から米中対立の現在まで、戦前・戦後・現代の三部構成で、日本外交の六〇の問いにわかりやすく答える。外交官・外務省の役割から国際関係まで、歴史・政治・経済・安全保障の諸問題を解説する入門書。

A5判・二四八頁／二五三〇円

高台院【人物叢書323】

福田千鶴著

※電子書籍版あり

四六判・三一二頁／二五三〇円

豊臣秀吉の第一位の妻。日々戦場の夫を支えつつ、自分磨きの前半生を送り、秀吉の関白就任後に「北政所」の名に恥じない役割を果たす。秀吉死後は「高台院」を名乗り、浅井茶々と豊臣家存続に尽力。等身大の姿に迫る。

豊かで多様な〈近世〉のすがた。
最新の研究成果から、その全体像をわかりやすく描く！

A5判・平均二二四頁　各三〇八〇円
『内容案内』送呈

日本近世史を見通す

全7巻刊行中

近世とはいかなる時代だったのか。多様で豊かな研究成果を、第一線で活躍する研究者が結集してその到達点を平易に描く。通史編・テーマ編に加え、各巻の編者による討論巻からなる充実の編成で、新たな近世史像へ誘う。

●既刊6冊

1 列島の平和と統合 近世前期

牧原成征・村　和明編

二二二頁

戦国乱世から太平の世へ、いかにして平和が実現され、列島が統合されたのか。国際交易とキリスト教政策、幕府と藩、武家と朝廷の関係、北方や琉球などを視野に収め、徳川四代家綱期までをグローバルな視点で描き出す。

2 伝統と改革の時代 近世中期

長く平和が保たれた時代に、列島はどのように変化したのか。将軍と側近による幕政の主導、通貨・物価問題、藩政改革、貿易体制・対外認識の変貌などに着目し、五代綱吉から田沼意次の

3 体制危機の到来 近世後期
荒木裕行・小野　将編
二〇六頁

はなぜ解体したのか。朝廷と幕府、幕藩関係、蝦夷地から九州までの在地社会、民衆運動、世界情勢との連動など、国内外の諸問題への対応を模索するも限界を迎えるまでを通観する。

4 地域からみる近世社会
岩淵令治・志村　洋編
二一六頁

近世の村と町は、いかに形成され、変化したのか。都市の開発、労働力の奪い合い、在方町の行財政、多様な生業に支えられた人びとの生活、江戸の町を舞台とした諸身分の交錯など、地域社会と権力のあり方を解き明かす。

5 身分社会の生き方
多和田雅保・牧原成征編
二一六頁

現代とは異なる身分社会で人びとはどう生きたのか。領主と百姓の相克、武士と町人の交流、モノやカネの動き。芸を身につけ、債務に苦しみながら、様々な集団やつながりに依拠して懸命に生きた人びとの姿を描き出す。

6 宗教・思想・文化
上野大輔・小林准士編
二〇〇頁

江戸時代の多彩な文化は、人びとの生活や思想にいかに反映されたのか。寺社・学問・医療・旅・文芸・出版物などをめぐる新たな潮流を生み出し、受けいれた社会に光をあて、身分と地域を超えた人びとの営みを描く。

〈続刊〉
7 近世史の課題 討論（仮題） 小野　将ほか編

推薦します
高埜利彦（学習院大学名誉教授）　松本幸四郎（歌舞伎俳優）
※敬称略、50音順

世界遺産 宗像・沖ノ島
みえてきた「神宿る島」の実像

佐藤　信
溝口孝司編

航海安全を願い、東アジアの交流を物語る品々が奉献された宗像・沖ノ島。その古代祭祀遺跡は他に例をみない。航海・交流を切り口に、多様な地域間交流が生み出した祭祀・信仰を読み解き、「神宿る島」の魅力に迫る。

四六判・二七二頁・原色口絵四頁／二六四〇円

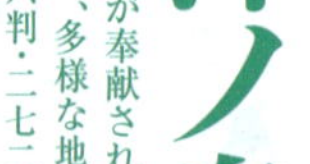

御成敗式目ハンドブック

日本史史料研究会監修
神野　潔・佐藤雄基編

執権北条泰時らが編纂した鎌倉幕府の基本法典を分かりやすく解説。制定過程や目的、研究史などから全体像をとらえ、五十一箇条より主要条文を読み解き、その全貌に迫る。巻末に現代語訳を付す。

四六判・三一六頁
二四二〇円

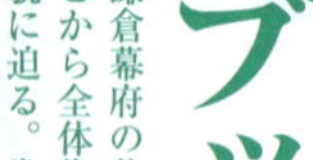

関白秀吉の九州一統

中野　等著

秀吉は国内「静謐《せいひつ》」の実現を目指し、九州の島津攻めを決める。一連の政治・軍事過程の具体相と、戦後処理＝九州仕置きの実態を詳述。「九州一統」による領主権力の再編・統合の歴史的意義を、大転換期に位置づける。

四六判・三二八頁／二七五〇円

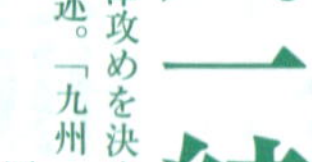

戊辰戦後の仙台藩〈家老〉一族
坂家のファミリーヒストリー

佐藤和賀子著

戊辰戦争時の仙台藩重臣、坂英力《さかえいりき》は明治新政府に抵抗した藩の責を負い斬首された。母と妻子の人生を日本の近代史とともに描く。子どもは教師や医師になり、社会事業に尽

日中和平工作　一九三七―一九四一

戸部良一著

盧溝橋事件後、軍事作戦と並行して和平の試みが繰り返された。外交官だけでなく軍人や民間人ら日中和平の実現をめざした人びとの考えや行動を数々の記録から追跡し、泥沼化する軍事紛争の知られざる側面を解明する。

四六判・三一二頁／二九七〇円

夜更かしの社会史　安眠と不眠の日本近現代

近森高明
右田裕規編

夜間も活動するようになった都市住人は、眠りについてどんな認識や習慣、商品を生み出してきたか。その変遷を追い、夜に眠る／眠らないことの両方を同時に要請する産業社会での人びとの生活と睡眠との関係史に迫る。

Ａ５判・二六六頁／四一八〇円

高楠順次郎　世界に挑んだ仏教学者

碧海寿広著

南アジアでの仏典調査の先駆者で、武蔵野女子学院の創始者。国際舞台で活躍した彼は、仏教をどう受け止め直し、独自に表現したか。『大正新脩大蔵経』の編纂や、教育者としての一面にも光をあてて描く人格者の生涯。

四六判・二〇八頁／一九八〇円

文書館のしごと　アーキビストと史料保存

新井浩文著

文書館で地域の歴史資料を守るアーキビスト（文書館専門職員）。文書館勤務の著者が地域史料の保存・公開などの仕事を解説。現場の視点から今後への展望を提示する。資格取得のテキストにも使える図書館・文書館必備。

四六判・二八四頁／二二〇〇円

歴史文化ライブラリー

●24年1月～4月発売の11冊

四六判・平均二二〇頁　全冊書き下ろし

人類誕生から現代まで／忘れられた歴史の発掘／常識への挑戦／学問の成果を誰にもわかりやすく／ハンディな造本と読みやすい活字／個性あふれる装幀

585 雪と暮らす古代の人々

相澤　央著

古代の人々は雪といかに向き合ったのか。雪山作りや雪見を楽しむ都の貴族たち。一方、北国では大雪で交通が滞り、建物は倒壊。吹雪のなか戦闘が行われることもあった。雪を通して古代の暮らしを描く初めての試み。

二四〇頁／一八七〇円

586 吉田松陰の生涯

猪突猛進の三〇年

米原　謙著

幕末長州で松下村塾を開き、明治の指導者を多数輩出した吉田松陰。偉人として顕彰される陰で、その負の側面は看過されてきた。思想形成や言動を冷静に捉えて歴史のなかに位置づけ、安政の大獄で刑死するまでを描く。

三二〇頁／二二〇〇円

587 弥生人はどこから来たのか

最新科学が解明する先史日本

藤尾慎一郎著

最先端科学が弥生時代のはじまりの状況を解明しつつある。炭素や酸素の同位体を用いた年代測定や核ゲノム解析、レプリカ法などの最新科学と考古学の学際研究により実像に迫り、新知見による弥生時代像を提案する。

〈3刷〉二四〇頁／一八七〇円

588 検証　川中島の戦い

村石正行著

信玄・謙信が幾度も対戦し、数々の伝説を生んだ川中島の戦い。一〇年以上におよぶ北信濃をめぐる相剋は、在地武士や東国大名、幕府・朝廷をも巻き込み複雑に展開する。諸勢力の動向

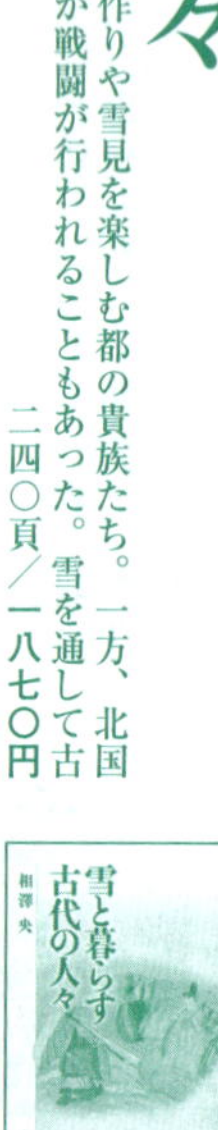

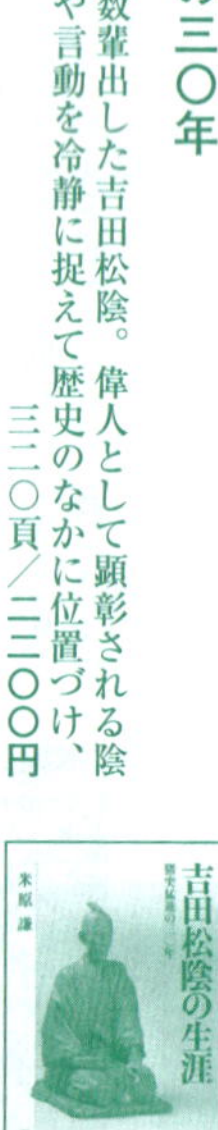

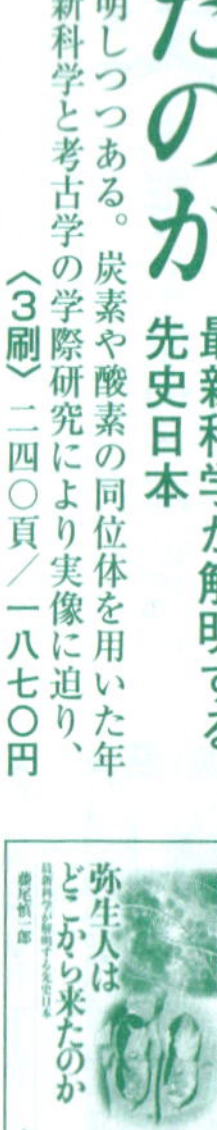

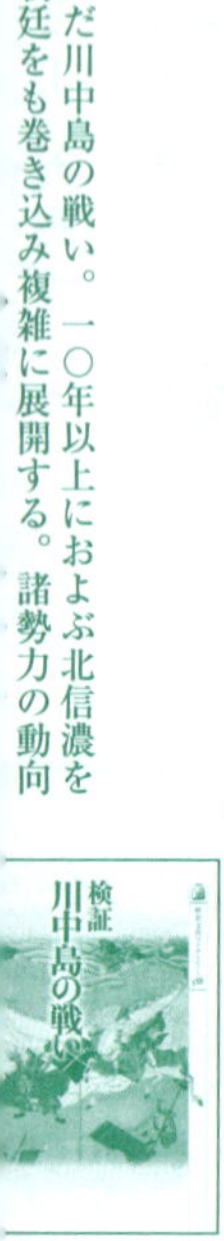

589
ドナウの考古学
ネアンデルタール・ケルト・ローマ
小野　昭著

ドイツ南部を流れるドナウ川流域をたどり、ネアンデルタール人の時代からローマによる支配までの遺跡を探訪。音楽や彫像など創造的文化の達成に至る人類史を探るとともに、考古学史や遺跡保護のあり方を考察する。

二五〇頁／一九八〇円

590
伊勢参宮文化と街道の人びと
不埒者の江戸時代ケガレ意識と
塚本　明著

多くの参宮客で賑わう伊勢。神聖たる地の実態はいかなるものだったのか。ケガレを避ける方策、神主の勤務実態、街道での商売、女性たちの人生…。参宮文化に潜む卑俗さと人びとの営みを通して描く、個性豊かな社会。

二八八頁／二〇九〇円

591
名言・失言の近現代史 上
一八六八—一九四五
村瀬信一著

答弁中にキレる大臣、開戦を躊躇《ためら》う天皇、悪ふざけで内閣をゆさぶった日陰者。近代史を彩る政治家たちの個性ゆたかな「ことば」を繙《ひもと》けば、政治の面白さが見えてくる。名言・失言を軸に見通す、新たな近代通史の試み。

二五六頁／一九八〇円

592
世界史のなかの沖縄返還
成田千尋著

沖縄の日本「復帰／返還」の過程はいかなるものだったか。基地と安全保障をめぐる東アジア諸国の動向、「琉球処分」への認識の差、復帰運動への戦争体験の影響など、日米関係を超えた多角的な視点で実像を追究する。

二五六頁／一九八〇円

593
平安京の生と死
祓い、告げ、祭り
五島邦治著

死者と生者が近しく交流した平安時代の死生観とはいかなるものだったのか。遺体への意識、御霊と疫病、浄土へのあこがれ、異界との境界から究明。都市の生活と、「生と死の交流」から生まれた豊かな精神文化に迫る。

二二四頁／一八七〇円

594
江戸城の土木工事 石垣・堀・曲輪

後藤宏樹著

近世最大の城郭江戸城。家康から家光までの築城に、土地造成、石垣、土塁、水堀や物構など、土木工事（天下普請）の側面から迫る。技術的推移や工事体制の変化、城下町の整備、災害を通して再建される姿も描き出す。

二四〇頁／一八七〇円

595
名言・失言の近現代史 下 一九四六―

村瀬信一著

与野党とも内紛に明け暮れ、「怨みつらみ」が渦巻く戦後政界。なぜ西尾末広《すえひろ》は首相の座を蹴り、何が田中角栄を天才たらしめたのか。宮沢喜一の首を絞めた「らしくない」発言とは。「ことば」が語る、現代政治の内幕。

二五六頁／一九八〇円

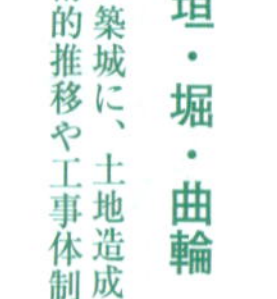

好評既刊より

579
戦死者たちの源平合戦 生への執着、死者への祈り

田辺 旬著 武士は戦死とどう向き合い、語り継いだのか。幕府による顕彰や鎮魂に着目し、敵も弔った心性を読み解く。

一八七〇円

580
スポーツの日本史 遊戯・芸能・武術

谷釜尋徳著 相撲・蹴鞠・打毬…。海外渡来の文化に改良を加え、日本独特の文化を生み出してきた歴史を考察する。

一八七〇円

581
着物になった〈戦争〉 時代が求めた戦争柄

乾 淑子著 何を伝え、何を隠したのか？ 吉祥とされた意匠から当時の社会的背景や時代性を読み解く。

一九八〇円

582
温泉旅行の近現代

高柳友彦著 どのように身近なレジャーとして定着してきたか。江戸から現代までの温泉旅行を通史的に描き出す。

一八七〇円

583
おみくじの歴史 神仏のお告げはなぜ詩歌なのか

平野多恵著 もう吉凶にまどわされない！ 謎多きルーツを辿り、社寺の風俗として定着した魅力に迫る。

〈2刷〉二〇九〇円

584
戦国期小田原城の正体 「難攻不落」と呼ばれる理由

佐々木健策著 発掘調査成果と文献史料・絵画史料を駆使し、城と城下の景観にアプローチ。「難攻不落」の真相を解明。

一九八〇円

歴史文化ライブラリー 電子書籍・オンデマンド版 発売中

書目の一部は、電子書籍、オンデマンド版もございます。詳しくは『出版図書目録』、または小社ホームページをご覧下さい。

「家」をキーワードに地域からの視点で近世日本を描く画期的シリーズ！

家からみる江戸大名

全7冊刊行中

〈企画編集委員〉野口朋隆・兼平賢治

A5判・平均二〇八頁／各二四二〇円

既刊の6冊

徳川将軍家 総論編
野口朋隆著

家康以来、十五代二六〇年にわたり将軍を継いだ徳川家。列島の領主はいかに「家」内支配を行ったのか？ 二二四頁

南部家 盛岡藩 ＊2刷
兼平賢治著

社会の変化の中で「家」のあり方を模索し続けた北奥の藩主。初代信直から廃藩置県までの二九〇年を描く。 二一六頁

伊達家 仙台藩 ＊2刷
J・F・モリス著

「御家」内外の対立と解決から読み解く、初代政宗から廃藩置県にいたる仙台伊達家の二九〇年。 二一六頁

前田家 加賀藩
宮下和幸著

利家を祖に「百万石」を領有した前田家。「外様の大藩」はいかにして「御家」を確立・維持したのか。 二一四頁

井伊家 彦根藩
野田浩子著

戦国期に武功をあげ「御家人の長」と謳われた井伊家。譜代筆頭として背負った使命とその変遷を描き出す。 二〇〇頁

毛利家 萩藩
根本みなみ著

幕末に倒幕の中心となった萩藩毛利家。関ヶ原の敗戦で領地を失いながら、徳川政権下をいかに生き抜いたのか。 二〇八頁

〈続刊〉

島津家 薩摩藩
佐藤宏之著

推薦します

門井慶喜（作家）　高野信治（九州大学名誉教授）

※敬称略、50音順

読みなおす日本史

毎月1冊ずつ刊行中　四六判

「国風文化」の時代

木村茂光著

三二〇頁／二七五〇円（補論＝木村茂光）

古代から中世への移行期に栄えた「国風文化」。その担い手である貴族の社会は、この時代にいかなる変化を遂げたのか。都や地方の実態、対外関係などから深層に迫り、「国風文化」を育んだ時代と文化の特質を捉え直す。

徳川幕閣

武功派と官僚派の抗争

藤野　保著

二五六頁／二四二〇円（解説＝高野信治）

約二六〇年におよぶ強力かつ長期にわたった徳川幕府権力の基礎は、いかに確立していったのか。家康から家綱まで、各将軍をめぐる側近政治家の群像に光をあて、多彩な行動や権力・派閥抗争を分析し、初期幕政史を解明。

鷹と将軍

徳川社会の贈答システム

岡崎寛徳著

二四〇頁／二四二〇円（補論＝岡崎寛徳）

徳川将軍が限られた大名へ下賜した「御鷹」は、権威と忠誠の表象として珍重された。家康・綱吉・吉宗ら歴代将軍の鷹狩や鷹贈答の実態、伝統技芸を支えた鷹匠・若年寄の動向などから、鷹による徳川支配の様相を描く。

江戸が東京になった日

明治二年の東京遷都

佐々木　克著

一九二頁／二四二〇円（解説＝勝田政治）

明治維新で江戸は「東京」と定められ、新たな首都となった。新政府はどのように遷都を構想し、実行したのか。大坂遷都論、東西両都論、天皇の行幸と新時代の演出…。日本特有の首都成立の事情を分かりやすく描く。

古代王権と東アジア世界

仁藤敦史著

A5判・三六四頁／一一〇〇〇円

古代の中国や朝鮮三国、倭国はいかなる世界観のもとで外交を展開したのか。卑弥呼の共立や任那《みまな》日本府の問題から内政の矛盾や多様な対外交渉

荘園制的領域支配と中世村落

朝比奈　新著

A5判・三四六頁／一三二〇〇円

村落と周辺地域を包摂する「領域型荘園」の前史として、文書に示された境界よりも在地の活動実態が反映された支配領域に着目し、「四至型荘園」

中世の海域交流と倭寇

関 周一著

一四世紀以降、日本海や東シナ海をとりまく地域空間が国境を越えて生成し、海域交流が転変した。日本・朝鮮・中国の動向もふまえ、倭寇や対馬島海民、海商の実態を考察。海域史研究の成果を、日本中世史の中に位置づける。

A5判・三四八頁／一一〇〇〇円

中近世九州・西国史研究

中野 等編

日本列島・国家史上に特異な地位を占めてきた九州・西国地域。四つの切り口の諸論考で中近世を照射し、歴史的位置づけの再考を試みる。脱領域的な動きにも注目し、異国・異域とつながる「周縁」としての史実を追究。

A5判・三八四頁／一三二〇〇円

近世山村地域史の展開

佐藤孝之著

山間の地・上州山中《さんちゅう》領を舞台に、自然環境に対する人間の営みを問う。焼畑耕地と秣場《まぐさば》の循環利用など、山地における林野利用の特性を究明。幕府の御巣鷹山・御林の支配体制などから、山村地域の実像に迫る。

A5判・三〇四頁／九九〇〇円

近世領国社会形成史論

稲葉継陽著

戦国期の自治的な村共同体は、近世大名領国の展開をどう決定づけたのか。熊本藩細川家を例に、領国統治の態様から追究。百姓から「御国家」までの重層的な社会構成をひもとき、領国支配の核心に地域社会からせまる。

A5判・四一六頁／一二一〇〇円

近世の神社・門跡と朝廷

石津裕之著

近世における神社・門跡・朝廷の関わりを論究。朝廷との関係という視点から北野社などの神社の動向に迫り、朝廷による門跡統制を検証して、その影響を考察。神社と門跡の関係から、各々の知られざる実態を解明する。

A5判・三七六頁／一二一〇〇円

サンフランシスコ講和と日本外交

波多野澄雄著

一九五一年の講和条約は、領土、賠償、戦争責任などの戦後処理問題に加え、「植民地帝国」の清算という難題にも直面した。米国の思惑を背後にして講和条約体制を築く日本外交の苦闘を軸に、沖縄「密約」の問題にも迫る。

A5判・三七四頁／八八〇〇円

戦後日本の防衛と政治〈増補新版〉

佐道明広著

戦後日本の防衛政策はいかに形成されたのか。自主防衛中心か安保依存かという議論の経緯を、未公開史料とインタビュー史料を活用して追究。政軍関係の視点から、防衛体制を体系的に分析した名著に補論を付して再刊。

Ａ５判・四三二頁／九九〇〇円

近世天文塾「先事館」と麻田剛立

鹿毛敏夫著

迷信的思考が根強い江戸期に、観測と実験を重視した天文学者麻田剛立《ごうりゅう》。高橋至時《よしとき》や伊能忠敬ら弟子筋を生んだ実証に徹した天体研究を私塾「先事館」の活動などから探り、近代天文学の先駆者に迫る。書簡史料も翻刻収録。

Ａ５判・二六四頁／九九〇〇円

近世の楽人集団と雅楽文化

山田淳平著

宮廷で育まれた雅楽は、近世に至り階級を超えて広く受容されるようになった。幕府庇護のもと楽人集団が組織されると、多くの楽曲が再興し音楽論も深められた。楽人の身分や参勤形態などを検討し、普及の方途を探る。

Ａ５判・三六八頁／一一〇〇〇円

近代日本牛肉食史 生産・供給・消費

野間万里子著

近代以降に拡大した日本の牛肉食。農耕用の役牛を中心とした既存の生産体制、前近代からの肉食文化、戦争に伴う需要変化など、多元的な背景に

Ａ５判・一八四頁／八八〇〇円

久邇宮家関係書簡集 近代皇族と家令の世界

上山和雄・内山京子・中澤惠子編

昭和天皇の皇后（香淳《こうじゅん》皇后）の実父である久邇宮邦彦《くによし》王の教育係、家令だった角田《つのだ》敬三郎宛の國學院大學図書館蔵の書簡集。「宮中某重大事件」関連史料も含まれ、邦彦王の心情、宮内省や皇族の在り方を知る上で貴重。宮家の歴史に迫る論考編と巻末付録を収載する。

Ａ５判・四三〇頁／一三二〇〇円

鎌倉遺文研究 第53号

鎌倉遺文研究会編集 ―― Ａ５判・九〇頁／二二〇〇円

戦国史研究 第87号

戦国史研究会編集 ―― Ａ５判・五六頁／七五〇〇円

交通史研究 第104号

交通史学会編集 ―― Ａ５判・一二八頁／二七五〇円

約七千通を初めて集大成！

豊臣秀吉文書集

全9巻完結！　名古屋市博物館編　『内容案内』送呈

各八八〇〇円　全9巻セット＝七九二〇〇円
菊判・函入・平均三五〇頁

❶永禄八年(一五六五)～天正十一年(一五八三)
❷天正十二年(一五八四)～天正十三年(一五八五)
❸天正十四年(一五八六)～天正十六年(一五八八)
❹天正十七年(一五八九)～天正十八年(一五九〇)
❺天正十九年(一五九一)～文禄元年(一五九二)
❻文禄二年(一五九三)～文禄三年(一五九四)
❼文禄四年(一五九五)～慶長三年(一五九八)
❽補遺・年未詳
❾総目録・索引

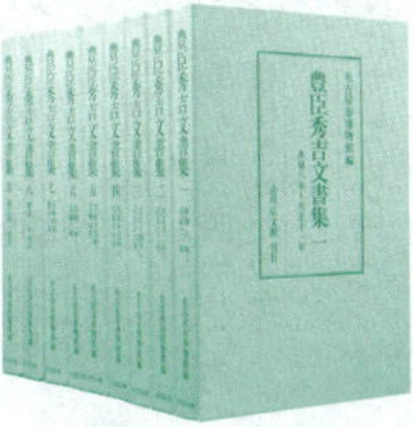

2023年の記事を追加した新年度版

日本史年表・地図

児玉幸多編　B5判・一三八頁／一六五〇円

世界史年表・地図

亀井高孝・三上次男・林　健太郎・堀米庸三編　B5判　二〇八頁　一七六〇円

藤原広嗣《ひろつぐ》（人物叢書322）

北　啓太著　四六判・二八八頁／二四二〇円

平城京の役人たちと暮らし

小笠原好彦著　四六判・二三二頁／二五三〇円

成《じょう》尋《じん》（人物叢書320）

水口幹記著　四六判・三〇〇頁／二四二〇円

武士の衣服から歴史を読む　古代・中世の武家服制

佐多芳彦著　A5判・一九二頁／二四二〇円

鎌倉時代仏師列伝

山本　勉・武笠　朗著　A5判・二八八頁・原色口絵四頁／二七五〇円

三浦義村（人物叢書321）

高橋秀樹著　四六判・三〇四頁／二四二〇円

描かれた中世城郭　城絵図・屏風・絵巻物

竹井英文・中澤克昭・新谷和之編　B5判・一四四頁／三〇八〇円

明治の地方ビール　全国醸造所・銘柄総覧

牛米　努著　A5判・二七二頁／四一八〇円

創られた「天皇」号 君主称号の古代史
新川登亀男著
四六判／三八五〇円

星占い星祭り（新装版）
金指正三著
A5判／四一八〇円

中国の信仰世界と道教 神・仏・仙人（歴史文化ライブラリー588）
二階堂善弘著
四六判／一八七〇円

文房具の考古学 東アジアの文字文化史（歴史文化ライブラリー599）
山本孝文著
四六判／二〇九〇円

女帝・皇后と平城京の時代（読みなおす日本史）
千田稔著
四六判／二四二〇円

カツオの古代学 和食文化の源流をたどる
三舟隆之・馬場基編
A5判／三五二〇円

平安時代の国衙機構と地方政治
森公章著
A5判／一三二〇〇円

源氏物語の舞台装置 平安朝文学と後宮（歴史文化ライブラリー596）
栗本賀世子著
四六判／一八七〇円

陰陽師の平安時代 貴族たちの不安解消と招福（歴史文化ライブラリー601）
中島和歌子著
四六判／二〇九〇円

荘園史研究ハンドブック（増補新版）
荘園史研究会編
A5判／二八六〇円

武士の掟 中世の都市と道（読みなおす日本史）
高橋慎一朗著
四六判／二二〇〇円

武人儒学者 新井白石 正徳の治の実態（歴史文化ライブラリー600）
藤田覚著
四六判／一八七〇円

近世古文書用語辞典
佐藤孝之・天野清文編
四六判／四九五〇円

名物刀剣 武器・美・権威（歴史文化ライブラリー597）
酒井元樹著
四六判／一九八〇円

続・沖縄戦を知る事典 戦場になった町や村
古賀徳子・吉川由紀・川満彰編
A5判／二六四〇円

日本考古学 58
日本考古学協会編集
A4判／四四〇〇円

列島の東西をつないだ〈東海〉のあたらしい中世史像を描く新シリーズ！

東海の中世史　全5巻

四六判・平均二四〇頁・原色口絵四頁

6月刊行開始

【企画編集委員】山田邦明・水野智之・谷口雄太

各二九七〇円　『内容案内』送呈

第1回配本

①中世東海の黎明と鎌倉幕府

生駒孝臣編

白河院政が始動すると、河内源氏ら京武者が進出し、東西の往還路として東海の地位が上昇。内乱を経て鎌倉幕府により東海の秩序が再編されるまでを、御家人の動向、発展する陸海運・寺社・荘園制の実態と併せて描く。

◆続刊　6月より毎月1冊ずつ配本予定

②足利一門と動乱の東海　谷口雄太編

③室町幕府と東海の守護　杉山一弥編

④戦国争乱と東海の大名　水野智之編

⑤信長・家康と激動の東海　山田邦明編

本の豊かな世界と知の広がりを伝える

吉川弘文館のPR誌

本郷

定期購読のおすすめ

本誌は、定期購読をお申し込みいただいた方にのみ、直接郵送でお届けします。希望する購読開始の号数を明記の上、左記の年間購読料を振替00100—5—244でご送金下さい。クレジットカード決済による定期購読申込／更新は小社サイト「PR誌『本郷』」ページをご覧下さい。

★購読料（送料共・税込）

1年6冊分　一〇〇〇円　　3年18冊分　二八〇〇円
2年12冊分　二〇〇〇円　　4年24冊分　三六〇〇円

＊お客様のご都合で解約される場合は、ご返金いたしかねます。ご了承下さい。

見本誌無料進呈　営業部宛ご請求下さい。（A5判・48頁・年6冊刊行）

関ヶ原合戦前、大坂方と手切れとなったのちには「五奉行」を「奉行」と呼び替えることになったが、少なくとも慶長四年中頃までは「五奉行」を「年寄」と呼んでいた――もしくは呼ばされていた――ということがまず指摘できる(41)。

また、この連署状の文案が、そもそも誰によって考案されたものであるかということも考慮する必要があろう。すなわち、宗義智へ与えられる米一万石は当然豊臣家の蔵米から捻出されることになるが、その蔵米を管理していたのは、ほかでもない「五奉行」であった(42)。つまり、蔵米扶助を決定したこの文書の文案作成は、豊臣家蔵米管理者であり、かつ実務的吏僚でもあった「四奉行」によってなされた可能性がかなり高いのではないだろうか。家康は、彼らから提示されたこの文書に、おそらく本意ではないながらも、仕方なく他の「大老」とともに署名せざるを得なかった――そのように考えたならば、その後家康が一切「五奉行」を「年寄」とは呼ばなくなることも納得できよう。

おわりに

以上、「五大老」・「五奉行」の呼称について再検討を試みた。その結果、「奉行」・「年寄」という呼称は、基本的に秀吉権力の秀頼への移行を企図する「五奉行」らによって用いられたものであることは明白となったと思われる。彼らは「五大老」を「奉行」と呼び、自らを「年寄」と自称した。一方、徳川家康は慶長四年(一五九九)中頃に「五奉行」を「年寄」と呼んだ一例を除けばその呼称を用いておらず、その後は一貫して「五奉行」を「奉行」と呼んでおり、また自身を「奉行」と呼んだことは一度としてなかった(43)。

「五大老」を「奉行」と呼ぶか、それとも「五奉行」を「奉行」と呼ぶかは、豊臣政権、とりわけ秀頼体制に対するスタンスの取り方によって違っていたのであって、擁護派は「奉行」・「年寄」の呼称を用い、体制打破を企図する家康とその支持勢力はその呼称を用いようとしなかった。その理由については先述したように、根底に家康と石田三成ら吏僚層との政治的対立が存在していたためと推定する。

また、「奉行」・「年寄」の呼称が用いられはじめたのは秀吉の死去直前からであるが、これはすでにその時点で三成らが、家康の権力増大抑制の方策を講じていた可能性を示唆している。すなわち、家康ら「五大老」を豊臣政権の「奉行」と位置づけ、その政治的地位の著しい向上を防ぎつつ、一方で自らを「年寄」と称することにより、従来の奉行人的位置づけから脱却し、より豊臣家と親近な関係を有し、職務的にも大きな権限を持つ「豊臣家年寄」たる存在として自らを位置づけようとしていたのではあるまいか。

もちろん、「奉行」と呼ぶことだけでは家康の勢威拡大を抑制することが困難なことは言うまでもなく、そのための実際面での対策も講じられていた。例えば、「五大老」は知行充行を行うなど、秀吉の有していた「主従制的支配権」を継承したとされる(44)。しかしながら、その内容を細かくみてみると、実は安堵を基調とした極めて現状維持的色彩が濃いものなのであり、かつ秀頼の意を受けて出された「奉書」的なものとみなすことができる。つまり、「五大老」は知行充行権を有していたわけではなく、形式としては秀頼の命を奉じて執行しているにすぎなかった(45)。

このように、「五大老」は呼称面だけでなく、実権面においても制約を受けていたのであって、そこからは秀吉権力の継承者ではない、秀頼の代行者、または補佐役としての「五大老」の実像を垣間見ることができよう。

では、「年寄」と自らを位置づけた「五奉行」はどうであったか。詳しくは第三章において論じることとしたいが、先に提示した秀吉没後の朱印状(46)に、「五奉行」らが用いた「奉行」・「年寄」の文言があることは極めて興味深い。これは、朱印状の作成過程において「五奉行」の意向が強く反映された可能性があることを物語っていよう(47)。「五奉行」を「五大老」の下部機関と捉えるのが従来の認識であったが(48)、ここからは、秀吉側近として政権運営を実質的に主導してきた「五奉行」の政治力の一端が見受けられる。

「五大老」を政権の「奉行」、「五奉行」を豊臣家の「年寄」として位置づける、いわば「奉行―年寄体制」ともいうべき政治体制によって、家康ら「五大老」の権力をできるだけ制限しつつ豊臣政権の基盤を安定させ、近い将来、名実をともなう秀頼政権誕生への橋渡しを志向していた「五奉行」と、これに同調する毛利・宇喜多ら二人の「大老」[49]に対して、家康は明らかにこれを否定し、崩壊させる志向を持っていた。そしてそれは、三成や浅野長政の失脚、前田利長への威嚇、上杉景勝に対する軍事発動など、「五大老」・「五奉行」の構成員に対する排撃という形で具現化し、家康優位の情勢が現出していく。これら一連の動きから、豊臣政権末期の政治情勢は、「奉行―年寄体制」に対する家康の反発・圧倒という形で進展したと言えるであろう。その後の関ヶ原合戦は、追い詰められつつあった「奉行―年寄体制」護持派による、否定派への反撃という一面を有していたのであり、また両陣営の最終対決の局面でもあった。徳川政権が、直接的には関ヶ原での軍事的勝利によって成り立ったものであることは言うまでもないが、同時に豊臣「奉行―年寄体制」の克服という、政治的勝利の上に成立したものであるとも言えよう。

最後に、これまでの考察によって、「五大老」・「五奉行」を単に「奉行」・「年寄」と呼び改めれば済む問題でないことは、もはや明らかであろう。では、どのように呼ぶべきであろうか。

本来ならば、秀吉が用いていた呼称が最適と考える。だが、秀吉自身は「奉行」・「年寄」の呼称を一度も用いておらず、唯一「五人のしゆ（衆）」（=「五大老」）・「五人の物（者）」（=「五奉行」）と呼んでいることが確認できるのみである[50]。これではあまりにもわかりにくく、学術用語としても適格ではあるまい。そもそも、病床にあり、「長々御煩付而、御失念も在ㇾ之」[51]というような状態にあった秀吉が、新たな呼称や政治体制を考案しえたとはとても思われない[52]。もちろん「奉行」・「年寄」という呼称は、現にそう呼ばれてもいたのだから誤りというわけではない。だが、それを認めず、用いようとしなかった有力な勢力があり、それらが「五奉行」こそを「奉行」と呼び、そして「奉行」・「年寄」の呼称を用いた者たちを打倒したという事実を考慮すれば、これを普遍的な呼称表現とすることは難しいのではなかろうか。よって、「五大老」・「五奉行」という従来の呼称を、学術用語としてならば便宜上用いても差し支えないと個人的には考える。

もっとも、呼称よりむしろ重要なのは、「五大老」・「五奉行」が実際にどのような権限を持ち、どのような職務を遂行していたのかということであり、それを明らかにすることこそが豊臣政権末期の政治権力構造解明を一層進展させることになるであろう。

注

（1）桑田忠親「豊臣氏の五奉行制度に関する考察」（『史学雑誌』四六―九、一九三五年）。
（2）阿部勝則「豊臣期五大老・五奉行についての一考察」（『史苑』四九―二、一九八九年）。
（3）例えば、山本博文は「いわゆる五大老が『五人の御奉行衆』、五奉行が『年寄共』と呼ばれていたことに注意を喚起した好論」と評価し（『幕藩制の成立と近世の国制』八三頁、校倉書房、一九九〇年）、三鬼清一郎も「（阿部）氏の論証手続きは緻密であり、出された結論も十分に説得的」であるとしている（「豊臣秀吉文書の概要について」『名古屋大学文学部研究論集』史学四四、一九九八年）。
（4）三鬼清一郎前掲注（3）論文。
（5）早稲田大学図書館編『早稲田大学所蔵《荻野研究室収集》文書』下巻（吉川弘文館、一九八〇年）。
（6）『武家事紀』巻第三十一。
（7）『大日本古文書　家わけ第二　浅野家文書』一〇七号。
（8）宛所は省略したが、同文のものとして、島津義弘宛（『大日本古文書　家わけ第十六　島津家文書』四二三号〈以下『島津家文書』と略す〉）、同忠恒宛（『島津家文書』四三五号）、同豊久宛（『旧記雑録後編』三―四五六号）、立花親成宛（「立花家文書」『福岡県史』近世史料編・柳川藩初期（上）、福岡県、一九八六年）、宗義智宛（東京大学史料編纂所所蔵『対馬朝鮮陣文書』）、伊東祐

兵宛（東京大学史料編纂所架蔵謄写本『日向記五』）、松浦鎮信宛（京都大学文学部国史研究室編『平戸松浦家資料』一九五一年）、柳川調信宛（「宮木民七郎氏所蔵文書」『新編一宮市史』資料編六　古代・中世資料集、一宮市、一九七〇年）の八例が確認できる。

（9）伊藤真昭「秀吉関白任官と所司代の成立」（『日本史研究』四一九、一九九七年）。

前田玄以以外の四人はいずれも公家成している形跡はない。したがって玄以が公家成したのは異例といえるが、これは伊藤が指摘しているように、玄以に朝廷や公家衆との折衝を担わせるために参内の資格を与えようという、特例的措置であったと考えるのが妥当であろう。

（10）「荻野文書」（『兵庫県史』史料編・中世三、兵庫県、一九八八年）。

（11）『島津家文書』九八九号。

（12）『旧記雑録後編』三―七九五号。

（13）『大日本古文書　家わけ第八　毛利家文書』九六二号（以下『毛利家文書』と略す）。

（14）同文書の末尾には「右、けしたる分・はしめの案・かた付ハ治少《（石田三成）》より也」と記されている。これは津野倫明が「豊臣～徳川移行期における取次―公儀―毛利間を中心に―」（『日本歴史』六三四、二〇〇一年）で述べておられるように、見せ消ち部分の「右肩」に記された修正箇所が三成によって加筆されたものであることを物語っている。

また津野は、そもそもこの起請文の案文の作成自体に三成が関与していた可能性をも指摘している。

（15）「真田文書」（中村孝也『新訂徳川家康文書の研究』中巻、日本学術振興会、一九五八年〈以下、『徳川家康文書』と略す〉）など多数。

（16）「加能越古文書」（『徳川家康文書』）。

（17）前掲注(5)参照。

なおこれに先んじて「五奉行」を「奉行」と表記している史料に、『慶長年中卜斎記』（『史籍集覧』第二十六所収）がある。家康の侍医であった板坂卜斎が書き記したものとされるが、中に「慶長三年七月に（中略）五人の御家老・五人の奉行も此時さたまり候」とある。「御家老」と敬称されているのが「五大老」で、「奉行」が「五奉行」を指すと考えられよう。しかしこれは江戸期寛永年間成立といわれており、当時の呼称表現をそのまま記したとは断定しがたいため対象外としておく。

（18）例えば、同文書には「内府三年御在京事」とも記されているが、秀吉自身の発給文書であれば、家康に対して「御在京」などと敬称は付けないはずであろう。
(19)『萩藩閥閲録』巻九九ノ二。
(20)『旧記雑録後編』三―五五六号。
(21)『島津家文書』九七四号。
(22)『義演准后日記』(『史料纂集』)慶長四年正月五日条。
(23)『武家事紀』巻第三十一。
(24)前年十二月二十六日に三井寺へ出された「五奉行」連署状写(東京大学史料編纂所架蔵写真帳「長楽寺所蔵文書」)の署名には「入道」とは記されていない。よって文書史料上からは、「五奉行」は慶長三年十二月二十七日から翌四年二月四日までの間に剃髪したということがわかり、『義演准后日記』の記述を裏づけることができる。
(25)「坂田家文書」(『甲府市史』史料編・第二巻、甲府市、一九八七年)。
(26)『歴代古案』四四三号(『史料纂集』)。
(27)『歴代古案』四四四号(『史料纂集』)。
(28)七月二十九日付黒田長政宛徳川家康書状(「黒田文書」『徳川家康文書』)、八月二日付伊達政宗宛徳川家康朱印状(『大日本古文書　家わけ第三　伊達家文書』六九五号)。
(29)七月二十二日付滝川雄利宛徳川秀忠書状写(「古文書」『徳川家康文書』)。
(30)七月二十七日付秋田実季宛榊原康政書状(「秋田家文書」『秋田県史』資料　古代・中世編、秋田県、一九六一年)。
(31)『大日本古文書家わけ第九　吉川家文書』九五〇号(以下『吉川家文書』と略す)。
(32)八月十八日付加藤清正宛中川秀成起請文案(神戸大学文学部日本史研究室編『中川家文書』九三号、臨川書店、一九八七年)。
(33)『毛利家文書』一〇二二号。
(34)三鬼清一郎前掲注(3)論文。
(35)正成の九州「取次」については山本博文前掲注(3)書に詳しい。また山本は、正成が石田三成との関係においてもごく親しい間柄にあったことも指摘している。
(36)三成と親しい寺沢正成が徳川方となったのは、三成失脚後に豊臣政権の「公儀」を占有しつつあった家康と九州「取次」の寺沢とが、慶長四年閏三月に勃発した庄内の乱（島津家臣伊集院忠真による島津氏への反乱）鎮定を契機とし、急速に関係を深めていたためであろう。家康は寺沢に指示を与え、現地へ派遣している（山本博文前掲注（3）書参照）。

また、浅野長政は、とくに三成とは不仲であったとされ、一方で家康とはかねてより入魂であった（『徳川実紀』）。このような事情から、徳川方となったと考えられる。

（37）ただし、いくつかの矛盾もある。例えば浅野家においては父子で異なる呼称を用いているわけだが、これは「五奉行」として政権内にある父長政と、反三成として武断派大名の一人に数えられる嫡男幸長との立場の相違によるものと捉えられよう。

また、毛利家においても、当主輝元とその臣下である内藤隆春とで呼称の統一がされていないことになるが、これについては陪臣身分では政権中央の内実にさほど精通していなかったという事情が想定できる。

（38）『吉川家文書』七七九号、同七八〇号、『島津家文書』九六七号など。

（39）三鬼清一郎前掲注（3）論文。

（40）「榊原家所蔵文書　坤」（『徳川家康文書』）。

（41）なお、もうひとり「五奉行」を「年寄」と呼ぶ者に鍋島直茂がいる（表4参照）。直茂は中央との関係は希薄であるが、関ヶ原当初は西軍に属した人物で（後に東軍に転じる）、西軍を主導した三成らとの関係は元来悪くはなかったと思われる。また直茂の嫡男勝茂は、秀頼滅亡後にも豊臣姓を称するなど（元和二年八月二十五日付判物で「信濃守豊臣勝茂」と署名「高城寺文書」『佐賀県史料集成』古文書編・第一巻、佐賀県立図書館、一九五五年）、豊臣家とは縁深いものがあったことが窺われる。

（42）桑田忠親前掲注（1）論文、阿部勝則「豊臣政権の権力構造」（『武田氏研究』一〇、一九九三年）。

（43）「大老」文言は当該期史料には全く見えない。やはりこれは、江戸期に入ってから幕府大老をモチーフとしてつくられた造語と考えられる。

また、「五大老」を指し示す用語としては、「奉行」以外では「御老中衆」（注20）・「日本御年寄衆」（注21）などが確認できるが、どちらも一例ずつの小数事例に留まっており、普遍的呼称とみなすことはできない。

（44）阿部勝則前掲注（42）論文。

（45）「五大老」の知行充行については、次章において詳述する。

（46）前掲注（8）参照。

(47) 同時に「五奉行」は、「奉行」・「年寄」文言を用いた秀吉朱印状を多数発することにより、その呼称を諸大名へ浸透させようとしたとも考えられよう。
(48) 例えば中村孝也前掲注(15)書、笠谷和比古『関ヶ原合戦』（講談社、一九九四年）など。
(49) もっとも、宇喜多・毛利らが、「奉行」と位置づけられることを積極的に望んでいたかはわからない。だが、前掲注(13)毛利輝元起請文案で、輝元が三成によって自身を「奉行」と呼ばされていることは興味深い。自らの意思はさておき、彼らの「奉行」・「年寄」呼称の使用には、「五奉行」の意向が強くはたらいていたと考えることが可能であろう。そしてこのことは、実務吏僚としての「五奉行」が最高決定機関である「五大老」に従属しているという従来想定されていた構図が、必ずしも適当ではないと考えうる一つの証左と言える。
(50) 『毛利家文書』九六〇号。
(51) 慶長三年八月十日付毛利輝元・宇喜多秀家・前田利家・徳川家康連署状案（『毛利家文書』九六一号）。
(52) したがってこの呼称および政治体制は、「五奉行」主導により生まれた可能性が高いと考えられる。

第二章　知行充行状にみる豊臣「五大老」の性格

はじめに

慶長三年（一五九八）八月十八日豊臣秀吉の死去によって、豊臣政権はそれまでの秀吉専制から、いわゆる「五大老」・「五奉行」(1)による集団指導体制へと移行したとされる。周知のごとく、「五大老」は徳川家康・前田利家（その死後は利長）・宇喜多秀家・毛利輝元・上杉景勝という豊臣政権下で最も実力のある有力大名によって、また「五奉行」は前田玄以・浅野長政・増田長盛・石田三成・長束正家という政権発足当初から秀吉の有力な奉行人として活動してきた秀吉直臣大名によって構成され、ともに秀吉死去直前の慶長三年七月に成立した(2)。豊臣政権の崩壊から徳川政権成立に至るまでの政治史の動向を解明するためには、これら「五大老」・「五奉行」の権限や職掌、または両者の相互関係を明らかにする必要があることは言うまでもないであろう。

「五大老」・「五奉行」の評価については、「五大老」は政策決定の最高機関であり、「五奉行」はその下にあって庶政を担当したとするものや、前者は大事を、後者は小事を議定したとするような見方がこれまでの通説的理解であった(3)。集団指導体制と言いつつも、「五大老」を「五奉行」の上位とみなし、秀吉没後の豊臣政権は、政治的決定権を与えられた「五大老」が主導したと考えられているとみてよいだろう。

このような従来の評価は、おそらくは両者の大名としての実力や身分の相違に基因している。すなわち「五大老」はみな大規模な知行を有する大大名であり、身分上においては内大臣徳川家康を筆頭として、いずれも中納言以上という高い官位を有し、「清華成」をも果たしていたが(4)、それに比べて「五奉行」は知行もはるかに少なく、また身分的にも、例外的に「公家成」（従五位下侍従以上）していた前田玄以を除けば(5)、他は「諸大夫成」（従五位下およびその相当官）にすぎなかった(6)。

さらに「五大老」の権力の強大さは、秀吉死後、「五大老」が大名に対して領地給与権を行使したとの認識によって一層強調されている。これは「五大老」が多数の知行充行状を発したためである。

たとえば脇田修は、「五奉行」は豊臣政権の家政機関であるのに対し、「五大老」は秀吉死去後に明確に国政を掌握したとし、その理由を二点挙げている。第一に、朝鮮に派遣した諸軍勢の撤退は「五大老」の連署状によって行われたこと。より重要な第二の要素として、「五大老」が寺領・武家領を含めた土地支配権を掌握し知行充行を行ったこと。そしてこれらを根拠として、氏は「秀吉という第一人者亡きあと、大老による集団支配がなされ、これに対して五奉行が政務を執行した」とする見解を導き出している(7)。

しかし、果たして「五大老」が国政を掌握したという認識で正しいのであろうか。脇田が指摘した二つの根拠について、第一点目についてはすでに曽根勇二によって、朝鮮からの撤兵の指令は「五大老」からのみでなく「五奉行」からも出されていたことが指摘されている(8)。撤兵問題は必ずしも「五大老」の専権というわけではなかったのである。よって脇田の見解の妥当性は、第二点目、すなわち知行充行に関する問題にかかっていると言えよう。

たしかに「五大老」が発した文書を数量的にみると、秀吉の置目遵守を誓約した起請文や、朝鮮からの撤退について諸大名に指示した書状などもあるものの、知行充行状が圧倒的に多い。しかも撤兵問題が片付いたあとにいたっては、「五大老」の発した文書はほとんどすべてが知行充行状であったから、「五大老」の主な職権は知行充行に関するものであったことは疑いない。

しかしながら、そのような認識を確定するには、まず「五大老」の知行充行の実態を詳細に検証した上でなければならないはずであろう。だが実際には、そのような検証を経ぬまま、ただ単に「五大老」が知行充行を行った——より厳密に言えば、「五大老」署名による知行充行状が多数存在する——という理由だけで論じられているきらいがある。そこで本章では、「五大老」による知行充行状の内容を具体的に検証し、それを基として「五大老」の政治的権力の実体を明らかにすることによって、秀吉死後の政治史を解明したい。

ただし、「五大老」による知行充行状は、必ずしも「五大老」全員による連署状ばかりではない。「大老」三人のみによる充行状もあれば、徳川家康単独によるものもある。「大老」三人のみというのは、二人の「大老」が領国に帰っていて不在なためで、特別な事情によるものではなく、また内容的にも違いは認められないから、「五大老」連署による充行状と同様の性格をもつものとみなしてよいであろう。だが、家康単独による充行状をもそのようにみてよいかは検討の必要がある。よって、連署による充行状と家康単独による充行状とを区分して別個に考察していくことにする。また、「五大老」による知行充行状の一覧表を作成した(9)。逐次参照されたい。

一　「五大老」連署による知行充行状

はじめに「五大老」連署による充行状について考察する。これについては、知行充行の形態から知行加増、当知行安堵、遺領安堵、領地変更の四種に分類することができる。まずは知行加増の事例からみていこう。「五大老」連署充行状のうち、最も大規模かつ明瞭に知行を加増したことが確実なのは、慶長四年（一五九九）二月五日、小早川秀秋に対して筑前・筑後両国を与えたものである（表6-4）。

筑前・筑後領知方事、大閤様以下被二仰置一旨上被二充行一畢、任二帳面旨一、全可レ有二御知行一之状如レ件、

慶長四　二月五日

輝元（毛利）
景勝（上杉）
秀家（宇喜多）
利家（前田）
家康（徳川）

羽柴筑前中納言殿（小早川秀秋）

小早川秀秋は秀吉夫人北政所の実兄木下家定の四男で、秀吉の養子となり羽柴秀俊と称した。(10) その後、文禄三年（一五九四）には小早川隆景の養子となり、筑前国など三〇万石余の所領を継いでいる。だが、慶長三年には秀吉の不興を蒙り越前北庄へ減封のうえ領地を移されていた。それが旧領へ復することになったわけである。(11) そして小早川秀秋の跡には、それまで同じく越前の内で八万石を領していた青木重吉が、(12) やはり「五大老」連署による充行状によって、北庄城とその周辺の所領二〇万石を与えられて入封した（表6-5）。青木重吉に対する充行状は、宛所と封地以外は小早川秀秋に対してのものとほぼ同文で、「大閤様以下被二仰置一旨上被二充行一畢」という一文から、どちらも秀吉の遺命に従っての充行であったことがわかる。

小早川・青木両氏はともに秀吉とは血縁関係にあったから、(13) この加増は、秀吉が自身の死後、秀頼を支えるべき一門大名を強化しようとしたものとみなしてよいだろうが、ここでは「五大老」は秀吉の遺命を忠実に履行しているの

であって、彼らの発案によって加増が決定したのではないことには留意しておきたい。

またこれ以前、同年正月九日には島津忠恒（家久）に対し薩摩国内にある豊臣蔵入地が与えられている（表6-3）。同日付「五奉行」連署状によればその石高は五万石で、文中に、

於二今度朝鮮泗川表一、大明・朝鮮人催二猛勢一相働候処ニ、御父子（島津義弘・同忠恒）被レ及二一戦一、則被二切崩一、敵三万八千七百余被二討捕一之段、御忠功無二比類一候、依レ之為二御褒美一、薩州之内御蔵入分、有次第一円ニ被二充行一訖、

とあるように、[14]朝鮮泗川における抜群の戦功に対する褒賞としての加増であった。

さらに同年十月一日には、堀尾吉晴に対して越前府中において五万石が与えられている（表6-28）。「城々普請已下為二入用一」とあるから、府中城などの普請を堀尾に命じ、その費用を賄うためのものとして与えられたことがわかる。

以上の四例は、表からもわかるように、「五大老」による知行充行のうち最も規模が大きく、かつ明確に加増を行ったものだが、全体的にみて、このような事例はごく少数に留まっており、またそれぞれに特殊な事情が存在した。

「五大老」による知行充行状は、知行を加増したものよりも、安堵したものの方がはるかに多い。まず当知行安堵についてみてみると、例えば慶長四年六月十三日には、江原小五郎に対して「其方知行越前苻（府）中方内千石之事、任二御判御朱印旨一、全可レ有二領知一旨候也」との「五大老」連署状が出されている（表6-11）。「任二御判御朱印旨一」との一文から、かつて出された秀吉朱印状に従い当知行を安堵したものであることがわかる。また、織田信長の夫人であった小倉鍋に対しても、同年十二月一日付で近江国愛知郡岸本村において五〇〇石が与えられている（表6-31）。この充行状には、秀吉の朱印状によるとは明記されていないが、小倉鍋は天正十九年（一五九一）十月二十一日に秀吉から同地を与えられていることが確認できるから、[15]これも当知行を安堵されたものであったことは間違いない。

（表6のつづき2）

	年月日	発給者	受給者	内容	備考	出典
45	慶長5･5･25	家	壇	石清水八幡宮社務裁許		『石清水文書』
46	慶長5･5･25	家	壇	知行充行（60石）	知行方目録	『石清水文書』
47	慶長5･5･25	家	御綱　新八兵衛	知行充行（38石余）		『石清水文書』
48	慶長5･5･25	家	五さ	知行充行（30石）		『石清水文書』
49	慶長5･5･25	家	薗町　妙貞	知行充行（20石余）		「古文書纂」
50	慶長5･5･25	家	志水善八郎	知行充行（9石余）		「城州八幡愚聞鈔」
51	慶長5･5･25	家	柴座　万好	知行充行（12石余）		『譜牒餘録』
52	慶長5･5･25	家	神原町　神原専介	知行充行（11石余）		「東京大学史料編纂所所蔵文書」
53	慶長5･5･25	家	田中甚吉	知行充行（4石余）		『譜牒餘録』
54	慶長5･5･25	家	神応禅寺	寺領寄進（120石）		「神応寺文書」
55	慶長5･5･25	家	使者　横坊　橘坊　杉本坊	燈明料寄進（120石）		「名古屋市博物館所蔵文書」
56	慶長5･5･25	家	大西坊	知行充行（64石）	知行方目録	思文閣墨蹟資料目録第九号所載
57	慶長5･5･25	家	（欠）	知行充行（□石余）		思文閣第11回大丸古書軸物大即売展目録所載
58	慶長5･5･25	家	（欠）	知行充行（12石余）		第15回上野大古書市出品目録抄所載
59	慶長5･5･25	家	橘坊	知行充行（20石）		思文閣古書資料目録第78号所載
60	慶長5･5･25	家	梅坊	知行充行（20石）	知行方目録	古典籍下見展大入札会出品
61	慶長5･5･25	家	正法寺	寺領寄進（500石）		「城州八幡愚聞鈔」
62	慶長5･5･25	家	仕丁　助兵衛他9名	知行充行（26石余）	知行方目録	「藍川利貞氏所蔵文書」

※輝…毛利輝元，家…徳川家康，利…前田利家，秀…宇喜多秀家，景…上杉景勝，長…前田利長.

※ No. 1については，千々和到氏のご教示を得た．この場をかりて謝意を申し上げたい．

（表6のつづき1）

	年月日	発給者	受給者	内容	備考	出典
24	(慶長4)8・7	長・輝・景・秀・家	伊木遠雄	知行充行（300石）		『毛利家文書』1127
25	(慶長4)8・7	長・輝・景・秀・家	溝口源太郎	知行充行（150石）	河内為本知之替	『毛利家文書』1133
26	(慶長4)8・7	長・輝・景・秀・家	郷司孫左衛門	知行充行（122石）		『毛利家文書』1134
27	(慶長4)8・7	長・輝・景・秀・家	豊光寺	寺領寄進（500石）		『毛利家文書』1135
28	慶長4・10・1	輝・秀・家	堀尾吉晴	知行充行（50000石）		「古文書集」
29	慶長4・12・1	輝・秀・家	織田信高	知行充行（2007石）		『毛利家文書』1137
30	慶長4・12・1	輝・秀・家	織田信吉	知行充行（2000石）		『毛利家文書』1137
31	慶長4・12・1	輝・秀・家	小倉鍋	知行充行（500石）		『毛利家文書』1137
32	慶長5・2・1	家	田丸直昌	知行充行（40000石）	信州川中島為替地	「田丸文書」
33	慶長5・2・1	家	森忠政	知行充行（137500石）		「森家伝記」
34	慶長5・2・5	家	三輪半左衛門	知行安堵（1806石）	父勝内分	『譜牒餘録』
35	慶長5・4・6	輝・秀・家	御牧信景	知行安堵（1000石）	被対父勘兵衛尉任御朱印之旨	『毛利家文書』1137
36	慶長5・4・8	輝・秀・家	北条氏盛	知行安堵（7000石）	被対父美濃守任御朱印之旨	『毛利家文書』1137
37	慶長5・4・8	輝・秀・家	観音寺朝賢	寺領安堵（420石）	被対先師任御朱印之旨	『毛利家文書』1137
38	慶長5・4・8	輝・秀・家	溝江長晴	知行安堵（10773石）	被対父大炊助任御朱印之旨	『毛利家文書』1137
39	慶長5・4・10	輝・秀・家	寺西是成	知行安堵（700石）	任遺言（父筑後守知行之内）	『毛利家文書』1137
40	慶長5・4・10	輝・秀・家	寺西新五郎	知行安堵（5400石）	被対父筑後守任御朱印之旨	「寺西文書」・『毛利家文書』1137
41	慶長5・5・15	家	田中秀清	石清水八幡宮社務裁許		『石清水文書』
42	慶長5・5・25	家	田中秀清	石清水八幡宮社務廻職次第		『石清水文書』
43	慶長5・5・25	家	田中秀清	知行充行（100石）	知行方目録	『石清水文書』
44	慶長5・5・25	家	新善法寺	石清水八幡宮社務裁許		『石清水文書』

表6 「五大老」知行充行状一覧

	年月日	発給者	受給者	内容	備考	出典
1	慶長3･12･25	輝･秀･家	醍醐寺	寺領充行(4622石余)		「石山寺文書」
2	慶長3･12･26	輝･景･秀･利･家	三井寺	寺領充行(4327石余)		『毛利家文書』1117
3	慶長4･1･9	輝･景･秀･利･家	島津義弘	感状・知行充行	薩州之内御蔵入給人分有次第	『島津家文書』440
4	慶長4･2･5	輝･景･秀･利･家	小早川秀秋	知行充行	大閤様以被仰置旨	『毛利家文書』1118
5	慶長4･2･5	輝･景･秀･利･家	青木重吉	知行充行(200000石)	大閤様以被仰置旨	『毛利家文書』1118
6	慶長4･2･5	輝･景･秀･利･家	山口修弘	知行充行(13000石)	越前替為替地	『毛利家文書』1118
7	慶長4･閏3･3	長･輝･景･秀･家	船越景直	知行充行(4647石)	為本知替	『毛利家文書』1119
8	慶長4･閏3･3	長･輝･景･秀･家	池田重成	知行充行(2008石)	為本知替	『毛利家文書』1120
9	慶長4･閏3･3	長･輝･景･秀･家	池田重信	知行充行(1000石)	為本知之替	『毛利家文書』1121
10	慶長4･6･1	長･輝･景･秀･家	宗義智	八木一万石を遣わす		「榊原家所蔵文書坤」
11	慶長4･6･13	長･輝･景･秀･家	江原小五郎	知行充行(1000石)	任御判御朱印旨	「荒尾文書」
12	慶長4･6･13	長･輝･景･秀･家	友松忠右衛門	知行充行(500石)	任御判御朱印旨	「古文書」
13	慶長4･8･7	長･輝･景･秀･家	山本与三	知行充行(1017石余)	就今度盗人還忠	『毛利家文書』1122
14	慶長4･8･7	長･輝･景･秀･家	池田元信	知行充行(1000石)		『毛利家文書』1123
15	慶長4･8･7	長･輝･景･秀･家	山田忠左衛門	知行充行(200石)		『毛利家文書』1128
16	慶長4･8･7	長･輝･景･秀･家	荒木勘十郎	知行充行(200石)		『毛利家文書』1129
17	慶長4･8･7	長･輝･景･秀･家	大野半左衛門	知行充行(200石)		『毛利家文書』1130
18	慶長4･8･7	長･輝･景･秀･家	落合藤右衛門	知行充行(200石)	八幡為替地	『毛利家文書』1131
19	慶長4･8･7	長･輝･景･秀･家	大村長吉	知行充行(200石)	為天満本知之替	『毛利家文書』1132
20	慶長4･8･7	長･輝･景･秀･家	御幸宮社人中	社領寄進(300石)		『毛利家文書』1136
21	(慶長4)8･7	長･輝･景･秀･家	井上定利	知行充行(760石)		『毛利家文書』1124
22	(慶長4)8･7	長･輝･景･秀･家	下方小吉	知行充行(506石)		『毛利家文書』1125
23	(慶長4)8･7	長･輝･景･秀･家	一柳茂左衛門	知行充行(300石)	八幡為替地	『毛利家文書』1126

また、遺領安堵の事例も数多く、六例をかぞえる。例えば慶長五年四月六日には、豊臣蔵入地の代官として著名な御牧勘兵衛景則の死去にともない(16)、子息の信景に対して徳川家康・宇喜多秀家・毛利輝元の「三大老」から「山城国久世郡市田村千石之事、被レ対二父勘兵衛尉（景則）一任二御朱印之旨一、全可レ有二領知一之状如レ件」との連署状が出されている（表6−35）。信景が父の遺領一〇〇〇石の相続を認められたもので、「被レ対二父勘兵衛尉一任二御朱印之旨一」とあるのは、文禄四年（一五九五）八月三日、景則が秀吉から与えられた知行充行の朱印状を指すと考えられる(17)。そこで景則は、三〇〇石余の加増分とそれまでの知行合わせて一〇〇〇石の領有を認められていたから、信景は父の遺領をすべて無事に相続することができたわけである。

このほか、同日付で溝江長晴へは一万七七三石、北条氏盛へは七〇〇〇石、近江の観音寺朝賢へは寺領四二〇石が、また四月十日には寺西新五郎へ五四〇〇石、寺西是成へは七〇〇石が、いずれも徳川・宇喜多・毛利三人の連署による充行状を与えられている。それらの充行状にはそれぞれ「被レ対二父美濃守（北条氏規）一任二御朱印之旨一」、「被レ対二父大炊助（溝江長逸）一任二御朱印之旨一」、「被レ対二先師一任二御朱印之旨一」、「任二遺言一」、「被レ対二父筑後守（寺西正勝）一任二御朱印之旨一」とあり、やはり遺領を相続していることがわかる（表6−36〜40）。

さらに、領地変更の事例も数多く、八例が管見に触れる。石高はそれまで通りとし、知行地のみを替えるものである。

其方知行方越前為二易地一、賀州以二江沼郡之内一壱万三千石之事、任二帳面旨一、全可レ有二領知一候也、

（慶長四年）二月五日　輝元
景勝
秀家

　　　　利家
　　　　家康
山口右京進（修弘）殿

これは小早川・青木へのものと同日付の連署状で（表6―6）、慶長四年閏三月に没した前田利家の名がみえることから年次も同様に慶長四年で間違いない。宛所の山口修弘は太閤検地の推進に大きな功績があったとされる玄蕃頭正弘の長子だが、北庄に青木氏が入封したために越前から加賀へ転封されたのであろう。『当代記』によれば、文禄三年（一五九四）時における山口修弘の知行高はやはり一万三〇〇〇石であったから、石高が変わっていないことがわかる(18)。

これ以外にも、慶長四年閏三月三日に摂津国などにおいて船越景直が四六四七石、池田重成が二〇〇八石、池田重信が一〇〇〇石を与えられた際には「為二本知替一」または「為二本知之替一」とあり（表6―7～9）(19)、また翌五年八月七日に大和国内で一柳茂左衛門が三〇〇石、落合藤左衛門が二〇〇石を与えられた際には「八幡為二替地一」と（表6―18・23）、同日大村長吉が河内国内で二〇〇石を与えられた際には「為二天満本知之替一」（表6―19）、溝口源太郎が摂津国内で一五〇石を与えられた際には「河内為二本知之替一」とある（表6―25）。いずれも加増ではなく、領地の変更を示すものであることは明らかであろう。

以上のように、「五大老」連署充行状にみられる加増、当知行安堵、遺領安堵、領地変更の四種のうち、大規模な加増は秀吉の遺命に従う場合などの特別な事情によってのみ行われたのであり、しかもわずか四例にすぎず、大部分は安堵であった。「五大老」の知行充行は、極めて現状維持的な形で行われていたと言える。

さらに、「五大老」による知行充行状の大きな特徴として看過できない点は、大半の充行状に「被充行候」などというように「被」の一字がみえることである。もし「五大老」が知行を与えているのであれば「充行候」となるはずではないか。また、「全可有領知旨候也」などと書かれているものもあって（表6―11・12）、この「旨」についても、もし「五大老」が知行を与える主体であるならば必要ないであろう。これらは、知行を与えている主体が実は「五大老」ではないことを如実に物語っている。

では、誰が与えているのかといえば、それは秀頼以外にはありえない。そもそも「五大老」と充行状の受給者との間に主従関係は存在せず、彼らはすべて秀頼の臣下だったから、本来ならば充行状は、秀吉がそうしたように、秀頼が発すべきであった。しかしながら幼少の秀頼ではそれができなかったため、「五大老」が代行したと考えられる。したがって「五大老」連署による知行充行状とは、厳密には秀頼の奉書と見なされるべきものであり、ゆえに「五大老」が知行充行権を有していたというのも、また彼らが主従制的支配権を継承したとの認識も誤ったものなのである。

二　徳川家康単独による知行充行状

つぎに、徳川家康が単独で発した知行充行状はどうであったかみていこう。家康単独の充行状がみられるのは慶長五年（一六〇〇）の二月と五月中に限られているが、これは前田・上杉両氏に続いて、宇喜多・毛利らも自己の領国へ帰り、他の「大老」がすべて不在であったためである。まず二月一日、森忠政に対して以下のような判物が出されている（表6―33）。

信州川中嶋更科郡三万四千七百六拾八石三斗、同水内郡五万千弐拾壱石壱斗七升、同垣科郡壱万四千六百三十八石七斗、同高井郡参万七千五拾三石四斗五升、都合拾三万七千五百石之事目録別紙有レ之、被レ充二行之一畢、全可レ有二領知一之状如レ件、

慶長五

二月朔日　　家康　御朱印（ママ）

（森忠政）羽柴右近殿

忠政に信濃国内において一三万七五〇〇石を与えたものだが、これ以前、忠政は秀吉から、天正十七年（一五八九）十一月二十一日に美濃国内において七万石を与えられている[20]。それ以降、慶長五年まで知行地や石高が変わった形跡は史料上見受けられないから、忠政はこの時、移封のうえで六万七五〇〇石の加増を受けたことになる。「被レ充二行之一畢」とあるように、秀頼の意を奉じて充行うとの形式は踏襲しているものの、文中には、島津・小早川・青木・堀尾らに対する充行状にみられたような特別な事情は記されていない。これは、森忠政ら対する充行が、「五大老」連署によるものとは異なる性質のものであることを物語っている。

また同日、家康は信濃国川中島を領していた田丸直昌に対しても、美濃国内において四万石を与える旨の充行状を発している（表6―32）。ただし、これは信濃国川中島の「替地」とされており、またこれ以前、田丸直昌が慶長三年八月四日、秀吉朱印状によって川中島などにおいて与えられた石高も四万石である[21]。そのため田丸への充行は、一見さきに指摘した「五大老」連署の充行状にみられるような領地変更の事例と同様にみえる。しかしこの充行状には「但此内五千石無役」という一文が含まれており、五〇〇〇石の無役分を認めていることがわかる。この文言は秀吉朱印状にはみえないから、家康は、独断で田丸に対して無役分を許したということになる。軍役の負担軽減が、大名にとっていかに望ましいものであったかは言うまでもないであろう。

さらに六日後の二月七日には、細川忠興が豊後国内において六万石を「新地」として与えられている。ここでは家康の充行状ではなく、前田玄以・増田長盛・長束正家三人の連署状が出されているが[22]、それには「右、為二御新地一被二充行一之由被レ仰二出之一、内府公《（家康）》被レ任二御一行之旨一、全可レ有二御知行一之状如レ件」とある。「被レ仰二出之一」の主体が秀頼であることは間違いないが、「内府公被レ任二御一行之旨一」とあることから、家康の意志に基づいて行われたことは明らかで、石田三成失脚後の「五奉行」が完全に家康に従属していることが窺われる。また「新地」なのだから、加増であることも疑いない。

　このように、慶長五年二月一日から七日までのごく短期間のうちに、家康は二人の大名に対して合わせて約一三万石を加増し、一人には五〇〇〇石の無役分を認めた。この三例には、さきに検討した小早川・青木・島津・堀尾氏らへ出された「五大老」連署充行状にみられたような特別な理由は明記されておらず、ましてや現状維持的な充行とは、全く異なる形態であったことは明確である。

　とりわけ細川忠興に対する加増については、関ヶ原合戦直前に石田三成が「長岡越中《（細川忠興）》儀、大閤様御逝去已後、彼仁を徒党之致二大将一、国乱令二雑意一本人ニ候」と述べていることが注目される(23)。慶長四年閏三月、三成は細川忠興・蜂須賀家政・福島正則・藤堂高虎・黒田長政・加藤清正・浅野幸長らいわゆる「七将」の追撃をうけ、それがもとで「五奉行」の座から追われ、居城の近江佐和山に退いたことはよく知られている。この史料は、三成が細川を「七将」の中心人物とみなしていたことを明確に示しているが、これが事実とすれば、家康の細川に対する加増は、三成を失脚させたことへの恩賞であった可能性がある。このように家康は、大名に個人的な恩賞や恩義を与えることによって、彼らを自分の影響下に置こうとしていた(24)。

　しかしながらその後、宇喜多・毛利の二人の「大老」が再び上坂すると、家康の単独充行も行われなくなり、「三大老」による連署状が復活する。連署による充行は慶長五年四月付のものが六例みられるが、すでに指摘したように、それらはすべて遺領安堵を認めるものであって、従来通り現状維持的な形で行われた。ここで注目したいのは、宇喜多・毛利が在坂している間は、家康といえども勝手に知行を加増できなかったという事実である。「大老」による合議制はなおも存続し、家康を拘束していたと言えるだろう。(25)

そして翌月、再度二人の「大老」が下国すると、束縛から脱した家康は、再び単独の充行状を出すことになる。それらはすべて五月二十五日付で石清水八幡宮神人らへ出されている。

ところで、これら石清水八幡宮に対する家康単独の充行については、伊藤真昭によって「秀頼の意を受けた形式ではあるが、単独で発給した点で家康が豊臣政権の枠組みから離脱し、新たな体制を創出する第一歩であった」と評価する見解が出されている。(26)家康が豊臣政権を崩壊させ、自身を頂点とした新体制の樹立を模索していたことはもちろん否定しないし、単独での知行充行がそれを実現するための手段の一つであったことも同意見ではある。それは、関ヶ原合戦の発端となる「内府ちかひの条々」と題された慶長五年七月十七日付家康弾劾状に「知行方之儀、自分ニ被二召置一候事ハ不レ及レ申、取次をも有るましき由、是又上巻誓紙之筈をちかへ、忠節も無レ之者共ニ被二出置一候事」、「御奉行五人〔「大老」〕一行ニ、一人として判形之事」(27)などとあるように、知行加増の問題が家康排斥の理由の一つとして挙げられていることからも窺われる。

だが、石清水八幡宮に対する充行をそのように評価することには賛同しかねる。というのは、表6―41～62からもわかるように、それらはみな一様に少石高であり、かつ新領を加増したものではなかったと考えられるからである。すなわち慶長五年五月二十五日、家康は八幡宮社務の田中秀清に対して一〇〇石を与える旨の朱印状を出していて（表6―43）、これは同社に出された家康充行状の中でも規模の大きいものであるが、田中秀清はこれ以前の天正十七年十一月二十日に、すでに秀吉から「八幡庄内百石令二寄附一畢、全可レ被二寺納一者也」との朱印状によって、やはり一〇〇石の知行を与えられているのである。(28)もっとも、秀吉から与えられた一〇〇石は八幡内においてであったのに対し、家康からは八幡内で七三石余、残る二六石余は「同所替地」として与えられている。つまり家康による一〇〇石の充行は、石高はそのままで一部知行地のみを変えるものであった。よってこれは、先にみた領地変更の事例に相当するのであり、基本的には安堵状に類すると考えてよいものなのである。他の八幡宮関係者についても、田中の事例を勘案すれば、同様に安堵であった可能性が高いであろう。

このような少石高の安堵状発給をもって「家康が豊臣政権の枠組みから離脱」したことを示すものと評価するのは、やはり困難である。むしろ先述したような、森・細川ら大名に対する大規模な知行加増こそ、そのように評価すべきと考える。

以上、家康単独による知行充行状について検討した。「被㆑充㆓行之㆒」または「被㆓充行㆒之由被㆑仰㆓出之㆒」などの文言があることからわかるように、知行を与える主体が秀頼であることは依然として変わっていない。しかし、特別な理由もなしに加増や軍役免除を認めるなど、安堵が基本であった「五大老」連署充行状とは、性質の異なる形態によって行われていたことは明らかである。

三　「五大老」権力の実態

これまで、実際に「五大老」が発給した充行状について考察してきた。では、結局のところ「五大老」が与えられた権限とはどのようなものであったのであろうか。それを探るため、そもそも「五大老」が成立した段階において、彼らはどのように知行充行に関与すべきとされていたのか、まずはそれを確認しておきたい。

秀吉死去直前の慶長三年（一五九八）八月五日、「五大老」と「五奉行」は互いに起請文を交わしている。そこで

「五大老」は、秀頼へ忠誠を誓うこと、法度・置目を遵守すること、徒党を作らないことなどを誓っているが、中に「五大老」が知行充行について誓約している箇条がある。ただし内容は家康とそれ以外の「大老」とで異なっている。個々にみていきたい。

一、御知行方之儀、秀頼様御成人候上、為二御分別一不レ被二仰付一以前ニ、不レ寄二誰ニ一御訴訟雖レ有レ之、一切不レ可レ申二次之一候、況手前之儀不レ可二申上一候、縦被レ下候共拝領仕間敷事、

これは家康が「五奉行」に差し出した起請文前書の一部である(29)。秀頼成人以前における「知行方之儀」については、どのような者から「御訴訟」——ここでは知行の加増を求める訴えを指すのであろう——があっても家康は決してこれについて「申次」を行わず、ましてや自身の知行などは決して要求しないし、たとえもし知行を与えると言われようとも、これを拝領しないとしている。

これに対して他の「大老」はどうであったか(30)。

一、御知行方之儀、秀頼様御成人之上、為二御分別一不レ被二仰付一以前ニ、諸家御奉公之浅深ニヨリテ、御訴訟之子細モ有レ之ハ、公儀御為ニ候条、内府(徳川家康)幷長衆五人致二相談一、多分ニ付而随レ其、可レ有二其賞罰一候、但、手前之儀者少モ申分無二御座一事、

自身の加増は一切要求しないとしている点は同様だが、「御訴訟」があった場合には、「諸家御奉公之浅深」を勘案した上で家康および「長衆」——ここでは「五奉行」を指す——と相談し、その多数決によって決するとしている。

さて、まずはこれらの起請文が誰の意思によって作成されたのか考えてみたい。それぞれの起請文は個別に提出されているにもかかわらず、多くの点で内容に類似性がみられる(31)。とすれば、何者かが「五大老」に起請文の雛形を提示し、それに基づいて作成された可能性がある。

ここで、豊臣期に作成された起請文について詳細に検討した千々和到の研究を参考にしてみよう。氏は関白秀次失脚時の文禄四年（一五九五）七月二十日付で織田常真（信雄）等が秀吉に提出した起請文（「木下家文書」）を取り上げ、とくにその署判について分析し、この起請文が「政権側の手であらかじめ作成された起請文に、次々と花押と血判をすえさせられたもの」であり、「豊臣政権側の主導、というより強制でこの起請文の作成が行なわれたことは間違いない」との見解を導き出している。(32)ここでは、起請文に記されている誓約内容は署判者によって決定されたのではなく政権側――秀吉およびその側近の奉行人――によって決定されていたのであり、そもそも起請文を差し出すことさえも政権側が企図したものであった。文禄四年と慶長三年とでの政治的情勢や署判者の地位・身分などで違いはあるが、豊臣政権の危機であった点では共通している。よって家康らの起請文も、自発的なものではなく要求されたものであったと考えるのが自然であろう。ちなみに千々和は、豊臣期には「霊社上巻起請文」という様式の起請文が中央政権によって公的なものとして採用されたことをも指摘しているが、文禄四年の起請文も、慶長三年に「五大老」と「五奉行」が取り交わした起請文も、この「霊社上巻起請文」であった。

では、「五大老」に対して雛形を示し、その通りに起請文を作成して差し出すように要求できるのは誰かといえば、それはこの時点でなお存命していた秀吉か、起請文の宛所である「五奉行」以外ありえない。さらに、秀吉が臨終間際にあって、正常な思考が可能であったかどうか疑わしい状態にあったことを考慮すると、(33)起請文の提出は「五奉行」の要求に従ってのものであった可能性が極めて高いと言える。(34)

つぎに内容に目を向けてみよう。注目されるのは、家康以外の「大老」には「御訴訟」を取り上げることが認められているのに対して、家康にはそれがまったく認められていない点である。もっとも、家康は前田利家ら他の「大老」から相談を受ける立場であり、その意味では特別な敬意が払われているとも解釈できようが、相談を受けるのは

「五奉行」も同様であった。むしろ訴えを一切取り次げないとされたことの意味は大きい。すでに内定していた朝鮮からの撤退によって、続々と帰国するはずの諸大名が、朝鮮での苦闘や財政的困難を理由として加増を懇望してくる可能性は大いにあったろう。この取り決めによって、知行の加増などを求める者は、家康を頼みとすることができなくなったのである。

すなわち家康は、一定の権威を認められつつも、知行加増を求める大名と距離を置かれることになったと言える。これは、起請文の雛形を作成し、その提出を求めた「五奉行」らが、「五大老」成立時からすでに家康に対して強い警戒心を抱いていたことを物語っていよう。

検討を進めていくと、さらに興味深い事実が浮かび上がる。大名が「大老」に知行加増を訴えてきた場合を想定してみよう。これを認めるかどうかは、家康と「五奉行」、それと訴えを受けた「大老」が合議して決定される。「内府（徳川家康）幷長衆五人致二相談一」とあるから、家康以外の「大老」で合議に参加できるのは訴えを受けた者のみで、そのほかの「大老」は合議に加わることはできないと考えるのが妥当であろう。よって合議の参加者は七人ということになるが、「多分ニ付而随レ其」とあるように、可否はこの七人による多数決で決せられる。七人のうち過半数の四人が賛同すれば可決、反対すれば否決されることになる。

さて、ここで気づくのは、過半数の四人が、合議の参加者であり、のちに関ヶ原合戦で家康に敵対することになる石田三成・前田玄以・増田長盛・長束正家の人数と符号するという点である。「五奉行」のうち浅野長政は家康と親密で、一方で三成らとの関係は良くなかったが、他の四人は協調関係にあった[35]。この四人が結束している限り、知行の加増は必ず彼らの意向によって決定されるのであり、たとえ家康が大名に恩を売るべく加増するように主張したとしても、三成らが承知しないかぎりそれは却下されるしかない。

整理すると、つぎのようになる。まず、家康が知行加増に関する「訴訟」の窓口となることを禁止することによって家康と大名との関係を断つ。しかしながら、他の「大老」が窓口となることができるのに家康のみそれができないというのでは、家康としても不満であろうし第一公正さを欠くことになる。そこで家康には、合議に常時参加する権利を特別に認めることによって不満を抑える。ただし、決定権は家康や窓口となった「大老」にはなく、数に勝る「五奉行」によって完全に掌握されていた。こうしてみると、三成らは極めて巧妙に家康の力を抑制しようとしていたと言うことができよう。「五大老」・「五奉行」成立当初において、知行充行に関する決定権は実質的には「五大老」ではなく「五奉行」にあったのである。

そもそも「五大老」とは、独裁者である秀吉の死去により、豊臣政権の求心力低下が避けられない状況において、それを少しでも抑制しようとして設置されたものであった。彼らは豊臣政権成立以来、儀礼上の厚遇は受けてはいたものの、政権の中枢に加わることは許されず、政策決定の埒外に置かれていたが、文禄四年関白秀次の失脚に際して「御掟」・「御掟追加」に署判し、中央政権の権威を補完する役割を担わされることになる。だが、この時点においてもなお彼らは政権運営には加えられていない。最も有力な大名であることは認められながらも、権力行使からは遠ざけられていたのであり、諸大名に対して命令を下すことも、知行充行に関与することもなかった。秀吉の死去によって、はじめて権限を得たのである。それが知行充行状の発給であったわけだが、しかしそれとても秀頼の意を奉ずる形で出されたものにすぎず、しかも加増の決定権は「五奉行」に握られていた。

ところで、「五大老」が石田三成ら「五奉行」から「奉行」と呼ばれていたことは、前章において指摘した通りである。「五大老」を「奉行」、「五奉行」を「年寄」と位置づける、いわば「奉行―年寄体制」とも呼ぶべき政治体制は「五奉行」が形作ったものであるが、前章ではその理由を、以下のように推定した。

第一に、「五大老」を秀頼の意を奉じる執行機関、すなわち「奉行」にすぎないことを示し、彼らの政治的地位の著しい向上を抑制するため。第二に、「五奉行」自身は「年寄」と自称することにより従来の奉行人的立場から脱却、権限の拡大および政治的地位の向上を図るため。すなわち「五大老」の権力増大阻止、「五奉行」の権限拡大が「奉行―年寄体制」創出の目的であった。

「五奉行」が「五大老」に求めた役割は、秀吉亡き後、急激に低下するのは避けられない中央政権の権威の補完であって、過度の権力まで付与することには慎重にならざるを得なかったのは当然であった。それは、例えば家康が元来秀吉の敵対勢力であったことからも容易に想像できる。秀頼が幼少であるため、自ら知行充行を行えない現状においては、「五大老」にその代行としての役割を求めなくてはならなかったが、それはいわば緊急避難的措置であって、秀頼成人後はその役割は終わりを迎えるし、また代行するにあたってもその権限は極力抑制されるべきであり、ましてや「五大老」が独自の判断によって、勝手に大名に対して知行を加増するなど断じて許すべきではないというのが「五奉行」の考えだったのである。

このような状況下において行われた「五大老」による知行充行は、「五奉行」が想定していたような、当初の規定を逸脱することなく開始される。だが慶長四年に入って、前田利家の死去、その後継者利長の家康への屈服、さらに「五奉行」の実力者である石田三成の失脚などを経て、政治力を著しく増大させていった家康は、前章で述べたように、それまでとは異質の行動にでた。これは明らかに「奉行―年寄体制」を打破しようとするものであって、秀頼成人まで、この合議体制によって政権を維持しようとする「五奉行」との対立は必然であったと言えよう。

おわりに

以上、豊臣「五大老」による知行充行状を検討し、さらに「五大老」の政治的性格についても考察を試みた。以下、補足をまじえつつ内容を整理し、まとめとしたい。

まず、「五大老」連署による充行状は実質的には秀頼の意を奉じた奉書というべきものであり、安堵が基本とされていた。大規模な加増はごく少数であり、それも秀吉遺言に基づくなど、極めて特例的な形でしか行われなかった。「五大老」には領地給与権はなく、したがってかつて秀吉が保持していた主従制的支配権を「五大老」が継承したという認識も誤ったものと言える。「五大老」の権限は極めて限定的なものであったのであり、脇田修が述べたような「国政を掌握した五大老」というイメージも修正されるべきであろう。

では、なぜそのような形がとられたのかといえば、それは豊臣蔵入地の減少をできるだけ防ごうという意図に起因しているのではなかろうか。「唐入」の失敗により、朝鮮・中国において新領地を獲得しようとの計画は完全に水泡に帰していた(36)。また、専制者秀吉の死去という非常事において、これ以上の政治的変動は生じさせないようにとの理由もあってか、大名の取り潰しもほとんどなく、そのため闕所地も存在しえなかった。そのような状況下における加増は、当然ながら豊臣蔵入地からその知行地を捻出せざるを得ず、もし加増を繰り返し行えば、蔵入地が減少の一途をたどることは自明であった。蔵入地の減少は、政権の財政的基盤を直接揺るがし、ひいては中央権力の求心力を弱めるものと認識されていたことは容易に想像できる。加増が極力抑えられていた理由は、まさにそこにあったのであろう(37)。

このような現状維持的政策が打ち出される中、実権のない「五大老」の一員であることに家康は強く反発し、他の「大老」の不在を見計らって、当初の規定を超えて加増を行った。これには、先述したように家康が大名に対し個人的に恩義を授けるとの意味合いがあったであろうが、それと同時に、豊臣蔵入地を減少化させようとの思惑もあったと思われる。豊臣蔵入地は二二〇万石ほど存在したとされるが、それは慶長三年段階でのことである(38)。翌慶長四年には小早川・青木・島津・堀尾の諸大名に対する加増が行われているから、蔵入地はそれより大きく減少していたであろう。そのような中、家康による加増によって、わずか七日間でさらに約一三万石が失われた。これは、蔵入地を管轄する「五奉行(39)」にとっては決して無視できる数字ではなかったはずである。

ただし、家康が他の「大老」の不在時のみにしか大名に加増を行えなかったことは、「五大老」を「奉行」、「五奉行」を「年寄」とする「奉行―年寄体制」が、家康の権限増大の抑制に効力を発揮していたとも言える。同格である他の「大老」の存在は、家康にとって邪魔でしかなかった。そのような情勢下において家康は、まず前田利長を威嚇して屈服させ、さらには上杉景勝に対しても軍事行動を表明、実際に自ら出陣するなど、他の「大老」を排撃していった。これは明らかに「奉行―年寄体制」の解体を狙ったものと考えられよう。前田氏に続いて上杉氏、さらに残る宇喜多・毛利両氏までも家康に屈服してしまえば、もはや家康を掣肘する勢力は存在しなくなる。そうなれば家康は、大名に対して再び加増を繰り返し、さらに豊臣蔵入地を減少させつつ諸大名をその傘下におさめていくであろう。これこそが家康が選んだ豊臣政権打倒の方策であったのではなかろうか。

そのような家康の行動には、蔵入地を管掌する「五奉行」も不安を抱かずにはおれなかったろう。また、宇喜多・毛利の両氏にとっても、自分たちと同じ立場にある前田・上杉両氏が家康の攻撃対象となっていることには危機感をもたざるを得なかったはずである。関ヶ原合戦は、こうして「五奉行」と宇喜多・毛利の両「大老」の利害が一致した結果、家康の機先を制すべく起こったと言えよう。

ところで、本章は「五大老」による知行充行状に注目したものであるため、知行充行と「五奉行」との関連性についてはほとんど触れなかった。蔵入地を管掌する「五奉行」がこれに関与していなかったとは思われない。そのことは、先述したように、「知行方之儀」の審議にあたって「五大老」側では徳川家康と「訴訟」の取次ぎとなった者の二人しか談合に参加できなかったのに対して、「五奉行」側は全員が参加することになっていたことからも如実に窺われる。知行の加増または転封などが行われることになれば、当然ながら現地の状況に詳しい者がいなければならない。対象となる大名の近隣に知行地として与えられる豊臣蔵入地はあるのか、あるとすればその石高はどれほどか、もしないとすれば飛び地を与えることになるがそれはどこの地が望ましいか。これらの事柄を熟知していたのは、秀吉在世時において大名に対する知行充行や豊臣蔵入地の支配にまったく関わってこなかった「五大老」であるはずがなく、当時から蔵入地支配を担当していた「五奉行」であったはずである。「五奉行」は、「五大老」の知行充行に密接に関与していたとみるべきではないか。いや、それどころか、実は「五大老」による知行充行とは、実質的には「五奉行」の主導で行われていた可能性が高いと考えるが、これについては次章にて検討する。

注

(1) 「五大老」・「五奉行」という呼称については、阿部勝則が「豊臣五大老・五奉行についての一考察」(『史苑』四九―二、一九八六年)において、当時その呼称は用いられておらず、実際には「五大老」が「奉行」と、「五奉行」が「年寄」と呼ばれていたと論じている。しかし、この点についてさらに検討したところ、たしかに「奉行」・「年寄」という呼称の用例はあったものの、「五大老」を「奉行」と呼んでいたのは他ならぬ「五奉行」であり、それ以外、とりわけ徳川家康は自身のことを「奉行」とは呼んでいなかったこと、また「五奉行」を「年寄」と呼んでいたのは実は「五奉行」自身であり、つまりは「五奉行」が「年寄」と自称していたものであることがわかった(拙稿「豊臣『五大老』・『五奉行』についての再検討―その呼称に関して―」『日本歴史』六

五九、二〇〇三年、本書第三部第一章）。阿部の提示した「五大老」・「五奉行」＝「奉行」・「年寄」とは、一部において用いられていたにすぎないため、普遍的な呼称とみなすことはできない。よって本章では、「五大老」・「五奉行」と表記する。

（2）桑田忠親「豊臣氏の五奉行制度に関する考察」（『史学雑誌』四六—九、一九三五年）。

（3）中村孝也『新訂徳川家康文書の研究』中巻（日本学術振興会、一九五八年〈以下『徳川家康文書』と略記〉）、辻達也『日本の歴史』13「江戸開府」（中央公論社、一九六六年）、脇田修「近世権力の構造」（『近世封建制成立史論　織豊政権の分析Ⅱ』東京大学出版会、一九七七年）、笠谷和比古『関ヶ原合戦』（講談社、一九九四年）、曽根勇二「朝鮮出兵の撤兵指令」（『近世国家の形成と戦争体制』校倉書房、二〇〇四年）など。

（4）矢部健太郎『豊臣政権の支配秩序と朝廷』（吉川弘文館、二〇一一年）。

（5）公家成とは昇殿できる殿上人となることを指し、具体的には侍従任官のことをいう（下村效「豊臣氏官位制度の成立と発展―公家成・諸大夫成・豊臣授姓―」『日本史研究』三七七、一九九四年）。前田玄以の公家成については、伊藤真昭が「秀吉関白任官と所司代の成立」（『日本史研究』四一九、一九九七年）において指摘しており、その理由を朝廷や公家衆との折衝を担わせるための措置であったとしているが、妥当な見解であろう。

（6）豊臣期における公家成・諸大夫成については、下村效前掲論文のほか黒田基樹「慶長期大名の氏姓と官位」（『日本史研究』四一四、一九九七年）、同「豊臣期公家成大名の政治的性格」（『岡山藩研究』三〇、一九九九年）、拙稿「豊臣期における武家官位制と氏姓授与」（『歴史評論』六四〇、二〇〇三年、本書第一部第一章）などの研究がある。また下村は、当該期における公家成・諸大夫成の事例を詳細に検出した一覧表を作成している（「天正　文禄　慶長年間の公家成・諸大夫成一覧」『栃木史学』七、一九九三年）。

（7）脇田修前掲注（3）書。なお、同様の理解を示しているものに阿部勝則「豊臣政権の権力構造」（『武田氏研究』一〇、一九九三年）がある。阿部は「五大老」が諸大名な寺社に知行充行状を給付していることを理由として、「五大老」がかつて秀吉が有していた領地給与権すなわち主従制的支配権を継承したとしている。

（8）曽根勇二前掲注（3）書。曽根は、朝鮮からの撤兵問題を素材として「五大老」・「五奉行」について検討しており、撤兵の指令は「五大老」・「五奉行」双方から出されていたとして、そこに両者による「合議体制」の存在を指摘している。ただし、「合議」の具体的内容については触れていない。両者の関係や権限を知るためには、それを明らかにすることが重要であろう。また、撤兵問題が両者の政治的役割を推し量る材料として果たして適当であろうか。朝鮮からの撤兵が、秀吉死後における政権の最重要課題であったことについては疑う余地はないが、この問題はあくまで非常事態の範疇として捉えるべきではないか。非常時には、それに即した対応がとられるはずである。秀吉死後における豊臣政権の政治体制の普遍的在り方を問うのであれば、撤兵問題が収束したのちに豊臣政権が行った政策、つまりは知行充行について検討すべきと考える。

(9) 「五大老」発給文書としては、このほかに「五奉行」へ差し出した起請文、朝鮮からの撤退や海上警護について諸大名に命じた連署状、それと慶長四年(一五九九)に発生した島津氏家臣伊集院氏の反乱(庄内の乱)に対処するべく九州の大名に命令を下した徳川家康単独による書状などがある。なお以下、引用史料については、表6に収録したものに関しては、表6-1、表6-2というように表記する。

(10) 桑田忠親「小早川秀秋傅の補正」(『歴史地理』六四―二、一九三四年)。

(11) 元来小早川家の領地は、天正十九年(一五九一)三月十三日付小早川隆景宛秀吉朱印状によると、筑前一国・肥前二郡・筑後二郡合わせて三〇万七〇〇〇石余であった(『大日本古文書　家わけ第十一ノ一　小早川家文書』一八〇号)。北庄における秀秋の知行高については通説では一五万石とも言われるが、確実なことはわからない。秀秋の跡に北庄に入った青木氏の知行が二〇万石とされていることからすれば、おそらくその程度であろう。秀秋が新たに与えられた筑前・筑後両国の石高は五九万石余であるから(「慶長三年御蔵納目録」内閣文庫所蔵)、大幅な加増であったことは間違いない。

(12) 『当代記』(『史籍雑纂』二)。

(13) 小早川秀秋についてはよく知られているように、秀吉正室の実兄木下家定の第三子であり、また青木重吉についても秀吉消息に「われらおは《(伯母)》のきのかみ《(紀伊守)》は丶」(「中村文書」桑田忠親『太閤書信』地人書館、一九四三年、所収)とあることから、秀吉の縁者であったことは確実である。

(14) 『大日本古文書　家わけ第十六　島津家文書』一〇七〇号。

(15) 秀吉朱印状写(「小倉文書」東京大学史料編纂所架蔵影写本)。

(16) 御牧勘兵衛景則については、朝尾直弘「織豊期の畿内代官―御牧勘兵衛を中心に―」(小葉田淳教授退官記念『国史論集』小葉田淳教授退官記念事業会、一九七〇年)に詳しい。

(17) 秀吉朱印状写「御牧文書　乾」(東京大学史料編纂所架蔵影写本)。

(18) 文中に「帳面」の旨に任せてとあるが、この「帳面」とは何を指すのであろうか。同様の文言は、小早川秀秋・青木重吉に宛てた充行状にもみられるが、これはおそらくは知行目録の類のことと思われる。
知行目録は充行状と同時に出されるもので、知行地の所在・石高を記したものである。秀吉在世時には充行状・知行目録はともに秀吉朱印状であったが、その没後には充行状は「五大老」連署の判物へ、知行目録は「五奉行」連署の判物へと移行した（高木昭作「江戸幕府の成立」岩波講座『日本歴史』9・近世1、一九七五年）。「帳面」がこの知行目録を指すとするならば、同日付で出されたであろう、「五奉行」連署状を意味することになる。

ただし、知行目録が出される場合には、充行状に「目録別紙在之」などという文言が含まれるのが通常であり、実際に、前述した船越景直・池田重成・池田重信宛の「五大老」充行状にはそのように記されている。また、知行目録を帳面と呼ぶ例も管見に触れない。そうなるとこれは、「五奉行」の判物という形ではなく、ただ単に新領の所在・石高を記した文書が渡されたとみるべきであろう。すなわち知行目録には、「五奉行」判物と、そうでないものの二種類があったということになる。その理由についてまではわからないが、判物ではない知行目録も、やはり蔵入地を統括していた「五奉行」によって作成されたことは間違いないであろう。

(19) 船越景直に対する充行について、山本博文は「もと秀次の家臣で南部利直に預けられていた船越景直を召返して本領を与えたように、（家康は）当分は棚上げにしたはずの知行宛行や旧来の処置を新たに行っていくという姿勢も見せていた」（『幕藩制の成立と近世の国制』校倉書房、一九九〇年）と述べている。しかし、「本知替」として知行が与えられていることから考えて、船越景直はこれ以前すでに召還されていたとみなすべきである。また、船越に対する知行充行は家康個人ではなく「五大老」連署によるものであって、さらに加増したものではないことも考慮すれば、山本が述べているような家康の姿勢というのは、船越への充行のなかにみることはできない。

(20) 「森家先代実録　五」（東京大学史料編纂所架蔵謄写本）。

(21) 「田丸文書」（『信濃史料』第十八巻）。

(22) 「松井家譜　三」（『徳川家康文書』）。

(23) （慶長五年）七月晦日付真田昌幸宛書状（『真田家文書』上巻）。

(24) このことは、（慶長五年）八月十日付真田昌幸・同信繁宛石田三成書状に「羽右近（森忠政）事、定而莵角ニ、内府（徳川家康）儀無二ニ可レ存候、新知拝領候」（『大日本古文書　家わけ第二　浅野家文書』一一三号）とあり、三成が、関ヶ原合戦に際して森忠政が間違いなく家康に味方するであろう根拠として、森が家康から新知を与えられた点を挙げていることからも窺われる。

（25）この点に関して、藤野保は「三大老のうち秀家・輝元も帰国したため、遂に家康のみが中央に残ることとなり、ここにおいて『合議政治』は全く解体し、家康の『独裁政治』が成立することとなった」と述べている（『新訂幕藩体制史の研究―権力構造の確立と展開―』二〇一頁、吉川弘文館、一九七五年）。だが、宇喜多秀家・毛利輝元の帰国は一時的なものであり、家康が独裁を行いえたのはそのわずかな期間にすぎなかった。彼らが帰国するや、再び連署による知行充行状が復活したことを考慮すれば、合議体制の完全な解体は、関ヶ原合戦後とみなすべきであろう。

（26）伊藤真昭「八幡への家康朱印状と関ヶ原の戦い」（『戦国史研究』四二、二〇〇一年）。

（27）「秋田家文書」・「真田文書」など（『徳川家康文書』）。

（28）『大日本古文書　家わけ第四　石清水文書』一二六〇号。

（29）「竹中氏雑留書」（東京大学史料編纂所架蔵謄写本）、『武家事紀』巻第三十一。

（30）いずれも「竹中氏雑留書」（東京大学史料編纂所架蔵謄写本）、『武家事紀』巻第三十一。

（31）家康起請文は八ヶ条、前田利家は九ヶ条、他の「大老」は一〇ヶ条から成っており、このうちの七ヶ条はほぼ全くの同文である。

（32）千々和到「霊社上巻起請文―秀吉晩年の諸大名起請文から琉球中山王起請文へ―」（『國學院大學日本文化研究所紀要』八八、二〇〇一年）。

（33）慶長三年八月十日付の徳川家康・前田利家・宇喜多秀家・毛利輝元の四人連署による契約状（『大日本古文書　家わけ第八　毛利家文書』九六二号〈以下『毛利家文書』と略す〉）には「上様（秀吉）長々御煩付而、御失念も在レ之」とあって、秀吉がすでに正常な思考ができない状況が窺われる。

（34）ただし、「五大老」と「五奉行」とでは、先述したように官位・家格など公的身分の上での差は歴然としていたから、「五奉行」が自己の要望として「五大老」に対して起請文を記すように求めたとは考えにくい。ここでは、実質的には「五奉行」が発案し、なおも存命していた秀吉の命であるとして起請文の提出をせまったとみるのが、もっとも蓋然性が高いように思われる。ただし、雛形を提示してそれと同文の起請文を作成して提出するように求めたのか、それともあらかじめ作成しておいた起請文にその場で花押・血判をするように要求したのかはわからない。文禄四年時の起請文の例からすれば、後者の可能性が高いかもしれないが、どちらにせよ、彼ら自身の意思によって作成された起請文ではないことは間違いないであろう。

(35)　この点については、慶長三年八月二十八日付前田玄以・長束正家・石田三成・増田長盛宛毛利輝元起請文案（『毛利家文書』九六二号）が参考になる。この起請文案は三成が作成して毛利輝元に書かせようとしたものであることはすでに津野倫明によって指摘されているが（「豊臣〜徳川移行期における取次―公儀―毛利間を中心に―」『日本歴史』六三四、二〇〇一年）、なかに「もし今度被レ成二御定一候五人《(五大老)》之奉行之内、何も　秀頼様へ逆心ニハあらす候共、心々ニ候て、増右・石治・徳善・長大と心ちかい申やからあらハ、於二吾等一者右四人衆と申談、　秀頼様へ御奉公之事」という一文がある。新たに定められた「五大老」のうち、増田・石田・前田玄以・長束と「心ちかい」するものがあれば、輝元はこの四人と相談して秀頼に奉公するとしているが、「五奉行」のうち浅野長政の名のみ見えない。このことは、この起請文案を作成した三成と浅野長政の関係が良好でなかったこと、その一方で他の四人は緊密な関係にあったことを如実に示している。

(36)　このことは、秀吉が大陸において諸大名に「十さうはい・廿さうはいのちきよう《(知行)》」の充行を言明していたことからも明らかである（中野等「文禄・慶長期の豊臣政権」『豊臣政権の対外侵略と太閤検地』校倉書房、一九九六年）。

(37)　ただし、安堵を原則としつつも、加増の事例も存在したことは事実である。それには小早川秀秋・青木重吉・島津義弘・堀尾吉晴に対する四例があることはすでに述べた通りだが、寡例かつ特例的であったとはいえ、これらの加増が豊臣蔵入地の減少を意味することは間違いない。では、これらの加増がどのような理由で行われたのかと言えば、それは豊臣家の一門大名の強化という狙いがあったと推測される。加増のうち、小早川・青木両氏に対するものはとくに加増高が多いが、両氏とも秀吉の親族であった。

(38)　「慶長三年御蔵納目録」（内閣文庫所蔵）。

(39)　桑田忠親前掲注(2)論文。

第三章　豊臣「五奉行」の政治的位置

はじめに

「五奉行」は、「五大老」と同様、秀吉死去直前の慶長三年（一五九八）七月頃に成立したものであり、豊臣政権末期の政権運営の一端を担っていた。その構成は、前田玄以・浅野長政・増田長盛・石田三成・長束正家の五人であるが、彼らは「五奉行」成立以前から秀吉の有力奉行人として活動し、秀吉朱印状を補足する副状の発給(1)、蔵入地支配(2)、大名に対する「取次」や「指南」(3)、また「太閤検地」などに携わり、豊臣政権の諸政策の遂行において、なくてはならない存在であった。

「五奉行」成立以後、慶長四年二月には、いわゆる武断派大名と呼ばれる加藤清正・福島正則らと対立した石田三成がまず失脚、ついで同年十月には、徳川家康暗殺を企てたとの嫌疑を受けて浅野長政も失脚し、「五奉行」はその成立からわずか一年後には三人に減じるに至った。だが、その体制自体は関ヶ原合戦まで存続していく。

秀吉没後の豊臣政権において政務を担った「五大老」と「五奉行」の関係については、これまで、有力大名である「五大老」に「五奉行」が従属するといった構図によって説明されてきた。だが前章で、「五大老」によって行われた知行充行を材料として明らかにしたように、「五大老」には必ずしも強大な政治的権限が付与されていなかった。かたや「五奉行」は、第三部第一章で述べたように、自身を「年寄」と称して、それまでの奉行人的立場から脱却し、豊臣家の宿老として自らを位置づけ、政権内における権限の拡大を図っていたのである。

さらに興味深いのは、以下の史料である(4)。

　返々、秀より事たのミ申候、五人のしゆ《（衆）》たのミ申候〳〵、いさい五人の物《（者）》ニ申わたし候、なこりおしく候、

以上、

秀より《（秀頼）》事なりたち候やうに、此かきつけ候しゆ《（衆）》として、たのミ申候、なに事も此ほかにわおもひのこす事なく候、

かしこ、

八月五日《（慶長三年）》　秀吉御判

いへやす《（徳川家康）》

ちくせん《（前田利家）》

てるもと《（毛利輝元）》

かけかつ《（上杉景勝）》

秀いへ《（宇喜多秀家）》

まいる

これは、秀吉から「五大老」への遺言状とも言うべきもので、死を眼前にした秀吉が、幼子秀頼の行く末を一心に心配していたことをよく表すものとしてあまりにも有名である。また、「五大老」が「五人の衆」、「五奉行」が「五人の者」と呼ばれていることや、秀吉が「五大老」に、繰り返し秀頼の後事を依頼していることなどでも知られている。

だが、ここで注目したいのは、追而書の「いさい五人の物（「五奉行」）ニ申わたし候」という一文である。著名な史料の中にあって、この一文はこれまで顧みられることはなかったが、委細は「五奉行」に申し渡したとの秀吉の言葉の意味は、重要ではないだろうか。委細とは、秀吉没後の政権運営に関する様々な注意点・要領などを指すのであろう。それらについては「五奉行」に申し渡した、「五奉行」が知っているというのである。秀吉があえてこのように「五大老」に言っているということは、秀吉は、「五奉行」に対して行った委細の申し渡しを、「五大老」に対しては行わなかったということになるであろう。そして、秀吉からこのように遺言を受けた「五大老」としては、当然ながら委細を承知している「五奉行」と談合し、詳しい説明を受けなくてはならないはずである。ここからは、秀吉没後の実質的な政権運営が、「五大老」ではなく「五奉行」主導で行われた可能性が指摘できるのではなかろうか。

また、慶長三年八月五日付で「五奉行」が徳川家康・前田利家の二人の「大老」に宛てた起請文の一節には、

一、御法度・御置目等諸事、今迄之コトタルヘキ儀勿論候、并公事篇之儀、五人トシテ難二相究一儀ハ、家康（徳川）・利家（前田）得二御意一、然上ヲ以急度伺二上意一可レ随レ其事、

とある（5）。家康・利家の両人は「五大老」中、とりわけ重んじられる存在であったことはよく知られているが、ここにおいても、「公事篇之儀」が「五人トシテ難二相究一」場合には、家康・利家の「御意」を得るということを、他ならぬ「五奉行」自身が誓約しており、一見すると、二人の「大老」の政治的地位の高さをよく示す史料であるようにもみえる。だが、見方を変えれば、両人の「御意」を得るのはあくまで「五人トシテ難二相究一」事態に至ったときのみであるとも言えるだろう。理屈の上では、「相究」るのであれば「御意」を得る必要はなく、「五奉行」のみの判断で決定できるということになる。

ここで「相究」難き状況とは、普通に考えれば、五人の見解が分かれたとき、または「五奉行」のみでは決定でき

ないほどの重要案件に直面した場合ということであろう。たしかに「五奉行」は決して一枚岩ではなかった。例えば、とくに石田三成と浅野長政は不仲であったとされている。そのことは、三成が起草し、毛利輝元に記すように求めた起請文の一文に「もし今度被レ成二御定一候五人之奉行之内、何も　秀頼様へ逆心ニハあらす候共、心々ニ候て、増右《増田長盛》・石治《石田三成》・徳善《前田玄以》・長大《長束正家》と心ちかい申やからあらハ、於二吾等一者、右四人衆と申談、　秀頼様へ御奉公之事」とあって[6]、輝元に、増田長盛・石田三成・前田玄以・長束正家への協力を求めているにもかかわらず、「五奉行」のうち浅野長政の名だけが入っていないことからも窺われる。明らかに長政は「五奉行」内で孤立的立場にあったのである。だが、浅野は「五大老」を「奉行」、自分たち「五奉行」を「年寄」と呼ぶ点では他の四人と歩調を合わせており、豊臣政権を保持しようとする立場においては一致していた。

ところで、「五大老」・「五奉行」という呼称は俗説であり、実際には「五大老」が「奉行」、「五奉行」が「年寄」と呼ばれていたとする阿部勝則の説があるが[7]、その呼称は「五奉行」によって考案され、かつ用いられたものであって、政権奪取を狙う徳川家康や家康を支持する勢力はこの呼称を用いていなかったことは第三部第一章において述べた通りである。そして、とりわけ興味深い例として、慶長三年八月二十五日、秀吉がすでに死去しているにもかかわらず、朝鮮からの撤兵問題処理のために徳永寿昌・宮木豊盛の渡海を在朝鮮の諸将に知らせるにあたっては秀吉朱印状が発せられたが、その文中には「五奉行」が用いた「奉行・年寄」という文言がみえることを指摘した。これは、朱印状の作成に「五奉行」が深く関与していたことを示すもので、秀吉の生前中、その側近として政権運営に参画してきた「五奉行」の政治力をよく表していると言えよう。

以上を踏まえれば、従来想定されてきたような「五大老」に従属する「五奉行」という構図は、見直す必要があるのではないだろうか。すでに前章において、「五大老」の知行充行について考察し、「五大老」にはそれほど強大な権限はなかったことを明らかにした。そこで本章では、自らを「年寄」と称した「五奉行」に関して、とくに「五大老」との関係を明らかにしつつ、政権内における政治的位置について考察したい。

一 「五奉行」に関する研究史

まず「五奉行」に関する先学の見解を整理してみよう。「五奉行」については、豊臣〜徳川初期政治史の中で関説されることは非常に多いものの、専論となると案外少なく、わずかに桑田忠親・阿部勝則の論考があるにすぎない(8)。

桑田の研究は「五奉行」研究の先鞭をつけたものであり、「五奉行」の職務として、蔵米の出納、治安維持、徳川家康への対策の三点を挙げている。戦前の仕事であるにもかかわらず、実証的で説得力に富んだものとなっている。ただし、徳川家康への対策というのは若干疑問がある。たしかに結果的には、浅野長政を除いた「五奉行」が家康と対立することになったが、だからといって、「五奉行」成立当初より、家康への対策がその職務として規定されていたとは言えないであろう。

また阿部は、さらに細かく「五奉行」の職掌について考察している。すなわち「五奉行」の職掌として、治安維持、百姓支配、外交権、御蔵入御算用之儀、宗教、主要都市（京・大坂・堺・長崎）の支配、公事（大名統制）、家政の八点を挙げている。治安維持と蔵入地支配を挙げている点は桑田とほぼ同様であるが、そのほかについては新たな論点を提示している。

だが、これらの阿部の見解には首肯できない点が多い。

まず百姓支配について、その根拠としては慶長二年（一五九七）四月に発令された「田麦年貢三分一徴収令(9)」が

「五奉行」によって出されたことを挙げている。そして、この法令が豊臣蔵入地のみでなく、大名領においても適用されていた事実があることから、「全国レベルの百姓支配に関わる政策は年寄五人の専管事項であったと考えられる」とする。しかし、慶長二年段階においては「五奉行」は成立していないし、またその法令も、いまだ存命であった秀吉の命令によって出されていることを考慮すれば、これを「五奉行」の職掌とすることは困難であろう。(10) それにこの法令は、朝鮮への再度の派兵を行うにおいて、兵粮米に不足した前回の失敗を教訓とし、これを確保するために田の裏作麦を直接徴収しようとしたものである。後に「五奉行」となる有力奉行人の名によって発令されたことには留意すべきだが、これだけをもって百姓支配を担ったと言うのは無理がある。

つぎに外交権だが、明国・朝鮮と交戦状態であった当時において、そもそも外交と呼べるものはなかった。阿部が指摘するように、朝鮮から撤退する諸将に対して、明・朝鮮連合軍との和睦条件を示したことは事実であるが、外交権というからには、国書の作成・交付などといった行為がなければなるまい。

宗教については、前田玄以が京都における寺社を管轄していたことはたしかである。だがそれは天正年間から続いていることであり、「五奉行」としての職務とみなすことはできない。しかも、それはあくまで前田玄以の京都行政の一環であり、広く全国における宗教政策に携わっていた形跡は見当たらない。

公事については、これは『日本国語大辞典』（小学館）によれば訴訟・裁判のことである。阿部はこれを大名統制と理解しており、そもそも言葉の解釈自体に問題があると言わざるを得ない。

以上、全体的にみて、阿部の見解には疑問点が多い。とりわけ気になるのは、氏自身が発見した「五奉行」が「年寄」と呼ばれていた――実際には自分たち自身でそのように呼んでいたのだが――との見解を、これらの職制が成立する以前にまで適用している点である。「五奉行」が自身を「年寄」と称するのは、「五奉行」が成立した慶長三年七月以降であり、それ以前においては一切みられないのであるから、明確に区分する必要があろう。

二　「五奉行」と豊臣蔵入地

それでは、具体的に「五奉行」の行った政務について、とくに豊臣蔵入地支配との関連からみてみたい。というのは、これに関しては最も多くの関連史料が伝存し、よって「五奉行」の主たる職務であったと考えられるからである。具体的には、まず年貢米の運上が挙げられる。すなわち各地の蔵入地代官に蔵米の上進を命じて中央の財源を確保しようとするもので、その初見は以下の史料である(11)。

猶以、餝東郡壱万石・あほし（網干）半分之事、御同名掃部（石川頼明）へ被㆓仰付㆒候間、可㆑被㆑得㆓其意㆒候、以上、

其方御代官所之儀、前より被㆑仕候分者、取沙汰不㆑及㆓是非㆒候、重而可㆑被㆓仰付㆒分儀、御煩ニ付て　御朱印不㆓相調㆒候、然者、時分柄之儀候間、先当納之義被㆓取納㆒、物成被㆑入㆓御念㆒、可㆑有㆓御運上㆒候、追而得㆓　御諚㆒可㆓中入㆒候、恐々謹言、

慶長三

八月六日　　玄以（花押）

徳善

長大　　正家（花押）

増右　　長盛（花押）

石治少
　三成（花押）
浅弾少
　長政（花押）

石川紀伊守（光元）殿
　御宿所

石川光元に対して以前からの代官地の取沙汰を命じ、さらに「重而可レ被二仰付一分」についても秀吉が病気であるので朱印は調わないが、物成を運上するように要請している。蔵入地の所在については明確ではないが、同族の石川頼明が播磨国内餝東郡・網干郡において同じく代官に任じられていることから考えて、おそらくは播磨国内であろう。同国内では、翌四年二月十八日には、杉原長房に対して「其方御代官所三木郡之御蔵米千三百石、大坂へ被二相着一、去々年福原右馬助（長堯）被レ詰候御蔵へ可レ被二入置一候」というように[12]、大坂への蔵米の運搬を命じている例も見受けられる。また同年六月六日には、前田・浅野・増田・長束の「四奉行」が宮木豊盛に対して「大坂御蔵詰米之内五百石事、石川備前守（貞清）方へ慥可レ被二計渡一候、伏見所々御作事入用として御下行候」と命じている[13]。

さらに同年八月二十日には、「四奉行」から伊達政宗に対して「金山当年御公用之金子御運上之事、急度可レ有二御進納一候、何も御算用、御奉行衆へ懸二御目一候間、不レ可レ有二御油断一候」というように[14]、政宗が管理する金山からの金子の運上を促している。ここで「御奉行衆へ懸二御目一」けるのだから、油断しないようにと言っていることは注目できよう。「御奉行衆」とは「五大老」のことを指しているが、「五大老」の名を持ち出すことによって、政宗をして滞りなく金子を運上させようとしているのであろう。大大名である伊達政宗に対しては、「五大老」の権威を前面に出すことで命令の確実な実行を迫っていると解釈できる。

また、現地において蔵米の管理や出納を命じたものもみられる。まず慶長四年（一五九九）正月五日、関一政に対して「五奉行」連署によって「八木千弐百石、羽柴久太郎（堀秀治）方へ為二借米一被レ遣候間、川中嶋其方御代官所当来之内を以京舛也、慥可レ被二計渡一候也」と命じている。(15) さらに四月二十九日には、

尚以金銀ニ被二替置一候分在レ之ハ、只今可レ有二御運上一候、若遅々候ハヽ、何時も当年中之安ねニ可二請取一候条、可レ被レ得二其意一候、已上、

急度申入候、其方御代官所去年分、何程被二相払渡一而、有米いか程在レ之を被二書付一、来十日以前ニ可レ給候、不レ可レ有二御由断一候、恐々謹言、

（慶長四年）卯月廿九日

長大　正家花押

増右　長盛花押

浅弾　長政花押

徳善　玄以花押

溝江大炊殿（長逸）

御宿所

というように[16]、溝江長逸の代官所における蔵米の残存状況を知らせるように命じているが、注目できるのは「金銀ニ被二替置一候分在レ之ハ、只今可レ有二御運上一候」という一文である。ここからは、蔵米について「五奉行」が現地においてどのように管理しているかを把握していない状況が察せられる。蔵米をそのまま保管するか、それとも金銀に替えるかといった点については代官の一存に任されていたのであろうか、豊臣蔵入地の支配体系の一端が窺われよう。

　そして翌五年二月二十七日には、前田玄以・増田長盛・長束正家の「三奉行」から田丸直昌に対して、

　河中嶋御蔵米之儀、内府様(徳川家康)へ得二御意一候処、各者濃州へ之引越儀候条、羽柴右近殿(森忠政)へ慥可レ被二相渡一旨候、則羽右近殿請取を御取候て此方へ可レ被レ見候、羽右近殿へも御蔵米請取被レ置旨申遣候条、可レ被レ得二其意一候、

との命令が出されている[17]。田丸の領地替えにともなって、それまで管理していた信濃川中島の蔵入米を森忠政に引渡すように命じたものであるが、前章でも述べたように、この時期は家康による専制が強まっており、「三奉行」が家康の「御意」を得た上でそのように決定したとしている点は興味深い。また、田丸にかわって川中島の蔵入米を預かることになった森忠政は、同年二月一日、家康単独の充行によって六万七五〇〇石もの知行加増を受けており、それもあって完全な家康派であった[18]。一方の田丸は、やがて勃発する関ヶ原合戦では西軍に味方し失領している人物である。自分に近い大名に蔵入地の管理を移行させていこうとの家康の思惑がみてとれよう。

三　「五大老」の知行充行と「五奉行」

　さて、秀吉没後における知行充行の実態は、幼少の秀頼の代行として「五大老」が行ったものであることはすでに前章で指摘した。そもそも「五大老」と知行を与えられた大名との間には、主従関係などは存在しなかった。それゆ

え「五大老」には、豊臣家の臣下である大名に対して知行充行を行うような権限はなかったのである。

ところで、知行充行に関しては、「五奉行」が全く無関係であったわけではなく、すでに、知行地の所在を記した知行目録が「五奉行」から出されていたことが指摘されている。(19) すなわち慶長四年（一五九九）正月、朝鮮における抜群の戦功の褒賞として薩摩国内の豊臣蔵入地を与えられることになった島津氏に対して、「五大老」から、

於二今度朝鮮国泗川表一、大明・朝鮮人催二猛勢一相働候之処、父子被レ及二一戦一、則切崩、敵三万八千七百余被二切捕一之段、忠功無二比類一候、依レ之為二御褒美一、薩州之内御蔵入給人分、有次第一円ニ被二充行一訖、目録別紙ニ有レ之、幷息又八郎（島津忠恒）殿被レ任二少将一、其上御腰物長光、父義弘（島津）へ御腰物正宗、被レ為二拝領一候、於二当家一御名誉之至候也、仍状如レ件、

慶長四年正月九日

安芸中納言
輝元（毛利）
会津中納言
景勝（上杉）
備前中納言
秀家（宇喜多）
加賀大納言
利家（前田）
江戸内大臣
家康（徳川）

羽柴薩摩少将（島津忠恒）殿

との連署状が出されているが、[20]これには与えられる「薩州之内御蔵入給人分」の石高やその所在地については、全く触れられていない。それらは「目録別紙ニ有レ之」というように、別に発給される「目録」に記されたのであり、それに該当するのが同日付で出された「御知行方目録」という文言からはじまる「五奉行」連署状である。[21]これによれば、島津氏に与えられた知行高は五万石であり、薩摩国内における所在地も克明に記されている。

さらに、翌五年二月七日には、細川忠興に対して「豊後国速見郡・同湯布院知行目録」と題された前田玄以・増田長盛・長束正家の「三奉行」連署による知行目録が出されている。[22]ここで細川忠興は新たに六万石の加増を受けた。「五奉行」による知行目録はこれら二点のほかにはみられない。だが、実際にはこれら以外にも知行目録が出されていたと思われる。というのは、「五大老」充行状に、やはり「目録別紙ニ在レ之」などと記されているものが数例確認できるからである。[23]徳川幕府の創設者として、後世において崇められた家康が署判に加わっている「五大老」の発給文書が、極めて伝存しやすかったのに比べて、豊臣政権を守る立場にたち、しかも徳川政権期を通じて佞臣との評価を下されていた石田三成が主要な構成員であった「五奉行」の発給文書は、逆に残りにくいものであった。そういった事情を考慮すれば、もちろんすべての知行充行時において出されたわけではないだろうが、「五奉行」による知行目録は、もっと多く出されていた可能性が高いであろう。

つぎに、以下の史料をみてみよう。

濃州池田郡片山村之内千石事、被二仰付一訖、全可レ有二御知行一之状如レ件、

慶長四　　長束大蔵

八月七日　　正家（花押）

増田右衛門尉
長盛（花押）
浅野弾正
長政（花押）
徳善院
玄以（花押）

池田勝吉（元信）殿
御宿所

これは知行目録ではなく、「五奉行」による知行充行状である(24)。「五奉行」唯一の充行状であるが、実は宛所の池田元信に対しては、同日、「五大老」もやはり充行状を発給していて、それには「濃州池田郡片山村之内千石事、被㆓充行㆒訖、全可㆑有㆓知行㆒之状如㆑件」とある(25)。「被仰付」と「被充行」、「御知行」と「知行」の二ヶ所が異なっているが、これは「五奉行」と「五大老」の身分差によるものであろう。すなわち「被仰付」は秀頼に対する、「御知行」は受給者である池田元信に対する敬語とみなされるが、文意は同様であると考えてよい。

では、「五大老」が知行充行状を発給しているにもかかわらず、何故ここで同時に「五奉行」も充行状を発しているのであろうか。その手掛かりを得るため、受給者の池田元信に目を向けてみよう。池田元信は、天正十二年（一五八四）小牧・長久手合戦において、父の池田恒興とともに戦死した池田元助の遺児である。家譜類には生年は記されていないが、元助が永禄二年（一五五九）生まれであることからすれば、元助が戦死した時点においては幼少であったとみて間違いない。それから一五年後の慶長四年時においては、ようやく元服を過ぎたあたりであろうか。とすれば、この充行は、元信にとって初めて知行を与えられたものであったと考えるのが妥当であろう。すなわち安堵状発給に関しては「五大老」の専権であったが、新地給与に際しては、蔵入地を総括する立場にある「五奉行」も関与する権限を持っていたということになるのではなかろうか。

やがて「五奉行」は、この知行目録発給の権限を徳川家康に奪われることになる。すなわち前章でも述べたように、慶長五年五月二十五日、石清水八幡宮神人に対して家康単独による大量の充行状が発給されたが、それには「知行方目録」と記されたものもいくつかみられ(26)、目録の発給権すらも家康に奪われてしまうのである。

さらに知行充行と「五奉行」との関連性について考察を進めよう。前章では、「五大老」の充行において加増はごく寡例で、大部分は知行安堵や遺領相続を認めたものであり、さらに石高的にみると、一〇〇石・一〇〇〇石単位の少規模なものにすぎなかったことを指摘した。つまり、「五大老」の知行充行は、極めて現状維持的な形で行われたとした。加えて、知行を与える主体は秀頼であることから、「五大老」の知行充行状とは、実質的には秀頼の意を奉じて出されたもの、つまりは奉書であるとみなした。すなわち「五大老」は、限られた枠内で与えられた権限を行使していたのであって、従来想定されていたような強大な権限を有する存在ではなかったと結論づけた。

だが、知行充行をめぐる最も重要な問題については、そこでは検討しなかった。それは、「五大老」による知行充行状が、果たして「五大老」の意思に基づいて出されたものかどうか、つまり知行の安堵や加増、さらには充行状の発給そのものが「五大老」によって決せられていたのかという点である。豊臣蔵入地の管理運営を担っていた「五奉行」がこれに全く関与せず、安堵や加増がすべて「五大老」のみの合議によって決定したとすれば、「五大老」の存在を過小評価した前章の結論は、修正を余儀なくされよう。しかしながら、結論から先に言えば、「五大老」の知行充行には、やはり「五奉行」の意向が大きく作用しており、それどころか「五奉行」主導によって行われていた可能性すら考えられるのである。

まず、以下の史料（『毛利家文書』一一三八号）を検討してみたい。

以上、

御知行被レ下候衆継目之御一行、此九通、被レ成二御加判一可レ被レ下旨、被二仰上一可レ給候、恐々謹言、

長束大蔵

五月五日　正家（花押）

堅田兵部少輔殿（元慶）

御宿所

これは、「五奉行」の一人長束正家による毛利家臣堅田元慶宛披露状で、実質的には毛利輝元に宛てたものである。年次は、『毛利家文書』では「慶長五年ヵ」としている。文中の「継目」は、継目安堵を意味するのであろう。継目安堵とは、室町以降、将軍の代替わりごとに行われた知行安堵のこと[27]、またはその家臣や寺社の家督相続に際して、相続した所領・所職を安堵することである[28]。そして「一行」とは証拠文書のことであるから、「継目之御一行」とは、知行を与える者または与えられる者の代替わりにあたって、その継承を認めた安堵状のことを意味する。それを九通ほど輝元に送るので、加判した上で長束正家に返却するように要請しているのである。

では、九通の知行安堵状とは、何を指しているのであろうか。そこでこの文書の前号『毛利家文書』一一三七号文書をみると、徳川家康・宇喜多秀家・毛利輝元の「三大老」による知行充行状が九通一括して収められており、まず数のうえで符号する。受給者をみると、収録順に、

小倉　鍋　（慶長四年十二月一日付）

北条氏盛　（慶長五年四月八日付）
織田信吉　（慶長四年十二月一日付）
溝江長晴　（慶長五年四月八日付）
織田信高　（慶長四年十二月一日付）
御牧信景　（慶長五年四月六日付）
観音寺朝賢　（慶長五年四月八日付）
寺西是成　（慶長五年四月十日付）
同新五郎　（慶長五年四月十日付）

の九名となっている。そしてこのうちの六名については、文中に「被ㇾ対二父美濃守一任二　御朱印之旨一」（北条氏盛宛）、「被ㇾ対二父大炊助一任二　御朱印之旨一」（溝江長晴宛）、「被ㇾ対二父勘兵衛尉一任二　御朱印之旨一」（御牧信景宛）、「被ㇾ対二先師一任二　御朱印之旨一」（観音寺朝賢宛）、「任二遺言一」（寺西是成宛）、「被ㇾ対二父筑後守一任二　御朱印之旨一」（寺西新五郎宛）とあり、受給者側の代替わりにあたっての継目安堵であることは明らかである。残り三名宛の文書には代替わりであることを示す文言はみえないが、このうち小倉鍋については、前章で指摘したように、天正十九年十月に秀吉が与えた知行地を安堵されたもの、すなわち当知行安堵であったことがわかる。織田信吉・同信高については詳細はよくわからないが、ともに信長の子息であり、相続であることはありえないから、同様に当知行安堵である可能性が高い。つまりこの三名については、受給者側ではなく発給者側、すなわち秀吉から秀頼への代替わりにともなう継目安堵であったと考えられる[29]。発給者側と受給者側の違いはあるものの、九通の充行状はいずれも代替わりを契機に出された継目安堵状とみてよいであろう。長束が送った九通の「継目之御一行」とは、これらを指すと考えて間違いあるまい。そしてそれらの日付の下限は慶長五年四月であるから、五月五日付長束正家書状の年次は、やはり慶長五年ということになる。

では、一一三七号の文書群は、どういった性質のものであるのか。これらの文書には、いずれも花押は据えられていない。『毛利家文書』ではこれらを案文としているが、長束書状の内容からすると、継目安堵状は長束から送られたものであり、毛利家において作成されたものではないことは明らかである。つまり、文書の発給者側が草案として作成した案文ではない。

つぎに、正文である可能性はどうか。長束から安堵状の正文を受け取った輝元が、何らかの事情でそれらを長束に返送しなかったため、それがそのまま毛利家に残り伝来したという可能性もあり得なくはない。だが、実際に安堵状は受給者側に伝来している事例が確認できるから(30)、受給者に渡されたことは間違いない。輝元は、長束の要請通りにこれらに加判し返送したのである。

そうなると一一三七号文書は、文書の作成者側に伝来した案文もなく、正文でもない。輝元が手控えとして残した写ということになろう。

とすれば、九件の継目安堵の決定に際して、輝元はまったく関与していないことになる。知行安堵は、輝元のいないところですでに何者かによって認められており、輝元はその決定を追認するように求められているわけでもなく、ただ単に決定事項を長束から通達され、当事者へ渡される安堵状に加判するように求められているだけなのである。つまりは、継目安堵の決定に、「大老」である輝元が実質的には完全に埒外に置かれていると言える。このことは「五大老」の政治的位置づけを考えるうえで極めて重要であろう。

それでは、継目安堵は、いったい誰によって了承され決定したのであろうか。それがこの当時、実権を掌握しつつあった「五大老」の一人徳川家康によるものと考えることは可能である。だが、長束の書状には、そのようなことを窺わせる記述はまったくみられない。例えば慶長五年二月七日、細川忠興が豊後国内において六万石を加増された際には、長束正家・増田長盛・前田玄以の三人の「奉行」による充行状が出されているが、それには「為二御新地一被二充行一之由被レ仰二出之一、内府（家康）公被レ任二御一行之旨一、全可レ有二御知行一之状如レ件」とあって(31)、加増が家康の意向によるものであることがはっきりと明記されている。だが、九通の継目安堵状にはそのような文言は全く記されておらず、安堵および安堵状発給の決定に、家康が積極的に関わっていたとは考えにくい。やはり、輝元に加判を要請した長束や、他の「奉行」である前田玄以・増田長盛らによって決定されたと考えるのが自然であろう。

　ところで、『毛利家文書』には一一三七号以外にも二二点の充行状が収録されていて、それらすべてに花押が据えられていない。一一三七号の文書群が、草案としての案文ではなく、控えとしての写とすれば、これら二二点の充行状も同様に写と考えるのが妥当であろう。そして二二点の充行状には、安堵のみでなく転封のうえ加増したものもみられる。これらの充行に関しても、長束ら「五奉行」から正文を送られて書判するように求められたとすれば、輝元は安堵のみでなく加増についてもなんら決定権を保持していなかったということになる。つまり、「奉行・年寄体制」下における知行充行は、「年寄」（「五奉行」）によってすべてが決定され、「奉行」（「五大老」）はそれをほぼ無条件に承諾し、「年寄」の作成した充行状に書判していたと推定できよう。

　このような「年寄」主導の知行充行を打破しようとしたのが家康であり、それまでの慣例を破って自身の決定によって加増を行い、「年寄」の権限を縮小させていったのである。

おわりに

以上、「五奉行」の政治的位置づけについて、蔵入地の管理や知行充行に関連させて考察を行った。「五奉行」の職掌や権限についてはなおも検討しなければならない課題が多いが、「五大老」との関係に関して言えば、従来の定説とは異なる「五奉行」像を提示できたと思われる。

「五大老」は主従制的支配権を担っていたとされ、かねてよりその権限の大きさが指摘されてきた。その根拠が知行充行状の発給に求められていることは前章から述べてきた通りであるが、前章での結論に、充行状の発給が「五大老」の意思に基づくものではないとする本章の考察結果を加えれば、そういった「五大老」観は虚構であると言わざるを得ないであろう。実際には「五奉行」主導によって安堵の決定がなされていたのであり、「五大老」は秀頼の代行として、充行状に署判する役割を担わされていたのみというのが実際のところであった。あえて言うならば、名義を借りるようなものというのが実情にふさわしく、大大名としての「五大老」の力を借りつつも政権の深部にまでは踏み込ませず、実際の政治運営は「五奉行」が中心となって進めていくというのが「五奉行」の基本的方針であったとみてよいだろう。それこそがまさに豊臣家「年寄」を自認する「五奉行」が思い描いた政治体制、すなわち「奉行—年寄体制」であったと言える。

しかしながら、徳川家康の台頭は、当初「五奉行」が思い描いていたこのような構想を完全に崩壊させることになる。家康は、石田三成・浅野長政という「五奉行」の構成員を政権中枢から外し、さらに前田利長を威嚇してこれを屈服させることに成功する。豊臣蔵入地についても、その代官を自分に近い大名に変更するなど、それまでは「五奉行」の専管事項であった蔵入地支配に大きく関与をしはじめていく。蔵入地を家康に握られてしまえば、豊臣政権の命脈も長くはないことは自明であった。このような危機感から、三成や他の「奉行」は、家康の排除を目的として関ヶ原合戦へと突入していくことになったと考えられよう。

注

(1) 三鬼清一郎「豊臣秀吉文書の概要について」(『名古屋大学文学部研究論集』史学四四、一九九八年)。
(2) 古川貞雄「信濃における豊臣氏の蔵入地と金山—その基礎的考察—(一)〜(四)」(『信濃』二〇—六〜九、一九六八年)、曽根勇二「豊臣蔵入地支配の形成について—浅野長政の動向を中心に—」(『東洋大学文学部紀要』四五・史学科篇七、一九九一年)など。
(3) 斎藤司「豊臣期関東における増田長盛の動向」(『関東近世史研究』一七、一九八四年)、山本博文『幕藩制の成立と近世の国制』(校倉書房、一九九〇年)。
(4) 『大日本古文書　家わけ第八　毛利家文書』九六〇号(以下『毛利家文書』と略す)。
(5) 『武家事紀』巻第三十一。
(6) 『毛利家文書』九六二号。
(7) 阿部勝則「豊臣期五大老・五奉行についての一考察」(『史苑』四九—二、一九八九年)。
(8) 桑田忠親「豊臣氏五奉行制度に関する考察」(『史学雑誌』四六—九、一九三五年)、阿部勝則前掲注(7)論文、同「豊臣政権の権力構造」(『武田氏研究』一〇、一九九三年)。
(9) これについては三鬼清一郎「田麦年貢三分一徴収と荒田対策—豊臣政権末期の動向をめぐって—」(『名古屋大学文学部研究論集』史学一八、一九七一年)、斎藤司「田麦徴収令について」(『立正史学』五四、一九八三年)に詳しい。
(10) もっとも、この徴収令が撤回されたのは翌三年八月二十二日であり、秀吉はその四日前に死去しているから、撤回については「五奉行」の意思によって行われた可能性はある。しかし、秀吉の遺言や「五大老」の決定という可能性もあるため、断言はできない。
(11) 「大阪城天守閣収集文書」(『兵庫県史』史料編・中世九　古代補遺、兵庫県、一九九七年)。

(12)「村上大憲氏所蔵文書」(『兵庫県史』史料編・中世三、兵庫県、一九八八年)。
(13)『大日本古文書　家わけ第二　浅野家文書』一〇八号。
(14)『大日本古文書　家わけ第三　伊達家文書』六七六号。
(15)「佐藤行信氏所蔵文書」(『信濃史料』第十八巻、信濃史料刊行会、一九六二年)。
(16)「中村不能斎採集文書」(『福井県史』資料編2・中世、福井県、一九八六年)。
(17)「田丸文書」(『信濃史料』第十八巻)。
(18)前章注(20)(24)参照。
(19)高木昭作「江戸幕府の成立」(岩波講座『日本歴史』9・近世1、一九七五年)。
(20)『大日本古文書　家わけ第十六　島津家文書』四四〇号。
(21)「旧記雑録後編三」六四九号(『鹿児島県史料』)。
(22)「松井家譜三」(中村孝也『新訂徳川家康文書の研究』中巻、日本学術振興会、一九五八年〈以下『徳川家康文書』と略す〉)。
(23)慶長四年閏三月三日付で出された船越景直宛・池田重成宛・池田重信宛「五大老」連署状には「目録別紙在レ之」とある(『毛利家文書』一一一九号・一一二〇号・一一二一号)。
(24)『黄薇古簡集』巻一(岡山県地方資史料叢書8、岡山県地方史研究連絡協議会、一九七一年)。
(25)『毛利家文書』一一二三号。
(26)表6「五大老」知行充行状一覧の備考欄参照。
(27)伊地知鐵男『日本古文書学提要』下、六九七頁(新生社、一九六九年)。
(28)『国史大辞典』(吉川弘文館)「継目安堵」項、中野栄夫執筆。
(29)秀頼への代替わりによる継目安堵状は、他の大名に出された形跡はない。この三名にのみ出された理由については、断言はできないものの、いずれも秀吉の旧主織田信長に連なる者であることと無縁ではないように思われる。前章でも触れたように、小倉鍋は信長の夫人であり、信吉・信高は信長の実子である。信吉・信高兄弟については、充行状で「羽柴左衛門尉」・「羽柴武蔵守」というように羽柴名字で呼ばれている点が特に注目される。両者は羽柴名字授与の条件である侍従任官を果たしていた形跡はなく、このような例は極めて稀有であることから、信長子弟が豊臣政権下において特別な待遇を受けていたことが窺われる。

(30)　小倉鍋宛（「小倉文書」東京大学史料編纂所架蔵影写本）・御牧信景宛（「御牧文書　乾」東京大学史料編纂所架蔵影写本）・観音寺朝賢宛（「蘆浦観音寺文書二」東京大学史料編纂所架蔵写真帳）・寺西新五郎宛（「寺西文書」東京大学史料編纂所架蔵影写本）の四例が確認できる。

(31)　「松井家譜三」（『徳川家康文書』）。

補論　「毛利家文書」に残る二通の起請文前書案

はじめに

慶長三年（一五九八）中頃から翌四年初頭にかけては、ときの絶対的権力者である豊臣秀吉が死去したことにより、豊臣政権内で大きな政治的変動があった時期である。秀吉は自身亡きあとの政権運営を「五大老」・「五奉行」(1)に託し、幼少の秀頼を支えていくように頼みつつこの世を去ったことはよく知られている。

後事を任された「五大老」と「五奉行」は、秀吉が病床にあるときから互いに多くの起請文を交わしている。両者の結束を強めることを主な目的としてのものだが、結局それは叶わず、秀吉が死んでからわずか二年後に関ヶ原合戦が起こって豊臣政権が実質上崩壊してしまったことも、周知のことであろう。

ところで、山口県防府市にある毛利博物館所蔵「毛利家文書」には、多くの起請文の正文や案文、または写が残されているが(2)、その中で、やや特異な形で残る豊臣期の二通の起請文前書案がある。『大日本古文書』の「毛利家文書」において、九六二号文書として二通一括して収められているのがそれである。この二通の起請文には、徳川家康・前田利家・毛利輝元・石田三成という、当時の重要人物の名がみえることから、かねてより注目されているものであるが、これまで指摘されていない重要な点に、改めて気づいたことがある。ここでは、この二通の起請文を検討することによって、そこから豊臣政権末期の政権運営を担当した「五大老」・「五奉行」の関係や政治動向の一端について考察する。

一　起請文前書の内容

はじめに、九六二号文書の内容を示しておこう。どちらも差出者は毛利輝元であり、『大日本古文書』では文書名を「毛利輝元起請文前書案」（折紙）としている。これからもわかるように、二通とも差出人は毛利輝元である。まずは一通目、輝元が徳川家康と前田利家の二人の「大老」に宛てた起請文前書の全文を引用しておく。

　　　敬白　起請文前書之事
一、奉レ対二　秀頼様一、御奉公之儀、大閤様御同前、不レ可レ存二疎略一事、
　　付、表裏別心毛頭存間敷事、
一、御法度御置目之儀、今迄如レ被二　仰付一、弥不レ可二相背一事、
一、公儀御ためを存候上者、諸傍輩ニたいし私之遺恨を企、存分に及へからさる事、
一、傍輩中不レ可レ立二其徒党一、公事篇喧嘩口論之儀、自然雖レ在レ之、親子兄弟奏者知音たりとも、えこひいきを不レ存、如二御法度一可レ致二覚悟一事、
一、御暇之儀不二申上一、私として下国仕間敷事、
　右条々、若於二相背一者、此霊社起請文、深重可レ罷三蒙御罰一者也、
　　　　羽柴安芸中納言

慶長三年七月十五日　　　輝元

内大臣殿

大納言殿

此おくに又七枚之牛王起請文あり、

右ハ加賀使にての事、

みての通り、この前書は五ヶ条からなっており、その内容は、①秀頼への奉公は秀吉に対してと同様に疎略にしないこと、②法度や置目については今まで通りこれに背かないこと、③傍輩に対して私の遺恨をもたないこと、④傍輩の中で徒党を組まず、訴訟や喧嘩・口論があった場合には一切贔屓しないこと、⑤勝手に帰国しないこと、となっている。秀吉死去を翌月十八日に控えたこの時期、「五大老」と「五奉行」の間では多くの起請文が交わされたが、「五大老」間で取り交わされたこの起請文も、内容的にはそれらと大差ないものと言えよう。

ただし、「五大老」・「五奉行」間で交わされた起請文が「敬白　霊社上巻起請文前書之事」というような柱書からはじまる、いわば豊臣政権における公的な様式の起請文である「霊社上巻起請文」であったのに対して(3)、この起請文は「敬白　起請文前書之事」という柱書からはじまっており、その点が異なっている。もっとも、文末に「此おくに又七枚之牛王起請文あり」と記されているから、省略されているものの、正文には牛玉宝印が七枚貼り継がれていてそれに神文が書かれていたことがわかる。これは「霊社上巻起請文」と同様の形式であるから、輝元としては、この起請文を準公的なものとみなしていたと言えようが、やはりこれはあくまで個人的に出された起請文であって、「五大老」・「五奉行」が集団として取り交わしたものとは質的に違っている。

もう一通は、輝元が「五奉行」中の浅野長政を除く四人、すなわち増田長盛・石田三成・長束正家・前田玄以に宛てた起請文案である。

敬白　起請文前書之事

大閤様御他界以後、秀頼様へ吾等事無二ニ可レ致二御奉公一覚悟候、自然世上為レ何動乱之儀候「共、秀頼様御取立之衆と」胸を合、表裏無二別心一可レ遂二馳走一候、太閤様被二　仰置一候辻、自今以後不レ可レ有二忘却一候、各半、於レ于レ時悪やうに申レ成候共、無二隔心一、互ニ申あらハし、幾重も半よきやうに可二申合一候、若於二此旨偽一者、

安芸中納言

慶長三年八月廿八日　　輝元

増右

石治　　右けしたる分・はしめの案・かた付ハ治少より也、使安国寺、

長大

徳善

輝元が秀頼への奉公を誓っているもので、もしも何らかの動乱が起こったならば、「秀頼様御取立之衆」と協力して馳走する、としている。主君である秀頼を「取り立てる」とは少し奇妙な言い回しであるが、この時期の「五大老」・「五奉行」による別の起請文にもみられる表現であるため、問題はないだろう。

ところで、この前書案には見せ消ちがなされており、カッコを付けた「共、秀頼様御取立之衆と」という部分が消されて、代わりに「而、もし今度被レ成二　御定一候五人之奉行之内、何も　秀頼様へ逆心ニハあらす候共、心々ニ候て、増右・石治・徳善・長大と心ちかい申やからあらハ、於二吾等一者、右四人衆と申談、秀頼様へ御奉公之事」という一文が右側行間に書き加えられている。ここでいう「奉行」とは「五奉行」ではなく「五大老」を指している

ので、[4]意味は、今度定められた「五大老」のうち、たとえ秀頼へ逆心を持つということではなくとも、もしも増田長盛・石田三成・前田玄以・長束正家と心を違える者があれば、自分（毛利輝元）はこの四人と協力して秀頼へ奉公する、となる。「秀頼様御取立之衆」では抽象的で、具体的に誰を指しているのかわからないが、加筆部では輝元が協力するべき四人の名が明記されている。一読して意味が明瞭になっていることがはっきりとみてとれよう。また、輝元と「五奉行」との協力関係が一層強調されている点も興味深い。

二　起請文前書の作成過程

では、この起請文前書の修正・加筆は、誰によってなされたのであろうか。これについては津野倫明がすでに指摘しているように、[5]輝元が自発的に行ったのではない。すなわち宛所の下に「右けしたる分・はしめの案・かた付ハ治少より也、使安国寺」と書かれていることからわかるように、「治少」すなわち石田治部少輔三成によってなされたものである。いや、それだけではない。これによると「けしたる分」（見せ消ちされた部分、「共、秀頼様御取立之衆と」を指す）や「かた付」（見せ消ち部分の「肩」に書かれたもの、の意であろう。加筆部分を指す）のみならず、「はしめの案」、つまりそもそもこの起請文全文の文案も三成が考え書いたものということになる。

この点を踏まえて作成時の状況を整理すると、以下のようになろう。

まず、秀吉死去の直後、「五大老」の一人である毛利輝元に対して石田三成は、自分を含めた「五奉行」のうち四人に対して起請文を差し出すように求めた。ここで浅野長政の名がないのは、長政が三成とは不仲で、むしろ三成が警戒する徳川家康と関係が深かったためであろう。両者の間を取り持ったのは、「使安国寺」の記述から、毛利氏と密接な関係をもつ安国寺恵瓊であったことがわかる。三成から起請文前書案の雛形を受け取った恵瓊は、これを輝元に見せ、三成からの要求を伝えたはずである。輝元は承知し、雛形の通りに起請文を作成し、念のためその案文を三成に送り、これでよいか確認する。ここで三成は、自らが考えた当初の文案の変更を思いつく。理由はおそらく前述したように「秀頼様御取立之衆」と「胸を合」わせるでは抽象的すぎて、誰のことを指すかわからないためと思われる。修正・加筆された案文は、再度恵瓊によって輝元へもたらされた。その後、輝元は三成の指示に従って書き直し、正式な起請文を三成へ送ったであろう。こうして輝元は三成の要求通りに起請文を差し出し、そして毛利家には、三成から返送されてきた修正・加筆の跡がある案文が残されたわけである。

さて、このような経緯からわかるのは、「五大老」の毛利輝元が、「五奉行」の石田三成の指示に唯々諾々と従っている、ということである。これは、従来の「五大老」は上部機関で「五奉行」はその下部機関にすぎないというような理解とはおよそ異なっている。三成は、秀吉在世時と変わらぬ政治力をいまだ維持しており、輝元は三成の指図通りに動いていたのである。

三　二通の起請文前書の関係

さらに、今回改めて気づいた、このような両者の関係を強く裏づける証左について述べておきたい。実は、毛利輝元が書いた慶長三年七月十五日付徳川家康・前田利家宛起請文前書と、同年八月二十八日付「四奉行」宛起請文前書とは、一紙に記されているのである。『大日本古文書』では、九六二号として二通一括して収められていて、文書名が「毛利輝元起請文前書案」（折紙）となっていることは先述した通りである。これら二通の文書は、『秀吉展　黄金と侘び』（六八頁）に収録されている写真をみても、たしかに折紙で一紙に書かれていることが確認できる。

となると、日付から考えても、八月二十八日付「四奉行」宛起請文前書案を輝元が三成に送ったとき、七月十五日付の徳川家康・前田利家宛起請文前書の内容も同時に三成の目に触れたということになる。一紙に書かれているのだから当然である。つまり輝元は、自分が家康と利家に差し出した起請文前書の文面を、三成にわざわざ見せていたのである。

七月十五日付の起請文には、とくに内密にしておかなくてはならないような特別な内容は記されていない。しかし、この起請文は「五大老」と「五奉行」が集団として取り交わしたものではなく、あくまで個人的に出したものなのだから、三成に見せなくてはならない理由はないはずである。あるいは三成は、前田利家か安国寺恵瓊から、輝元が家康・利家に起請文を差し出したということを伝え聞いたのかもしれない。そしてその起請文の内容を自分に教えるように輝元に要求したのであろうか。もしそうでなければ、輝元は何ら求められてもいないのに、自分が書いた起請文の内容を自発的に三成に見せたということになろう。

いずれにせよ三成は、家康・利家に出した輝元起請文前書を見た。見た上で、自身に宛てて出すように要求した起請文の文面を修正・加筆した。当初の案にある「秀頼様御取立之衆」という文言も、これでは家康らを指すものとも解釈できる。だからこそ訂正し、自分たち四人の「奉行」の名を明記する必要があったのであろう。

おわりに

以上、輝元が家康・利家へ内々に出していた起請文の内容を三成に知らせていたという興味深い事実が判明した。

三成に対して、あたかも従属するような輝元の対応は、「五奉行」の上位に位置する「五大老」がするべきものではないであろう。もちろんこれは、脇田修が述べているように[6]、秀吉の残光が残っている時期のことにすぎず、やがてこのような関係は解消されていく、とみなすことも可能ではある。しかし、果たしてそうなのであろうか。実際、二年後に勃発した関ヶ原合戦に際して、輝元は三成の要求を受け入れて味方に付いている。そればかりではない、秀吉死去からかなりの月日が経過した後になっても輝元が「五奉行」の指示通りに行動していたことは別の事例からも窺い知れるが、それについては第四部第一章でも触れる。

なお、『大日本古文書』では、これら二通の文書を「起請文前書案」としているが、これまでの考察から、八月二十八日付「四奉行」宛起請文はたしかに草案として作成された案文だが、七月十五日付徳川家康・前田利家宛起請文はそうではなく写であることが明白となったと思われる。史料集の中には、正文の草案として作成されたものと後日書き写されたものを混同して「案」としているものも多い。だが、文書の機能や作成された経緯が大きく異なっている以上、両者は厳密に区分する必要があるのではなかろうか。

注

（1）「五大老」には徳川家康・前田利家（その死後は利長）・宇喜多秀家・毛利輝元・上杉景勝、「五奉行」には前田玄以・増田長盛・浅野長政・石田三成・長束正家が任じられた。なお「五大老」・「五奉行」については、第三部第一章「豊臣『五大老』・『五奉行』についての再検討―その呼称に関して―」を参照されたい。

（2）平成十八年三月、山口県防府市にある同館を訪れ、「毛利家文書」の起請文群の閲覧をお許しいただいた。貴重な史料の閲覧を快くご承知してくださったご厚意に対し、ここに改めて御礼を申し上げたい。

（3）千々和到「霊社上巻起請文―秀吉晩年の諸大名起請文から琉球中山王起請文へ―」（『國學院大學日本文化研究所紀要』八八、二〇〇一年）。

（4）第三部第一章を参照。
（5）津野倫明「豊臣～徳川移行期における取次―公儀－毛利間を中心に―」（『日本歴史』六三四、二〇〇一年）。
（6）脇田修「近世権力の構造」（『近世封建制成立史論　織豊政権の分析Ⅱ』東京大学出版会、一九七七年）。

第四部　関ヶ原合戦とその後の情勢

第一章　関ヶ原合戦と家康の政権奪取構想

はじめに

近年、関ヶ原合戦とその前段階に関する研究の活性化が著しい。とりわけ前段階、すなわち秀吉死去から合戦に至るまでの政治動向については、近年多くの新知見が発表されている(1)。わずか二年足らず、日本の歴史からみれば取るに足らない短い年月には違いないが、この間における徳川家康の政治的勝利は、のちの二五〇年にも及ぶ江戸時代の到来をほぼ決定づけたという意味において、極めて重要な時期ゆえであろう。

すでに述べたように、豊臣政権護持派ともいうべき石田三成らによって形成された「五大老」を「奉行」、「五奉行」を「年寄」とする「奉行─年寄体制」において、徳川家康をはじめとする「五大老」の地位は極めて抑制的なものとされていた。詳しくは後述するが、前田利家の死去と石田三成の失脚を契機とし、家康の政治的地位は飛躍的に向上するものの、それでも他の「大老」の存在は、豊臣政権を打倒し自らの新政権樹立を模索する家康にとって、大きな障害であった。ゆえに家康は、彼らを打倒もしくは屈服させることを政治目標に掲げたのであり、後で述べるような前田利長や上杉景勝に対する威圧的態度は、その点から説明が可能であると考える。

本章では、秀吉死後、政権奪取を志向した家康と、これと対立した三成との抗争を軸に考察を加える。

一　家康と三成の政治抗争

慶長三年（一五九八）八月、秀吉の死去を目前に成立した「五大老」・「五奉行」は起請文を取り交わし、秀頼への忠誠および互いの協力を誓約する。(2)この時期、すでに徳川家康と「五奉行」との間には不和の風説が流れるなど緊張していたが、(3)政権にとっての当面の最大懸案事項である朝鮮からの撤兵が解決しない間は、それが表面化することはなかった。石田三成・浅野長政・毛利秀元の三名が九州博多へ赴き撤兵の陣頭指揮を執る一方、「五大老」は伏見において、水軍を有する諸大名へ船舶の用意などを指示している。(4)ただし、三成と家康が何もしていなかったわけではない。先述したように三成は博多出発前に対家康を念頭にした同盟をひそかに毛利輝元と結んでいたし、(5)家康は諸大名を歴訪し、自己の勢力拡大を図っていた。(6)

やがて撤兵が完了すると、早くも亀裂が生じることになる。翌四年初頭、家康が福島正則・伊達政宗・蜂須賀家政らと婚姻を結ぼうとしたことが発覚し、これが私婚を禁ずるとした豊臣政権の法に抵触するとして、前田利家をはじめとする「四大老」と「五奉行」がこぞって家康を糾弾したのである。正月十九日には「四大老」・「五奉行」の問責使が家康のもとへ向かい、一方、家康側も国元から多くの軍兵が到着している。(7)対立は激化するかと思われたが、徳川軍が到着するより以前の二十日には早くも和解の風聞が流れ、(8)結局、二月五日には双方が起請文を差し出すことによって一応の和解が成立した。(9)

この和解に関して、家康が「四大老」・「五奉行」を屈服させたとみなすものや、(10)双方の「手詰まり感」(11)による妥協の産物と考える見解があるが、どちらかというと家康が歩み寄りもしくは屈服したとみるべきなのではないだろうか。

その理由として、第一に京大坂での軍事行動は、家康にとって著しく不利な点があげられる。国元からやってきた徳川軍は、通説では詰番交代のためやってきたとされる。(12)その数は正確にはわからないが、だとすればさほどの規模ではあるまい。詰番ではなく、上方での合戦勃発に備えて家康が呼び寄せた軍勢だと仮定すれば、かなりの数にのぼるとも予想できるが、その場合、そのような大軍が東海道筋をはじめとする諸大名領を容易に通過できたかという新たな疑問が湧いてくる。いかに家康とて、勝手に大軍を上洛させるようなことはできなかったはずである。とすれば、やはり通説通り、上洛した徳川軍は詰番交代のためであると考えるのが自然であり、その数もさほど多くなかったとみるべきであろう。加えて家康は領国が遠いため、迅速な援軍の到来がまったく期待できなかった。家康に与する大名もいたとされるが、数は決して多くはなく、即座に軍を送ることが可能な大名も限られている。(13)

それに対して、「五奉行」には畿内近国に所領をもつ者が多い。とりわけ、ともに二〇万石程度の領国を有する石田三成と増田長盛の戦力は、さしあたり徳川軍と対峙する主力たりえよう。さらに中国筋からは、陸路からは宇喜多（備前国岡山城主）・水路からは毛利（安芸国広島城主）の早期の援軍が期待できたし、北陸の前田軍の来援もさほど時間はかからないであろう。こう考えてみると、純軍事的には「四大老」・「五奉行」に利があると言わざるを得まい。

第二に、秀吉から秀頼の傅役を任されていた前田利家および秀頼の存在である。慶長四年正月十日に秀頼は伏見から大坂へ移っており、これにともない傅役の利家をはじめ多くの諸大名が大坂に居を移していた。家康は秀頼の移徙には随行したものの、(14)秀吉の遺言により伏見在留を義務づけられていたため、すぐに帰途に就いている。(15)したがって利家との対立激化は、秀頼を推戴する在大坂の大勢力と、伏見を拠点とする家康とこれに与力する一部の大名との抗争に発展するおそれがあった。しかも、相手側に秀頼がいる以上、家康はいつでも謀叛人のらく印を押される可能性がある。

以上の点を踏まえると、この対立は家康にとって望ましいものではなかったと考えるのが妥当であろう。とはいえ、日本最大の軍事力を有する家康と全面対決に及ぶことは、「四大老」・「五奉行」側にも相応のリスクがあるのは当然で、その結果としての和解だろうが、それはより追い込まれていた家康が歩み寄る形で成立したものとみる方が自然だと思われる。

ところが同年閏三月三日に利家が病没すると、事態は一変する。直後に細川忠興・福島正則をはじめとする、いわゆる「七将」が石田三成襲撃を計画したのである。[16] 三成は伏見城内の自邸に赴き危うく難を逃れた。[17]

ここで気になるのは、なぜ三成が家康の拠点となっている伏見へあえて向かったかという点だが、これには二つの理由が考えられる。

第一に、大坂に居場所がなかったこと。城外の自邸に留まっていたままでは危険なのは当然としても、大坂城内へ入ってしまえばさすがに「七将」に手が出せるはずもないが、その大坂城が問題であった。三成方の毛利輝元が同族の毛利元康へ送った書状に「御城(大坂城)ハ彼方衆持候と聞え候、此方衆一切出入とまり、不二立入一之由候事、(中略)御城つめニハこいて(小出吉政ヵ)・かたきり(片桐且元)なと居候、是ハ内府かたにて候」とあるように、[18] 大坂城は詰番を務める家康方の小出吉政・片桐且元に押さえられてしまっていたのである。[19] よって大坂はすでに三成にとって危険な地となっていたことは明白だが、輝元が三成を支持する勢力を「此方衆」と呼ぶ一方、これに敵対する勢力を「彼方衆」・「内府方」と呼んでいることは注目に値する。「七将」の実質的な頭目は家康で、また家康側には「七将」以外にも同心する大名が存在したのである。

第二に、伏見はたしかに家康自身が居を構える地であったが、伏見城自体が家康の手中にあったわけではないこと。秀吉はその遺言で「伏見ニハ内府御座候て、諸職被レ成二御肝煎一候へと 御意候、城々留守ハ徳善院(前田玄以)・長束大蔵(正家)仕、何時も内府てんしゆ（天守）までも御上り候ハんと被㆑仰候者、無㆓気遣㆒上可㆑申由、被㆑成㆓御意㆒候事」と言い残している。(20)とくに、家康が望むのであれば天守までも足を踏み入れてよいとしていることから、伏見城が事実上家康の支配下に入ったと思われがちだったが、近年、水野伍貴によって否定された。(21)家康の居所はあくまで伏見城外の自邸であったのであり、城を預かるのは別人だったのである。この史料からは前田玄以・長束正家両名の名が確認できるだけだが、（慶長三年）八月五日付の別の遺言には「奉行共五人之内徳善院・長束大両人ハ一番ニして、残三人内壱人宛伏見城留守居候事」とあり、(22)伏見城の留守居役は前田・長束の専任であったわけではなく、「五奉行」の持ち回りであったことがわかる。慶長四年閏三月時点で誰がその任にあたっていたかはよくわからないが、三成と不仲で家康と親しい関係にあった浅野長政以外が務めていたのであれば、三成が伏見城内に入るのは容易だったであろう。

さて、利家逝去の翌四日に早くも伏見城内の自邸に入った三成は、(23)毛利輝元に協力を求め、軍事決着をも視野に入れて対決姿勢をとることになる。輝元は三成支援のため、伏見の毛利家上屋敷に入っている。

たゝいま上やしきへ候へく候、ともしゆ弓の者を十人はかり、いかにもミつ〳〵にてこと〳〵しくなく申付、
たゝいまいたし申候、為㆓心得㆒候、かしく、
粟右近（粟屋元貞）

この史料は毛利輝元が家臣の粟屋元貞へ宛てた自筆書状で、輝元が上屋敷へ無事到着したことを知らせたものである。(24)「密々にて」「事々しくなく」との記述、また供が弓衆一〇人であったという内容は、緊迫した状況を窺わせるに十分であろう。鉄砲に比べて威力は劣るものの、連射が可能で異臭も発しない弓衆に護衛させたという点に、いかに輝元が秘密裡に行動しようとしていたかが察せられる。おそらく夜間に移動したのではなかろうか。

伏見には毛利家上屋敷の他に下屋敷もあったが、防備が万全ではなかったようで、輝元は「下やしき普請事ハ申付

候するや、いか、候ハんや」、「へいをもます急ぎ候へ」などと毛利元康に対してたびたび伝えている。(25) それゆえの上屋敷入りだったのだろう。

その輝元のもとへ三成の者として小西行長・寺沢正成がやってくる。情勢は三成方に有利であるとし、輝元に挙兵をうながす三成であったが、結局自らの不利を悟り、佐和山への隠遁を余儀なくされ、政権中枢の座を追われることになった。(26) 閏三月六日、三成は子息を家康の元へ送っている。(27) 当然人質であろうが、一方で『多聞院日記』慶長四年閏三月十一日条には「石田治部佐保山《（佐和山）》へ家康子人質ニ取置候て城へハイリ候」とあって、家康もまた実子を三成の元へ送ったとされる。となれば、相互に人質を交換したということになる。もっとも『多聞院日記』は誤った情報も多く記されているから、これをすぐに信じるのは危険だが、少なくとも三成の人質が家康へ送られたことは確実である。三成の交渉相手は「七将」ではなく、あくまで家康だった。

二　家康専制の確立

その後、家康の勢威は飛躍的に増大していく。「（同月）十三日午刻、家康伏見之本丸へ被レ入由候、天下殿ニ被レ成候」というように、(28) 家康は伏見城の本丸に居を移している。これは先述したような秀吉の遺言により認められていた天守への立ち入り許可などとは次元の異なるものであり、反家康派を強く刺激する行為であった。このことは、関ヶ原合戦直前にあたる翌慶長五年八月に、西軍首脳が家康の罪状の一つとして「伏見御城被二仰置一候御留守居を追出、関東之凡下野人之者共御座所を踏荒候段」を挙げていることからもわかるが、(29) 逆に家康からしてみれば、自らの勢威を示すのに大きな効果があったと言えよう。また、ここで注目されるのは「御留守居を追出」という記述である。これは、秀吉から留守居を委任されたはずの「五奉行」が伏見城から完全に切り離され、伏見城がほぼ家康の所有となったことを意味しよう。秀吉が晩年の大半を過ごした伏見城を手中にした家康を、世上の人々は「天下殿」になったと噂したのである。

さらに同月二十一日、家康は一時敵対した毛利輝元と互いに起請文を交わして和解を図っている。しかし、その文言には大きな違いがみられる。

【史料A[30]】

今度天下之儀、各申分在レ之処、被レ対二秀頼様一無二御疎略一之通尤候、然上者、向後如何様之儀出来候共、対二貴殿一無二表裏別心一、如二兄弟一可二申承一候、若此旨於二偽申一者、

梵天・帝尺・四大天王、惣日本国大小神祇・八幡大菩薩・春日大明神、愛宕白山大権現、富士大権現之御罰可二罷蒙一候、自然讒人之族於レ有レ之者、互紀明可二申究一候、恐々謹言、

（慶長四年）閏三月廿一日　家康（花押）

（毛利輝元）安芸中納言殿

【史料B[31]】

今度天下之儀、各申分御座候処、我等事　秀頼様御儀、不レ存二疎意一之旨申入之通、被二聞召分一、重畳御懇意之段、誠以過分存候、然上者、向後如何様之儀出来候共、奉レ対二貴殿一無二表裏別心一、成二父兄之思一、可レ得二貴意一候、乍レ恐於二御同意一者可レ忝候、我等儀無二之心底候、若此旨於二偽申一者、

――　――　――自然又讒人之族於レ在ハ、被レ遂二御紀明一、被二仰聞一候ハヽ、別而可レ為二満足一候、此由得二御意一候、恐惶敬白、

（慶長四年）閏三月廿一日　　輝元

家康様

家康が輝元を「兄弟の如く」としているのに対して、輝元は家康に「父兄の思いを成す」としているほか、書止文言は「恐々謹言」と「恐惶敬白」、宛所も「安芸中納言殿」と「家康様」というように敬称が異なっている。さらに、もし「讒人之族」が現れたならば、家康は互いに「糺明」しようとしているが、輝元の場合、家康による「御糺明」がなされ、それを「仰聞」かせていただければ満足だと述べているなど、家康を上位、輝元を下位とした両者の上下関係は明らかである。また、全体的に似通った文章表現が用いられていることから、徳川・毛利両家において事前に綿密な文面のすり合わせが行われたことは明白で、この点にも注意する必要があろう。徳川上位、毛利下位の格づけは、両者の明確な認識・合意の上で決まったのであり、三成失脚により、輝元が家康に対する戦意を喪失したことは疑いあるまい。この直後に勃発した九州島津氏領内における、いわゆる「庄内の乱」は、本来ならば秀吉から西国を任された輝元が中心となって対処すべき案件であるべきなのに、家康主導で行われたことは先述した通りであるが[32]、この事例は、当時の家康と輝元の力関係をよく象徴していよう。

こうして家康は、実力的に徳川に次ぐ大名である毛利氏に対する政治的優位を確立した。また三成を欠いた「五奉行」（実質的には「四奉行」）については、先述したように、伏見城留守居を秀吉から委託されていたにもかかわらず、家康の勢威に押されてその任を放棄している一点をみても、家康を掣肘できる存在たりえるはずもなかった。そもそも浅野長政などは親家康の一人であったし[33]、また慶長五年二月、家康が単独で細川忠興に新領を加増した際には、前田玄以・増田長盛・長束正家の「三奉行」が家康の命令を忠実に実行していることからも明らかなように、彼らは家康に隷属させられていたのである[34]。

しかし、なおも家康には課題があった。それは同じく「大老」の地位にある宇喜多秀家・上杉景勝・前田利長の三大名の存在である。宇喜多秀家に関しては、家康がこれをどのようにみなしていたのかはよくわからない。「五大老」としての席次では家康に次ぐものの[35]、若年で石高的にも見劣りするため、さほど警戒心は抱いていなかったかもしれない。あるいは秀吉の命令により、秀家は輝元と婚姻を結び、ある種の後見を受けることが義務づけられていたから[36]、家康は秀家を輝元と一体とみなし、輝元との上下関係を明らかにした上は、秀家もまたそれに準ずると考えたかもしれないが、いずれにせよ史料の不足により推測の域を出ない。やはり問題は上杉景勝・前田利長の両「大老」であり、家康はこの両者を屈服させることに専心していくことになる。

慶長四年九月末、伏見を発して大坂へ向かった家康は、そのまま大坂城に逗留する[37]。そして秀吉正室の北政所が大坂城二ノ丸を退去したのに取って代わるように、ここに居を据えることになった[38]。このことを矢部健太郎は、家康が「秀頼を頂点とする『公儀』と一体化することに成功した」と捉えているが[39]、的確であろう。たしかにこの時期の家康にとって最大の弱みは、秀吉遺言によって在伏見を余儀なくされているため、どうしても秀頼との関係が希薄になってしまうという点にあった。これによってその問題は解消されたのである。

同年夏、上杉景勝・前田利長の二人はともに領国への帰途についており、景勝は八月中旬[40]、利長も下旬には帰国していると思われる[41]。すると、ほどなくして利長に謀叛の嫌疑が及ぶこととなる。

このあたりの経緯については良質な史料にめぐまれないためはっきりとしないが、①利長が家臣を大坂へ派遣して懸命に無実を主張したこと、②家康が利長の弁明を受け入れたこと、③その代償として生母の芳春院（まつ）を人質として江戸へ送ることになったこと、④これ以降、関ヶ原合戦に至るまで利長は大坂へ出仕することなく国元に留まり続け、「大老」としての役割を事実上放棄したこと、以上四点は事実と考えて差し支えあるまい。

過小評価されているきらいがあるが、生母を江戸へ送ったという点はもっと注目されてしかるべきであろう。これは家康が個人的に前田家から人質をとったということを意味し、利長が家康に敵対行動に出ることは不可能になった。実際、関ヶ原合戦においても利長は西軍の誘いを断り家康に味方している。

秀頼への謀叛の疑いを晴らすための人質ならば当然大坂へ送るべきなのに、それを江戸へというのは、普通あり得ることではない。にもかかわらずこのような挙に出たのは、家康に並々ならぬ決意があったこと、その家康に対して誰も異議を唱えることができなかったことを示している。家康には家康なりの名分があったのかもしれないが(42)、この常識を超える行為を知った者は一様に、家康の野心を疑ったのではなかろうか。むろん家康もそれは熟知していたはずだが、もはやそれを隠そうとしていない点に着目すべきだろう。すなわちこの芳春院の在江戸の決定こそ、家康による政権奪取への大きな布石であったと評価できる。

なお、利長の問題に関係して、「五奉行」の一人である浅野長政が失脚している。長政の失脚は、利長による家康暗殺計画に加担していたからと言われる。三成と不和で、逆に家康と親しい関係の長政が、そのような行動に出るとは家康も信じていたとは思われないが(43)、結局のところ長政は政権中枢の座を追われ、領国の甲斐へ蟄居となった。しかし長政は、家康に対して一層の恭順を示すため、徳川領の武蔵国府中にまで足をのばし、そこで謹慎することとしている(44)。すすんで自らを人質としたわけだが、これによって、関東の徳川に対する東山道の押さえとしての役割を担っていた浅野家は、完全に家康に従属する結果となり、家康の軍事行動に対する制約は格段に薄まることになった。

三　三成の挙兵と「五奉行」復帰

家康の次なる標的は、上杉景勝に定められることになる。家康の再三にわたる上洛要請にもかかわらず、これを拒む景勝に対して、家康はついに討伐を決意するに至る。淀殿や「三奉行」らの制止を振り切り[45]、家康が大坂を発したのは慶長五年（一六〇〇）六月十六日のことであった[46]。

家康を制止しようとした「三奉行」であったが、派兵が決定した後は家康に従っている。

急度申入候、

一、会津表各出陣之定日、従二関東一可レ被二仰出一候条、七月十日以前ニ被二罷立一儀者無用由候、急被二罷立一候而、在陣之所、地下人可レ為二迷惑一候間、右之通被二仰出一候事、

一、於二先陣一軍法之儀、何様ニも　内府様御下知次第ニ可レ被二相働一旨候、被レ背二御下知一、自然心々ニ被二相働一候者、可レ為二越度一候事、

一、路次中細々之儀も、御兵粮丈夫ニ被レ遣候上者、自賄ニ可レ被二申付一旨候、為二御目付一御使番衆所々ニ被レ置候間、若下々非分之族有レ之者、其主人可レ為二越度一旨御意候条、可レ被レ入二御念一候、恐々謹言、

（慶長五年）六月十五日　　長盛（花押）

正家（花押）

増右

長大

徳善
玄以（花押）

御宿所

金松又四郎（正吉）殿

ここで「三奉行」は、何事も家康の意向に従うようにとしており[47]、この時点で、なおも彼らが家康に付き従う意思を有していることが確認できる。これは七月に入った時点でも変わっていないが[48]、十三日になると「大坂雑説」の風聞が流れる[49]。十五日には、家康のあとを追い出陣した軍勢が近江から帰陣し、翌日には「雑説」は一段と増すことになる[50]。

三成の挙兵は同月十一日のこととされ[51]、翌十二日には増田長盛が家康へ三成と大谷吉継の挙兵を家康へ報じている[52]。三成挙兵直後において、「三奉行」は依然として家康に与しており、三成の挙兵を知った家康も「大坂之儀者手置等堅申付候、此方と一所ニ候段、三奉行より之書状、為㆓披見㆒進㆑之」というように[53]、「三奉行」の去就に安心しきっていたことが窺える。

「三奉行」が家康方から三成方へと転じた正確な日時は不明な点も多いが、十五日に軍勢が近江から引き返していることを考えると、これ以前であることは間違いないだろう。「五奉行」の座を追われた三成にそのような権限があるとは思われず、諸大名に帰還の指示を下せるのは「三奉行」しかあり得ないからである[54]。

七月十七日には宇喜多・毛利の「二大老」と「三奉行」による家康に対する宣戦布告とも言うべき弾劾状が発せられ、これにより家康は「賊軍」に転落することになる。秀頼を擁する三成方は、いわば「政府軍」であり、ここに三成が家康と対等に戦える下地が整ったと言える。「三奉行」が三成と同心していなければ、当然三成は大坂城＝秀頼を手中にすることはできず、家康らの反転攻勢を待つまでもなく「謀叛人」として大谷吉継とともに没落していた可能性もあり得よう。

この後、三成は八月一日までには「五奉行」に復帰し[55]、西軍首脳の一人として行動することになる。秀頼を擁し「公儀」の軍となったためであろうか、三成は今後の戦いに自信を示している。それをよく表しているのが八月十日付で真田昌幸・同信繁に送られた書状である[56]。そこには「今度関東へ罷立めん〳〵、尾三州之間ニ集居候て、懇望申族も候、又江戸にて人質をしめられ、致二迷惑一族も在レ之候、味方説ニ申候哉らん」とも記されていて、家康に味方した大名の中には西軍に寝返ろうとしている者もおり、切り崩し工作も可能との認識が示されている。もちろん、真田父子に対して不安感を抱かせないようにするための方便とも考えられるが、福島正則など、必ずしも家康に従順でなかった大名の存在も指摘されており[57]、家康方が一枚岩であったという保証はないため、事実であった可能性は否定できまい。

一方で三成の弱みは、情報伝達のルートが確保できず、そのため東国の情勢も把握できない点にあった。真田父子宛の書状にも「度々爰元之様子其地之儀申越候、未無二参着一候哉、只今の御書中、無二御心元一候事」とあるように、三成―真田間の情報のやり取りが十分にできていないことがわかる。またこの書状が『浅野家文書』に残されているということは、三成からの使者が捕えられて書状を奪われていたことを証明している。甲斐の国主である浅野氏が、隣国の信濃にまで連絡遮断のための網を張りめぐらせていたことは間違いあるまい。また東海道筋はすべて家康方の大名で固められ、越後の堀秀治も三成の予想に反して家康に付いたため、上方と東国との連絡は極めて困難な状況にあった。とりわけ家康の動向がまったくつかめないことは致命的であり、その来襲を予測しながらも時期が読めず、結果として兵力を分散させたままで関ヶ原での決戦に挑まざるを得なかったのである。

おわりに

秀頼をないがしろにして政権簒奪をたくらむ謀叛人家康を討つ、という大義名分を掲げる三成に対し、「賊軍」とされた家康もまた「君側の奸を除く」という名分を掲げる。その「君側の奸」の筆頭は三成であった[58]。関ヶ原合戦は、両者の大義の激突でもあったわけだが、東軍の勝利により結局は家康の大義が正当なものとされ、「賊軍」であった家康は元の「公儀」の主宰者へと返り咲くことになる。

兵力分散や主力である毛利家の意思統一の乱れなどにより、保持する戦力を十分に活かせぬまま敗北した西軍に対して、家康はその主力を敵の中核に直接ぶつけることにより、三成や宇喜多秀家らの軍を打ち破ることに成功した。この大勝により、家康の覇権が確定したことは疑いない。しかし、果たしてこれは家康がかねてより思い描いていた構想通りであったかと言えば、必ずしもそうとは限るまい。「三奉行」を取り込むことにより、秀頼を擁立して「政府軍」としての立場を手に入れた三成方の軍勢の規模は、おそらくは家康の想像を超えていたのではなかろうか。たしかに、政治的に失脚し、家督を譲って領国に閉居した三成に多くの大名が味方するというのは、常識的にはあり得そうにない。もちろん、これは秀頼擁立の効果ではあるけれど、なかでも上下関係を明確にしたはずの毛利家が再び三成に味方したことは、家康にとって大きな誤算であったろう。

よく、家康は三成の挙兵をあらかじめ予期しており、その上で上杉攻めに向かったと言われ[59]、三成と一大会戦を行うことによって一気に天下の趨勢を決するというのが、家康の計画であったとされている。たしかに、政治的に敗れた三成が起死回生をはかって軍事的手段に訴える可能性を、家康がまったく予測していなかったとする根拠はどこにもない。

ただし、「三奉行」を完全に従属させていると認識していた家康としては、彼らが三成に加担するとは思ってもいなかったのではあるまいか。実際、家康は三成の挙兵を「三奉行」から知らされているのである(60)。「三奉行」が味方して秀頼を擁立できない以上、三成の挙兵は局地的な謀叛に過ぎず、家康の大きな不安要素となることはない。したがって、家康は三成の挙兵を予期していたかもしれないが、さほどの規模になるとは想定していなかったと考えるのが妥当であろう。そのような家康にとって、関ヶ原での決戦は決して本意なものではなかったに違いない。そうだとすれば、家康はどのようにして政権を奪うつもりであったのだろうか。

そこで、家康が実権を掌握した慶長四年から翌五年にかけて、どのような行動をとったのか確認してみよう。

まずは、他の「大老」への弾圧が挙げられる。先述したように、前田利長に対し家康は秀頼への謀叛を口実に強硬な態度で臨み、人質を得ることに成功、これを屈服させた。容易に屈しようとしない上杉景勝に対しては、ついに討伐を決意して自ら総大将として会津へと向かう。これが関ヶ原合戦の引き金となったことは周知のことである。

つぎに、大名に対する家康単独による領地加増が挙げられよう。慶長五年二月、家康がそれまでの安堵の原則を破って、森忠政・細川忠興に新地を与えたことは、第三部第二章で述べた通りである。その土地は豊臣家の蔵入地から捻出されたため、加増＝豊臣家の収入減少という構図となっていた。また、彼らの忠誠心が豊臣家ではなく家康へと向けられたことは、二人がともに関ヶ原合戦において家康に味方している点から容易に察せられる。つまり領地加増とは、豊臣家の財政基盤に打撃を与えると同時に大名の忠誠心を得るという、家康にとって一挙両得の政略だったのである。しかも都合のよいことに、与える土地は豊臣家のものなのだから、家康の懐はまったく痛むことはない。

もちろん、このときの加増高は豊臣家直轄領全体からみれば一割にも満たないし、対象者もわずか二人にすぎない。

だが、これがその後も繰り返し行われたならばどうなるか。例えば、上杉景勝征討軍に参加した多くの大名に対し、勝利したならば当然恩賞を与えなければなるまい。そのとき、源泉となる土地が、没収されるであろう上杉領一二〇万石だけで済むという保証はどこにもない。上杉討伐は、秀頼に背いた上杉を討つという名目で行われた豊臣政権のいわば「公戦」であるから、功績のあった大名には豊臣家蔵入地からも新地を加増すべきという名分は十分に成り立つであろう。現実に、関ヶ原合戦後には西軍諸大名の領地は没収または大幅に削減されて、家康に味方した者に与えられたが、それだけでは足りずに豊臣家蔵入地も給付地の対象とされ、秀吉在世時に二〇〇万石以上あったとされるものが三分の一程度にまで減少している。ぎりぎりのところで回避された上杉討伐であったが、実際に起きていたならば、関ヶ原後と同じような形になったのではないか。

すなわち家康の狙いは、同格の存在である「五大老」に対して、秀頼への謀叛を口実に諸大名を動員、これを攻撃し滅亡もくしは屈服させて、恩賞に充てるという形で豊臣家の土地を奪って弱体化させ、そのまま大名たちを自分の家臣同然としてしまうことにあったと推測されるのである。この場合、関ヶ原合戦のような数的に対等な敵との大会戦を行うというリスクを冒す必要はない。「公儀」の名のもとに諸大名を大量動員することによって、圧倒的有利な状況で戦うことができるのである。敗北の危険性が全くないわけではないが、関ヶ原戦の危険度に比べればはるかに安全なのは言うまでもあるまい。

三成の挙兵に対し、宇喜多秀家や毛利輝元が応じたのも、前田利長・上杉景勝という「五大老」の同僚が次々と家康の標的とされている現実に直面し、つぎは自分の番ではないかという疑念があったからであろう。また家康に完全に押さえつけられていた「三奉行」がこれに加わったのも、自らが管理している豊臣家直轄領が減少していくことを目の当たりにしたことで、家康の野心に気づき、危機感を抱いていたからではなかろうか。

注

（1）笠谷和比古『関ヶ原合戦』（講談社、一九九四年）、同『関ヶ原合戦と近世の国制』（思文閣出版、二〇〇〇年）、光成準治「関ヶ原前夜における権力闘争」（『日本歴史』七〇七、二〇〇七年）、同『関ヶ原前夜―西軍大名たちの戦い―』（日本放送出版協会、二〇〇九年）、布谷陽子「関ヶ原合戦の再検討―慶長五年七月十七日前後―」（『史叢』七三、二〇〇五年）、同「関ヶ原合戦と二大老・四奉行」（『史叢』七七、二〇〇七年）、白峰旬「慶長五年七月～同年九月における石田・毛利連合政権の形成について」（『別府大学紀要』五二、二〇一一年）、山本浩樹「関ヶ原の戦いと中近世移行期の社会」（『国史学研究』三五、二〇一二年）、矢部健太郎『関ヶ原合戦と石田三成』（吉川弘文館、二〇一四年）、水野伍貴「秀吉死後の権力闘争と会津征討」（和泉清司編『近世・近代における地域社会の展開』岩田書院、二〇一〇年）、谷徹也「秀吉死後の豊臣政権」（『日本史研究』六一七、二〇一四年）など。

（2）慶長三年八月五日付徳川家康・前田利家宛「五奉行」連署起請文前書写、同日付「五奉行」宛徳川家康起請文前書写、同年八月八日付「五奉行」宛前田利家起請文前書写、同年八月十一日付「五大老」宛「五奉行」連署起請文前書写（いずれも「竹中氏雑留書」東京大学史料編纂所架蔵謄写本、『武家事紀』巻第三十一）など。

（3）『萩藩閥閲録』巻九九ノ二。

（4）（慶長三年）十月十六日付で、九鬼嘉隆・同守隆宛（「佐野義人氏所蔵文書」『新編一宮市史』資料編六　古代・中世史料集、一宮市、一九七〇年）、来島長親宛（「久留島家文書」『今治郷土史』資料編　古代・中世、今治市、一九八九年）、生駒一正宛（「生駒家宝簡集」『新編香川叢書』史料篇（二）、新編香川叢書刊行企画委員会、一九八一年）、脇坂安治宛（「大阪城天守閣所蔵文書」『特別展　五大老』大阪城天守閣、二〇〇三年）に「五大老」連署状が出されている。

（5）第三部補論「『毛利家文書』に残る二通の起請文前書案」。

（6）十月十四日に池田輝政、同月二十四日に京極高次、十一月二十三日に織田信包、同月二十五日に増田長盛、翌二十六日に長宗我部元親、十二月三日に新庄直頼、同月五日に島津義久、同月九日に細川幽斎を、同じく十七日には有馬則頼を訪ねていることが確認できる（いずれも『言経卿記』）。

（7）『義演准后日記』慶長四年正月二十九日条には「関東兵数多上洛」とある。

（8）『言経卿記』慶長四年正月二十四日条。また徳川軍到着後にも「伏見雑説無為云々」、「伏見雑説静謐」（『義演准后日記』慶長四年二月一日条、二日条）とある。

(9)「竹中氏雑留書」東京大学史料編纂所架蔵謄写本、『武家事紀』巻第三十一。
(10)笠谷和比古前掲注(1)書。
(11)光成準治前掲注(1)書。
(12)笠谷和比古前掲注(1)書。
(13)笠谷和比古は、そういった大名として加藤清正、浅野幸長、福島正則、黒田如水・長政父子、蜂須賀家政、細川忠興、池田輝政、森忠政、加藤嘉明、藤堂高虎、京極高次、大谷吉継の名を挙げている(注(1)前掲書)。仮に事実だとしても、上方に即座に派兵しうるのは、蜂須賀(阿波国徳島城主)、細川(丹後国田辺城主)、京極(近江国大津城主)程度であろう。
(14)『言経卿記』慶長四年正月十日条に「伏見ヨリ秀頼大坂へ御下向也云々、内府御供也云々」とある。
(15)『言経卿記』慶長四年正月十二日条には「伏見山口勘兵衛《直友》へ書状遣了、内府ハ大坂ヨリ御上リカト相尋了、今晩カ明日かトノ返状有レ之」とある。
(16)「七将」については、加藤清正・浅野幸長・蜂須賀家政・福島正則・藤堂高虎・黒田長政・細川忠興の七名とするのが通例で、笠谷・光成両氏もこれにしたがっている(ともに注(1)前掲書)。また両氏とも、加藤清正の名を真先に挙げており、これは清正が三成襲撃の主導的立場にあったとの認識を示唆するものと受け止められる。清正が秀吉子飼いの大名の中で中核的存在であり、また三成を激しく憎悪していたという考えは、広く一般にも浸透しているから、ある意味当然かもしれない。しかし、実際には官位面において「羽柴侍従」の地位を秀吉から与えられていたのは、このうち福島正則と細川忠興のみで、清正を含めた他の五人は非羽柴の諸大夫成大名に過ぎず、その差は歴然としていた。並び称されることが多い加藤清正と福島正則だが、大名としての格式において、秀吉は清正より正則の方を上位に置いたのである。また忠興は侍従を超えて参議に任じられているから、官位において「七将」中の最上位なのは確実である。さらに、第三部第二章で述べたように、のちに石田三成が騒動の中心人物として忠興を名指ししている点を併せて考慮すれば、三成追放において忠興が果たした役割はもっと評価されるべきであろう。
(17)かつては三成が逃げ込んだ先は伏見の家康邸とされていたが、現在、この通説は笠谷和比古の研究によって否定されている(『関ヶ原合戦と近世の国制』思文閣出版、二〇〇〇年)。
(18)毛利輝元自筆書状(「厚狭毛利家文書」『山口県史』史料編・中世3、山口県、二〇〇四年)。月日等は記されていないが、内容から考えて当該期のものとみなして間違いない。

(19) 父の秀政の可能性もあるが、天文九年（一五四〇）生まれで老齢の秀政より、永禄八年（一五六五）生まれの壮齢な吉政が務めていたと考えるのが自然であろう。
(20) 『大日本古文書　家わけ第二　浅野家文書』一〇七号（以下『浅野家文書』と略す）。
(21) 水野伍貴前掲注(1)論文。
(22) 早稲田大学図書館編『早稲田大学所蔵《荻野研究室収集》文書』下巻（吉川弘文館、一九八〇年）。
(23) 『言経卿記』慶長四年閏三月七日条。
(24) 國學院大學図書館所蔵（貴重書一七〇一「毛利輝元自筆書状集　第三巻」所収）。この「毛利輝元自筆書状集」は四巻二二点から成るが、いずれも粟屋氏宛であるので、同氏の家に伝来した文書群であることは間違いない。詳しくは拙稿「國學院大學図書館所蔵の毛利氏関係文書」（『國學院大學　校史・学術資産研究』五、二〇一三年）を参照されたい。
なお、この時期における毛利輝元の動向について、光成準治は「伏見城内の曲輪か伏見城下の上屋敷」に入ったと推測されているが、この史料から、輝元が入ったのは上屋敷であることは明らかである。
(25) 「厚狭毛利家文書」（『山口県史』史料編・中世3）。
(26) このあたりの情勢については、光成準治の研究に詳しい（注(1)前掲書）。
(27) 『浅野家文書』一一〇号。
(28) 『多聞院日記』慶長四年閏三月十四日条。
(29) 鈴木重朝宛宇喜多秀家・毛利輝元・前田玄以・石田三成・増田長盛・長束正家連署状（「雑賀家文書」『和歌山市史』第四巻　古代・中世史料、和歌山市、一九七七年）。ほぼ同文のものとして、同日付伊丹甚大夫宛連署状写も存在する（『黄薇古簡集』巻六、岡山県地方資史料叢書8、岡山県地方史研究連絡協議会、一九七一年）。
(30) 『大日本古文書　家わけ第八　毛利家文書』一〇七号（以下『毛利家文書』と略す）。
(31) 『毛利家文書』一〇六号。
(32) 第一部第二章「豊臣政権の支配秩序―清華成大名の政治的性格について―」。また「庄内の乱」に対する家康の関与については山本博文『幕藩制の成立と近世の国制』（校倉書房、一九九〇年）に詳しい。
(33) 三成が浅野長政を警戒していたことは第三部補論で先述した通りである。これは長政が家康と近い関係にあったがゆえであろう。

また、長政と家康がたびたび囲碁に興じていたことが『言経卿記』に散見される。

(34) 第三部第二章「知行充行状にみる豊臣『五大老』の性格」参照。

(35) 「五大老」に明確な序列あるいは席次といったものがあったとみなすべきかどうかは意見が分かれるところであろう。矢部健太郎が指摘するように、「清華」という家格からいえば彼らは一様に同列ということになる（『豊臣政権の支配秩序と朝廷』吉川弘文館、二〇一一年）。しかし、連署状の署名をみてみると、そのほとんどは輝元・景勝・秀家・利家・家康の順となっており、これは官位の上下または任官順である（家康が内大臣で最上位、利家の大納言がこれにつぎ、他の三人の中納言は、宇喜多・上杉・毛利の順で任官している）。利家が死去すると、秀吉の遺言に従い、代わって嫡男利長が「五大老」となるが、すると署名順は利長・輝元・景勝・宇喜多・家康へと変化している。このことから、一応の序列が存在したと考えてよいのではなかろうか。

(36) （慶長三年）八月十九日付の毛利家臣内藤隆春書状に、秀吉の言葉として「宇喜多娘之儀ハ御親類にて候間、一両年被㆓召寄置㆒候之条、松寿様《(毛利秀就)》へ被㆑進㆑之候、宇喜多事をハ輝元被㆑懸㆑目候へ、万一相違之事共候ハヽ、頸をねち切候へ」とある（『萩藩閥閲録』巻五ノ一）。

(37) 『義演准后日記』慶長四年九月晦日条に「小坂内府滞留」と記されている。

(38) 北政所の二ノ丸退去は『義演准后日記』慶長四年九月二十二日条に「北政所京御殿へ御移徙近日云々、小坂城ハ内府へ相渡歟」とあるように、かなり早い段階から噂されており、その四日後の二十六日には実現することになる。家康と北政所との間で、事前に入念な打ち合わせがあったことは想像に難くない。これ以前、家康は九月七日にも大坂へ赴いているから（『義演准后日記』）、あるいはこの折に談合がなされた可能性もあろう。

(39) 矢部健太郎前掲注(1)書。

(40) 藤井譲治編『織豊期主要人物居所集成』（思文閣出版、二〇一一年）。

(41) たとえば『寛政重修諸家譜』には「八月、東照宮のおほせによりて居城金沢にかへる」とある。発給文書を参考にすると、（慶長四年）八月二十日付島津忠恒（家久）宛「五大老」連署状（『大日本古文書　家わけ第十六　島津家文書』一〇九一号）に利長の名が記されているものの花押はないことから（上杉景勝も同様）、この時点ですでに帰途にあったと考えられる。

(42) 「大坂には前田家の家臣も大勢おり、彼らによって人質が奪還される危険性がある。江戸ならばその恐れはない」という理屈は無理があるものの、圧倒的な権勢を誇っていた当時の家康がこう主張すれば、抵抗できる者はいなかったかもしれない。

(43) もともと長政は前田利家とも親しかったから、前田家の勢力を削ぐための処置とも考えられるが、これは推測の域を出ない。山本博文は「東国『取次』の責任者として、甲斐にあって重要な位置を占めていた」長政を失脚させたことによって「豊臣政権独自の重要な機構を一時ストップさせることが可能になり、東国に対する家康の政治行動はより一層簡単になった」と述べ、豊臣政権にとって重要な大名統制機構である取次体制を麻痺させるためのものであったと指摘しているが（『幕藩制の成立と近世の国制』校倉書房、一九九〇年）、そういった側面はあったのかもしれない。

(44) 中村孝也『新訂徳川家康文書の研究』中巻（学術振興会、一九五八年）。さらに長政は、三男の長重を人質として江戸へ送っている（今井林太郎『石田三成』吉川弘文館、一九六一年）。

(45) 淀殿が家康の出兵を好ましく思っていなかったことは、浅野幸長が父長政に「秀頼様御袋様より、内府様《徳川家康》御下候儀御留有度と、御奉行衆為二御使一就下被二仰付一候上、内府様へ奉行衆被レ参候」と申し送っていることから明白である（年月日欠浅野長政宛幸長書状写「坂田家文書」『甲府市史』史料編・第二巻、甲府市、一九八七年）。また「五奉行」らがこの意を受けて、実際に家康を制止しようとしていたことも、慶長五年五月七日付家康充奏状から判明する（堀尾吉晴・生駒親正・中村一氏・前田玄以・増田長盛・長束正家連署状写『武家事紀』巻第三十一）。

(46) 『義演准后日記』慶長五年六月十六日条。

(47) 「兼松文書」（『新編一宮市史』資料編六　古代・中世史料集）。ほぼ同文のものとして、荻野孫五郎宛（「荻野文書」『兵庫県史』史料編・中世三、兵庫県、一九八八年）、伊丹甚大夫宛（『黄薇古簡集』巻六、岡山県地方資史料叢書8）がある。

(48) 「荻野文書」（『兵庫県史』史料編・中世三）に、以下の史料が存在する。

条々

一、会津へ出陣路次中、兵粮丈夫ニ被レ遣之上者、於二泊々陣屋一、ぬか・わら・雑事・薪以下、有様之代を遣レ之、可レ為二自賄一事、

一、乱妨狼籍停止事、

一、地下人商売物、をし売・押買於レ有レ之者、其主人可レ為二越度一事、

右条々、堅被二仰出一訖、若於二違犯之族一者、可レ被レ処二罪科一之状如レ件、

慶長五

七月　日　　長束大蔵（花押）

増田右衛門尉（花押）
徳善院（花押）

（49）『義演准后日記』慶長五年七月十三日条。

（50）『義演准后日記』慶長五年七月十五日条には「最前出陣衆江州ヨリ帰陣、仍雑説」と、同十六日条には「雑説以外也」とある。

（51）今井林太郎前掲注（44）書。

（52）同日付永井直勝宛増田長盛書状写（「板坂卜斎覚書」）。

（53）（慶長五年）七月二十三日付最上義光宛家康書状写（「歴代古案」四四三、『史料纂集』）。

（54）「松井家譜」に、七月十二日付で「三奉行」が毛利輝元に対して「大坂御仕置」のための上坂をうながしている書状の写が記されている（藤井治左衛門編『関ヶ原合戦史料集』新人物往来社、一九七九年）。これに従えば、増田長盛が家康に三成挙兵を知らせたまさにその日に「三奉行」が家康から離反していたことになろう。ただし、その根拠となる「松井家譜」が後世の作であるのに加え、輝元宛の書状がなぜ細川家臣の松井家に写として残されたのか疑問も残るため、この点については後考としたい。

（55）「廓坊篤氏所蔵文書」（前掲注（4）『特別展　五大老』所収）に、次のような文書が残されていることから判明する。

其方之儀、勢州城々へ為二加勢一被レ遣候間、明日明後日有二御用意一、来五日ニ可レ有二御越一候、人数有次第可レ被二召連一候、所之儀者追而可レ申候、恐々謹言、

（慶長五年）八月朔日

長束大蔵
正家（花押）
増田右衛門尉
長盛（花押）
石田治部少輔
三成（花押）
徳善院
玄以（黒印）
輝元（花押）

秀家（花押）

蒔田権佐（広定）殿

(56)『浅野家文書』一一三号。内容は多岐にわたるが、そこには、
①越後の堀秀治が何事も秀頼様次第と言ってきていること。
②前田利長は人質を家康に差し出しているため味方になる気配はないため、堀秀治に越中へ乱入するように伝えたこと。
③信濃深志城主の石川康長は妻子などが大坂にいるため、おそらく心配には及ばないが、もし敵方に付くようなら真田が軍事行動に出るべきこと。
④同じく信濃の森忠政は、家康から領地を加増されているので味方になる可能性はないため、これも真田が早々に討伐すべきこと。
⑤信濃はもちろん甲斐についても真田の仕置きに任せること。
⑥家康が必ずや上洛してくるという者もいるが、それこそが自分の念願であること。
というような内容が記されている。

(57)山本浩樹前掲注(1)論文。また関ヶ原における主力決戦には参加していないものの、慶長四年九月の段階で、家康が加藤清正を警戒していたことを示す史料も存在する（山本博文前掲注(43)書）。

(58)このことは「就㆓今度佐和山江相働㆒」（慶長五年七月二十六日付田中吉政宛家康朱印状写「古文書纂」『徳川家康文書の研究』中巻）、「廿四日、佐和山へ押詰由、申来候、定而程有間敷候事」（〈慶長五年〉八月二十九日付堀秀治宛家康書状「前田家所蔵文書」『岐阜県史』史料編　古代・中世四、岐阜県、一九七四年）、「沢山表へ東国衆出張、所々放火ノ由候」（『時慶記』慶長五年九月一日条）というように、東軍が三成の居城の佐和山城を攻撃目標に定めていることからも窺える。

(59)家康の東征以前における三成の不審な挙動は、史料からも確認できる。上杉家臣の来次氏秀が上方の情勢を知らせるために（慶長五年）六月十日付で国元へ宛てた書状に「石治少（石田三成）へ佐和山を御借被㆑成候へ共、一切手切之由候、就㆑之、佐和山普請已下諸構ニて被㆓引籠㆒候由候」とあるのがそれである（「杉山悦郎氏所蔵文書」『愛知県史』資料編13・織豊3、愛知県、二〇一一年）。事実だとすれば、この時点で三成が戦いの準備をしていたことになり、同月十六日に大坂を発した家康も当然そのことを知った上で東国へ向かったことになるが、果たしてそのようなことがあり得るのか、疑問も生じる。一読してわかる通り、来次氏秀は佐和山の

状況を実際に見聞しておらず、世上の風聞をそのまま記しており、これをそのまま信じるのは危険であろう。

(60) 前掲注(53)参照。

第二章 「豊臣体制」の解体過程

はじめに

本章の目的は、秀吉によって形成された、「豊臣体制」とも言うべき政治体制が、関ヶ原合戦以降実権を握った徳川家康によって、どのように解体されていったのかを明らかにすることである。元来、秀吉が全国統一までの過程で行った軍事行動は、基本的に麾下の大名を動員するものであって、直属の兵力にその中心的役割を担わせるものではなかったため、豊臣氏自体が保有する軍事力はさほど強大なものではなかった。慶長五年（一六〇〇）関ヶ原合戦時を例にとると、大坂城の守備として動員された秀頼直属の軍勢は「御小姓衆」が七五〇〇人、「御馬廻」が八三〇〇人、「御弓鉄砲衆」が五九〇〇人、「前備後備」六七〇〇人で、合計二万八四〇〇人にすぎない(1)。これは、徳川氏が動員した六万余人(2)はおろか、毛利氏の四万一五〇〇人にもはるかに及ばないものであった(3)。

このように、自らが圧倒的な軍事力を保有しない以上、秀吉期に形成された政権の枠組みや、諸大名に対して保持してきた様々な支配力が減退すれば、豊臣氏が急速にその勢威を衰微させていくのは自明であったと言える。家康が目指したのは、まさにこの点にあったと考えてよいだろう。

秀吉の死によって成立した「五大老」・「五奉行」による合議体制は、関ヶ原合戦によって完全に崩壊する。しかし、秀吉権力の残照を完全に排除するためには、なおも課題は山積していた。いまだ家康は秀頼の補佐役にすぎず、主従関係はなおも継続しており、また秀頼の蔵入地は大幅に減少したものの、[4] 秀吉恩顧の旧豊臣大名は、むしろ関ヶ原合戦の戦功により大幅に加増された者も多く、その勢力を進展させていた。そして、秀頼への忠誠をなお捨てずにいたのである。

もちろん、徳川家も同様に、もしくはそれ以上に力を伸ばしており、家康の実子や、豊臣政権下でいえば陪臣でしかなかった自家の直臣を大量に大名化し、その勢力を関東以外にも扶植していた。さらに慶長八年家康将軍任官によって、豊臣政権の枠外に新たな権力体系を樹立し、これによって秀頼との主従関係を解消した。そのことは、将軍任官以前において行っていた秀頼への年頭参賀を、任官後はとりやめたことから察せられる。しかしながら、秀吉時代に成立した大名に対する支配権はなおも現存しており、秀吉が自己の権力を維持するために行使した様々な権限や、政権の正当性を主張するために粉飾した様々な権威は、秀吉在世時には及ぶべくもないものの、なおも旧豊臣大名に影響を及ぼしていたのである。

かつて秀吉は、そのような権限や権威によって、全国の大名を豊臣権力の下に編成し、政治的秩序を形成した。これこそが「豊臣体制」と言うべきものであり、家康が自己の政権を安定化させるために、解体しなければならないものであった。

一 「豊臣体制」の定義

豊臣政権研究において、これまで「豊臣体制」という用語は多く用いられてきた。[5] だが、いまだに明確な定義づけはなされていないように思われる。すでに一応の概要は示したが、不十分であろう。そこで、まずこの点に関する私見を提示しておきたい。

秀吉は、天皇を推戴する「関白政権」として、「叡慮」による惣無事を推進し[6]、全国統一を完成させる。その過程において、各大名は圧倒的武力を有する秀吉に臣従、新たに豊臣大名としての道を歩むことになった。

豊臣大名化の端緒は、上洛である。例えば天正十四年（一五八六）には徳川家康が、同十六年には毛利・小早川・吉川・島津・龍造寺ら西国の諸大名がこぞって上洛している。また、結局は実現しなかったものの、東国の北条氏の場合は、秀吉は天正十六年六月に隠居の氏政か当主の氏直のどちらかの上洛を求め、北条氏側では隠居氏政の上洛を決定しその旨を秀吉へ返答している[7]。さらに伊達政宗に対しても「貴殿之儀、其許御隙もあき候ハヽ、不〻斗御上洛奉〻待候[8]」、「政宗御出仕之事、来春者御急候て可〻然存候[9]」などと、再三にわたる上洛要請がなされていた。

上洛した者は秀吉へ拝謁することになる。そして、この拝謁こそが、秀吉への臣従を表すものであった[10]。またこの拝謁時、彼らは秀吉から豊臣姓を与えられ、ついで参内し、官位に叙任される[11]。その際、有力大名――より厳密に言うと、秀吉により「有力」と認められた大名――は、公家成すなわち侍従任官を果たし、「公家成大名は羽柴名字を与えられる」との原則[12]にしたがって羽柴名字を授与され、秀吉の「御一家」と位置づけられた。

臣従が確定すると、大名の領国の確定すなわち国分が実施される[13]。ついで石高制による領国内の検地が行われることになるが、その過程で秀吉は、各大名が以前より領有していた地域を、新たに自身が与えるという形で領有を認めていく。そして、それによって確定した石高に基づいて、軍役など諸役が賦課されることになるが、その際、場合によっては大名領国内に豊臣蔵入地が設置された[14]。

要するに、豊臣大名化は①臣従の意思表明、②上洛・拝謁による臣従の確定、③豊臣改姓・参内・叙任、④羽柴名字授与（有力大名のみ）、⑤国境確定（国分）、⑥領国内検地・石高制施行・豊臣蔵入地設置、⑦諸役賦課という手順で進められたのである。そして、この中で秀吉は、大名に対する様々な権限を掌握、行使していく。すなわち③における官位推挙権、⑤・⑥における知行充行権、⑦における諸役賦課権がそれである。

さらに、③・④においては氏姓授与による擬制的一族体制を構築し、豊臣氏長者と羽柴宗家としての地位、すなわち氏族的権威・家父長的権威の両面から君臨し、同時に関白としての国制的権威をも保持していたことはこれまで述べてきた通りである。また、⑥においては自己の蔵入地を全国的に設置することによって財源を確保[15]、さらに各大名領の重要地点を蔵入地化することによって、中央権力の大名に対する監視体制を強化した。

整理すれば、官位推挙権（国制的支配権）・知行充行権（主従制的支配権）・諸役賦課権の三つの権限および国制的権威（関白）・氏族的権威（豊臣氏長者）・家父長的権威（羽柴家宗家）の三つの権威によって、豊臣氏は諸大名に対して圧倒的優位を維持していたと言える。さらに全国に設置された蔵入地による経済的優位を加えたものが、豊臣氏の優位性を保つ「豊臣体制」の実体であり、家康が打倒の対象としたものであった。

二　徳川権力の形成と官途推挙

1　「武家関白」の終焉

家康による「豊臣体制」解体は、まず関白職と豊臣家とを分断させることからはじめられる。これは、豊臣家と国制的権威とを乖離させることを意味するが、『舜旧記』慶長五年（一六〇〇）十二月二十一日条に「去廿日、関白宣下有、九条殿（兼孝）当職云々、武家ヨリ摂家へ被返之始也、内府家康公申沙汰也」とあるように、家康の意向によって、関ヶ原合戦からわずか三ヶ月後に公家に関白職を「返す」形で達成された。これによって、秀吉・秀次と受け継がれた関白職は豊臣家と分離されることになり、結局この後、武家に関白職が復することはなかった。ただしこれは、笠谷和比古も言うように、秀頼の関白就任の途が完全に絶たれたことを意味するものとまでは評価できず(16)、将来成人した秀頼が関白となる可能性はなおも残されてはいた。だが、家康の手によって関白職が摂関家に還った事実は重要であり、家康が豊臣家と関白職とを分断させようとしたことは明らかである。

秀吉が関白職を豊臣家において独占しようとしていたのは、文禄四年（一五九五）七月秀次死去後、公家関白を置かなかったことからも窺われる。秀頼が成人であればすぐにでも任官させたであろうが、幼少の身ではそれが叶わなかった。関白は天皇の補佐役であり、その補佐すべき立場の関白が幼少というわけにいかなかったからである。そして、実はこれこそが関白職を権力の正当性を主張するものとして選択した豊臣政権の最大の弱点であったと言える。もし秀吉が関白でなく、将軍となっていればどうであったか。鎌倉・室町・江戸幕府の例をみればわかるように、将軍職は幼少でも任官できたから、秀頼は早々に将軍となり、秀吉は大御所としてこれを後見したであろう。しかし関白は、成人しているという条件を満たしていなければならなかったため、そこに時間的空白ができてしまったのである。将軍職に比べて関白職は、自身の子孫に円滑に継承させていくことが難しい官職であったと言える。それは圧倒的実力をもっていた秀吉の在世時には表面化こそしなかったが、豊臣政権が関白政権であることを選択した当初から内在していた問題であった。

2　豊臣「氏爵」体制の展開

豊臣家と関白職をとりあえず引き離すことに成功した家康は、つぎに大名に対する官位推挙権を掌握する。関ヶ原合戦での勝利により、完全に他大名を圧倒した家康にとって、この権限を得ることは容易であった。

ところで、豊臣期において、叙任する武家の姓はすべて豊臣姓によって行われるようになったことはたびたび触れてきたところである。彼らは豊臣氏長者である秀吉からその姓を授与され、同時に官位に推挙された。氏長者による同氏に対する官位推挙、すなわち「氏爵」である。

「氏爵」が足利将軍や戦国期公家社会においても行われていたことは第一部第一章において述べた通りであるが、例えば永禄九年（一五六六）、家康の藤原姓による三河守任官についても、近衛前久の推挙によったためと捉えられる[17]。家康はこれ以前には源姓を称していたが、藤氏長者である近衛氏の「氏爵」によって叙任したため、藤原姓を称さなければならなかったのである。このように、公家社会における伝統的な「氏爵」制度は一部においてではあるが存続していた。秀吉はこれに着目し、わずかに行われていた「氏爵」を大規模化して行い、自身の権威増大のために利用していったのである。

「氏爵」によって、官位を有する武家はすべて豊臣姓となった。これは、天皇の下に編成される身分秩序において、新姓豊臣を称する武家集団が大量に誕生したことを意味し、これによって豊臣氏長者秀吉の権威を高めようとするものであった。秀吉によって推進されたこの政策は、関白秀次期においても、当初は何ら変わりなく機能していた。秀次は関白任官と同時に豊臣氏長者となっており、武家の叙任も秀次の推挙によってなされていたのである。

一、大閤様為二御諚一、民部卿法印（前田玄以）拙者方（駒井重勝）迄書付被二申上一、

加賀宰相（前田利家）　中納言

能登侍従（前田利政）　四位

佐竹侍従（佐竹義宣）　四位

安房侍従（里見義康）　四位
村井吉兵衛　諸大夫
真田安房守（昌幸）　諸大夫

右之官位ニ被二仰付一度と　大閤様被二思召一候、関白様江申上、於二御同心一者経二叡慮一候へと被二仰出一候、

已上、

四月七日（文禄三年）　民部卿法印判

駒井中務殿

ここで秀吉は秀次に、前田利家以下の官位叙任を朝廷へ推挙するように要請している[18]。天正十九年（一五九〇）十二月、秀吉は関白職とともに豊臣氏長者の地位を秀次へ譲り渡していた[19]。よって、ここで秀次は、豊臣氏長者であるがゆえに秀吉から官位推挙を行うように命じられたものと捉えることができよう。氏長者の地位の移譲とともに、官位推挙権も秀次に移行したとみてよく、それが文禄三年の時点までは正常に機能していたことが確認できる。

だが、秀吉と秀次の関係悪化が顕著になった文禄四年には「こは（小早川隆景）いかわしゝう（侍従）、さい将になしくだされ候へのよし、大かうより御申、三てんそひろう[20]」、「大かうよりしよ大夫申さるゝ、ちよつきよあり[21]」などというように、再び秀吉による推挙が行われている。これは、氏長者による推挙を原則としていたそれまでの官位叙任の形態とは異なるものと言える。秀吉は元の氏長者であり、その意味では現氏長者による推挙に準じた形態であったとみなしてもよいかもしれないが、やはり本来あるべき姿とは、幾分形を変えてしまった観は否めない。

そして慶長三年八月秀吉が死去すると「しますこ子又八郎（忠恒）しようてん（昇殿）なされ候やうにと、ひてより御申あり」というように[22]、島津忠恒の昇殿すなわち公家成は秀頼によって上奏されている。官位推挙は秀頼によって行われたのである。

ただし、氏長者には氏人中最も官位の高い者がなるとの原則からすれば、中納言にすぎなかった秀頼が、豊臣氏長者の地位についたかどうかは疑問がある。当時は内大臣の家康がいたし、先任の中納言にも宇喜多秀家ら多くの者が存在した。豊臣政権が存続していれば、やがては秀頼が豊臣氏長者の地位につくことは規定路線であったろうが、関ヶ原合戦など揺れ動く政局の中で、結局は氏長者とはならなかった可能性が高いのではないか。つまり、完全な形での「氏爵」は、文禄年間秀次によるものが最後であったと思われる。(23)(24)

しかも、秀頼による推挙とはいっても、それは名目上のことであろう。幼少の身では秀頼自らが主導的に行ったとするのは無理があり、やはり実質的には「五大老」・「五奉行」の合議によってなされていたと考えるのが自然である。慶長三年八月の秀吉死去から同五年九月の関ヶ原合戦までの間、豊臣姓による武家の叙任は一〇例ほどあるが、これ以外に唯一非豊臣姓であったのが五年正月に行われた源姓津軽為信の叙任である。これはちょうど家康が専横を強めていた時期に該当する。しかも津軽は天正二十年正月にすでに諸大夫成をしていて、これが二度目の叙任であった。はじめの叙任は、他の事例がすべてそうであるように、豊臣姓によってなされたことは確実である。すなわち津軽ははじめに豊臣姓、のちに源姓によって叙任したということになる。再度同じ官位に叙任されるというのは珍しいことであるが、皆無ではない。その先例としては、例えば福島正則がいることは第一部第一章で述べたが、福島ははじめに平姓、のちに豊臣姓であった。これは、福島が公家成し羽柴名字を授与される前提としてまず豊臣姓によって叙任する必要があったためになされた処置であったと推定されるが、津軽の場合はそれでは説明がつかない。あえて非豊臣姓によって同官位に叙任されたのは、やはりこの推挙を実質的に行った家康の意図によるものと考えるべきであろう。(25)(26)(27)

また、旧主家である南部氏との確執をかかえる津軽としても、実力者家康との接近は、独立大名としての地位保全を確実なものとするためにも有益だったはずである。「氏爵」体制の解体を狙う家康にとっては極めて都合のよい大名であったと言える。

ただし、他の「大老」が再び上坂すると、豊臣姓による叙任は復活する。家康はなおも「五大老」合議体制の制約を受けていた。だが、関ヶ原の大勝はそれを完全に除去することになり、官位推挙権を掌握した家康は、自己の家臣を非豊臣姓によって叙任させ、豊臣「氏爵」体制の無実化を図っていくことになる。

もっとも、旧豊臣大名の叙任はその後も豊臣姓によって行われる。すなわち慶長七年には福島正則、八年には浅野幸長・蜂須賀豊雄・生駒一正・山内一豊・加藤清正、九年には堀尾吉晴、十年には池田照直が豊臣姓によって叙任しており[28]、さらに慶長六年徳川秀忠の大納言任官も豊臣姓であった[29]。家康推挙が確実な秀忠の叙任も豊臣姓により行われていたのである。秀忠はこれ以前すでに豊臣によって叙任しており、また徳川将軍もいまだ創出されていなかったために、前例を踏襲したのであろう。徳川氏が明確に豊臣姓から自己を切り離すのは、家康将軍任官の後であった。

一方、非豊臣姓による叙任も前田利光・細川忠利・山内康豊（慶長十年）、山内忠義（慶長十五年）などがある。ところで、秀頼直臣の叙任は秀頼の推挙によるものとされており[30]、もしこれら旧豊臣大名の叙任さえも秀頼の推挙によるものだとしたら、笠谷和比古の「二重公儀体制」論を補強することになろう。だが、秀忠の豊臣姓による叙任がある以上、そのように考えることは困難であろう。徳川将軍創出後においても、家康推挙による旧豊臣大名の叙任は豊臣姓の場合もあったのである。旧豊臣大名の豊臣姓による叙任は、秀忠と同様に先例を踏襲したにすぎないのであって、豊臣氏による「氏爵」体制は豊臣家臣のみに限定されていたと考えるのが妥当であろう。

三　豊臣武家官位制の改変

それでは、豊臣期に形成された武家官位制は、家康によってどのように改変されていくのであろうか。まず、つぎの史料(31)をみてみよう。

十八日、はるゝ、ゑとの中納言（徳川秀忠）・しもつけ（松平忠吉）、さんたい申さるゝ、せいりやうてんにて御対面あり、御たちおりかみまいる、は代しろかね百枚、しもつけくけなりの御れいしろかね卅まい、とくせんゐん（前田玄以）御れい申、御なか卅はしん上す、御さか月一こんまいりていたゝかるゝ、たいの物一ついつる、御はいせん三てうにし、御てなかとうの弁なり、しゆこう、女御・女中しゆうへ中納言より御みやあり、中納言のしよ大夫十三人、しもつけしよ大夫九人あり、

慶長五年（一六〇〇）十一月十八日、徳川秀忠と家康第四子の松平忠吉が参内し、後陽成天皇と体面している。忠吉はここで公家成しているが、秀忠の直臣が一三人とともに、忠吉の直臣も九人が諸大夫成していることがわかる。秀吉在世時においては、自前の諸大夫は秀吉か清華成大名しかもてなかった(32)。いかに清華成大名の徳川氏の実子とはいえ庶子にすぎず、またはじめて公家成した忠吉が、しかも九人という大量の諸大夫をもつということは、それまでの前例からは考えられないことであった。これは、徳川氏の権威を上昇させようとの意図から行われたものであろう。

一方、大名の叙任に関しては、諸大夫成大名の四位（四品）昇進がはじめられている。すなわち慶長八年三月家康将軍任官後に、加藤清正・浅野幸長・蜂須賀豊雄・生駒一正・山内一豊といった、従五位下諸大夫成大名の位階が従四位下に昇進しているのである。第一部第一章で述べたように、豊臣期においては諸大夫成大名の位階は五位に限定

されていて、四位に昇進した者は皆無であり、昇進できたのは皆侍従、つまり公家成した大名のみであった。これは、公家成大名と諸大夫成大名との身分的格差を設けようとの意図から行われたものであった。すなわち公家成大名は秀吉から羽柴名字を与えられ、その擬制的一族とされていたが、諸大夫成大名はそのような待遇は与えられず、秀吉の郎党的存在として位置づけられていたのである。公家成大名は五位で叙任して、すぐに四位へ昇進させられた者も多かったが、中には五位に据え置かれる者も存在しており、もし諸大夫成大名を四位にしてしまえば、一族と遇された公家成大名を郎党的存在である諸大夫成大名が位階において凌駕してしまう。これを避けるために、諸大夫成大名の位階はすべて五位とされていた。

では、四位諸大夫が「復活」したのは、どのような理由によるものかといえば、新たな羽柴名字呼称大名の誕生を阻止しようとの家康の思惑によるものであったと推測される。豊臣期においては、公家成大名には羽柴名字が授与されたことはすでに黒田基樹によって指摘されており、本書でも繰り返し述べてきたところである。東軍参加の旧豊臣大名は、戦功により大幅な加増を受け、国持大名となった者も少なくなかった。そのため彼らは、大名領主としての「格」が上昇したのに比例し官位が昇進したとしても当然であった。だが、豊臣期の官位制でいうと、五位諸大夫の上は五位侍従であり、もし彼らを侍従に昇進させてしまうと、先例からいえば羽柴名字の呼称を許されることになってしまう。新たな羽柴名字呼称大名の誕生は、秀頼の羽柴宗家としての権威を高めることになりかねず、家康としては忌避すべき事態であったろう。そこで、侍従にはさせられないが、官位昇進という恩義を施す意味で、豊臣期には存在しなかった四位諸大夫成大名を成立させたと考えられる。つまり家康は、羽柴名字を称することができる公家成大名をこれ以上増やさないことを方針としていたのである。

そして、その一方で、旧豊臣大名の中には自らかつて秀吉から与えられた羽柴名字を称さなくなる者も現れたことは、黒田基樹の指摘している通りであり(33)、中には伊達政宗、島津家久など、羽柴名字を捨て新たに家康から松平名字を与えられ、これを称する大名すら出現した。

つまり家康は、新たな羽柴名字呼称大名の増加する可能性を完全になくしたのである。これは、秀頼の羽柴宗家としての家父長的権威の低下を狙ったものであり、名字の同一を介した擬制的一族体制の解体をも企図したものと言えるだろう。このことは、その滅亡後には浅野・黒田など新たな公家成大名が登場したことからも窺われる。

おわりに

家康は、まず公家関白の復活によって、関白職が豊臣氏により世襲されないことを示した。また、大名に対する官位推挙権を独占した。これにより、豊臣氏の国制的権威および支配権を否定したのである。

また、豊臣「氏爵」体制の解体を進め、自らは将軍任官時に源姓に復し、直臣の叙任はすべて非豊臣姓によって行い、旧豊臣大名についてもこれを漸進させていった。秀頼の推挙権は自己の直臣にのみに限定され、「氏爵」もこれに限られた。豊臣氏が保持していた氏族的権威は著しく減退させられたと言えよう。

さらに、官位制度の改変により、新たな公家成大名の誕生は抑制された。すなわちかつての諸大夫成大名が関ヶ原の戦功により加増され、国持大名となっても侍従にはされず、位階のみ四位に昇進したのであった。これにより、羽柴名字を称する大名は増加せず、逆に自らこれを称することをやめる大名も現れた。秀頼の羽柴宗家としての家父長的権威は大きく抑制されることになったと言えるだろう。その一方で家康は松平名字を与えることによって、自身を家父長に据えた新たな権威を装飾していくことになるのである。

そして家康は、豊臣氏の大名に対する知行充行権すなわち主従制的支配権についても抑止しようとした。注目されるのは、関ヶ原合戦の論功行賞において、知行充行状が発給されなかったことである。このことについて笠谷和比古は、加増する主体を曖昧にしようとしたものと推定している。知行充行状は、秀吉在世時には秀吉が、「五大老」・「五奉行」体制時には五大老が発給していたが、この五大老の充行状は「奉書」的なもので、与える主体は秀頼であったことは第三部第二章で論じた通りである。家康が充行状を発給しなかったのは、「五大老」期の踏襲を避けたものであり、形式的にせよ秀頼から知行を与えるという体裁をとりたくなかったのであろう。

また、諸役賦課権についても、秀頼の権利は完全に否定された。家康は城普請などに旧豊臣大名を動員することにより、むしろ自身の権利を強く主張したのである。

以上、豊臣氏が保持していた国制的支配権・主従制的支配権・諸役賦課権は否定され、また、国制的権威・氏族的権威・家父長的権威についても大きく減退した。「豊臣体制」は解体されたと言ってよいだろう。だが、支配権は消失したが、わずかな権威のみは保っていたことで、秀頼の存在は家康にとって邪魔なものとならざるを得なかった。豊臣姓や羽柴名字を称する大名は減少したといってもなおも存在していたし、官位推挙権にしても、秀頼は直臣に対しては保持していたからである。このことが、家康をして秀頼攻撃を決断させることになったと言えるだろう。

注

（1）『真田家文書』上巻（長野市、一九八一年）。これは、関ヶ原合戦における西軍の軍事動員の全容を記したもので、同家文書に収録されている（慶長五年）八月五日付真田昌幸等宛石田三成書状に「備之人数書、為₂御披見₁進₂之候」とあるものに該当する。

（2）笠谷和比古『関ヶ原合戦』（講談社、一九九四年）。

（3）『真田家文書』上巻。

（4）関ヶ原以降の豊臣家蔵入地については、かつては摂津・河内・和泉の三ヶ国六十余万石というのが通説であった。だが近年、その三ヶ国以外における秀頼蔵入地の存在を示す事例が多数確認されている。
（5）藤井讓治「豊臣体制と秋田氏の領国支配―幕藩権力成立の前提―」（『日本史研究』一二〇、一九七一年）、曽根勇二「『豊臣体制』の解体をめぐって―片桐且元を中心に―」（『地方史研究』一八一、一九八三年）。
（6）藤木久志『豊臣平和令と戦国社会』（東京大学出版会、一九八五年）。
（7）（天正十六年）六月五日付妙音院・一鷗軒宛北条氏直書状（「古簡雑纂」中村孝也『新訂徳川家康文書の研究』上巻、日本学術振興会、一九五八年）。
（8）（天正十六年）九月十三日付伊達政宗宛施薬院全宗書状（『大日本古文書　家わけ第三　伊達家文書』三八七号〈以下『伊達文書』と略す〉）。
（9）（天正十六年）十月五日付片倉景綱宛富田一白書状（『伊達家文書』三八八号）。
（10）秀吉への臣従が「見参」を契機としていたことは、平野明夫も述べている通りである（「豊臣政権下の徳川氏」『地方史研究』三〇五、二〇〇三年）。
（11）もっとも、すべての大名が叙爵されたわけではない。例えば真田昌幸の従五位下安房守叙任は文禄三年（一五九四）四月のことだが（『駒井日記』文禄三年四月七日条）、『寛政重修諸家譜』などによれば、昌幸は天正十五年三月（一五八七）には上坂し、秀吉に拝謁したとされていて、これをもって昌幸の臣従とするのが一般的な解釈である。とすれば、昌幸は豊臣大名となってから少なくとも七年もの間、官位を与えられなかったことになる。なお、藤田達生は書札礼の検討から、昌幸が天正十三年には豊臣大名化していたとする（『日本近世国家成立史の研究』校倉書房、二〇〇一年）。
（12）第一部第一章参照。
（13）国分については、藤木久志前掲注（6）書、藤田達生前掲注（11）書に詳しい。
（14）長谷川成一「陸奥国における太閤蔵入地試論―津軽地方を中心に―」（弘前大学人文学部『文経論叢』一八―三、一九八三年）。
（15）朝尾直弘「豊臣政権論」（岩波講座『日本歴史』9・近世1、一九六三年）、山口啓二「豊臣政権の構造」（『歴史学研究』二九二、一九六四年）。
（16）笠谷和比古『関ヶ原合戦と近世の国制』（思文閣出版、二〇〇〇年）。
（17）その可能性については笠谷和比古も指摘しているが（前掲注（16）書）、「氏爵」という概念は示していない。

(18)『駒井日記』文禄三年四月七日条。なお、この史料について難波正治は「『太閤・関白体制』の特質」（『海南史学』三四、一九九六年）の中で、秀次に与えられていたのは「限られた階層」＝武家公卿に対する関白としての伝統的な職権であったとの見解を述べている。つまり、関白秀次の官位推挙権は武家公卿に限って及んでいたとの認識であるが、諸大夫成の真田昌幸などについても推挙していることからすると、明確な誤りと言わざるを得ない。
(19) 後陽成天皇宣旨（「足守木下家文書」山陽新聞社編『ねねと木下家文書』山陽新聞社、一九八二年）。
(20)『御湯殿の上の日記』文禄四年正月二十二日条。
(21)『御湯殿の上の日記』文禄四年二月十四日条。
(22)『御湯殿の上の日記』慶長四年閏三月二十六日条。
(23) 竪月基「鎌倉・南北朝期の源氏長者」（『日本歴史』六一〇、一九九九年）。
(24) 家康の豊臣授姓の可能性については第一部第二章で指摘した通りである。
(25) 下村效「天正　文禄　慶長年間の公家成一覧」（『栃木史学』七、一九九三年）。
(26) 第一部第一章、第三部第二章参照。
(27)「光豊公記」（東京大学史料編纂所架蔵影写本）天正二十年正月二十四日条に「津かる諸大夫也、申次中山殿・光豊也」とある。
(28) 下村效前掲注(25)論文。
(29) 米田雄介「徳川家康・秀忠の叙位任官文書について」（『栃木史学』八、一九九四年）。
(30) 朝尾直弘「幕藩制と天皇」（『大系日本国家史　3』近世、東京大学出版会、一九七五年）、下村效「豊臣氏官位制度の成立と発展—公家成・諸大夫成・豊臣授姓—」（『日本史研究』三七七、一九九四年）。
(31)『御湯殿の上の日記』慶長五年十一月十八日条。
(32) 矢部健太郎『豊臣政権の支配秩序と朝廷』（吉川弘文館、二〇一一年）。
(33) 黒田基樹「慶長期大名の氏姓と官位」（『日本史研究』四一四、一九九七年）。

補論　豊国社臨時祭にみる徳川・豊臣の関係

はじめに

ここでの課題は、慶長九年（一六〇四）八月十四・十五両日に行われた豊国社臨時祭に関して、臨時祭の準備段階や当日の状況を明らかにし、そこから当時の徳川・豊臣両家の力関係の一端を読み解くことにある。

豊国社に関しては、その成立過程や意義について考察した論考がいくつかみられるが[1]、臨時祭について具体的に論究したものは少なく、わずかに宮島新一の「豊国臨時祭礼図について―妙法院写本を中心に―」が管見に触れる[2]。論題からわかるように、宮島の視点は『豊国祭礼図屏風』すなわち絵画史料の方へ多く向けられてはいるが、氏が論中で述べておられるように、その姿勢は「文献と絵画を比較」するというものであり、これは非常に重要と考える。ただし、本論ではまず、文献史料に記されている臨時祭の様子について明らかにすることを目標としたい。

臨時祭についての文献史料として重要なのは、『信長公記』の著者としてよく知られる太田牛一が慶長十年に著した『豊国大明神祭礼記』（以下、『祭礼記』とする）と[3]、臨時祭の実現に中核的な役割を果たした豊国社の社僧神龍院梵舜が記した日記『舜旧記』である[4]。よって本論でも、これら二つの史料に多く依拠することになろう。

一　豊国社臨時祭の準備段階

豊国社臨時祭の準備に深く関与したのは豊国社の社僧梵舜である。臨時祭に関する初見史料も梵舜が記した『舜旧記』で、慶長九年（一六〇四）五月二日条にそれがみえる。そこには「二日、壬子、天晴、伏見城へ罷出、豊国臨時祭之将軍（家康）御尋也、諸社其作法有ㇾ之由申入候事」とあり、伏見城に家康を訪ねた梵舜に対し、家康が臨時祭に関する諸神社の作法について尋ねたことが記されている。家康としては、まずは他の神社の事例を聞いておこうとしたのであろう。

つぎの史料は同じく『舜旧記』五月十九日条である。

次将軍家康へ御礼、（中略）次豊国臨時之祭次第申上也、一番騎馬三十疋・狩衣、二番田楽十人、三番上京・下京之町人ニ作花・笠鉾ニテ罷出候事、四番申楽ニ新能一番ツヽ、可ㇾ被㆓仰付㆒より奉ㇾ伺也、御気色尤御意ニテ罷帰、二位卿（吉田兼見）申伝了、

まず梵舜から家康へ、臨時祭の具体的な内容について説明があったことがわかる。二日からこの十九日までの間に、梵舜と「二位卿」すなわち実兄の吉田兼見とが相談して考案したのであろう。それによれば、祭礼は四番に編成されていて、一番は騎馬三〇、二番が田楽一〇人、三番が上下京の町人の躍り、四番が申楽となっている。また最後の申楽については新能を行うことが「仰付」られていることがわかる。『舜旧記』には命じたのが誰なのかは記されていないが、『豊国大明神祭礼記』に「臨時之御祭礼、豊国大明神ヲ諫申候ヘト従㆓秀頼公㆒被㆓仰出㆒、然者四座之猿楽、新儀能一番宛作立」とあることから、秀頼すなわち豊臣家側であったことが判明する。またこの記述からは、そもそも

臨時祭を行うこと自体が豊臣家の発案であったがわかる。家康が率先して秀吉の追善を行う理由は見当たらないので、これは事実と考えてよかろう。豊臣家としては、秀吉の七回忌であるこの臨時祭をより盛大にするため、新能の興行を希望したのであろう。それを家康は認めたのである。

六月に入ると、臨時祭についての談合には豊臣家の家老ともいうべき片桐且元も加わり、計画もより具体的になっていく。十一日に且元と談合した梵舜は、翌日家康のもとを訪れている。『舜旧記』慶長九年六月十二日条をみてみよう。

> 十二日、辛卯、天晴、片桐市正(且元)令二同道一御前へ罷出、則臨時祭御尋、二位卿ヨリ書立ヲ懸二御目一了、一番騎馬二百騎、風折・狩衣、二番田楽、三番上下京衆千人ニ作花・笠鉾ニテ作法、四番申楽新儀能也、次非人共ニ施行被レ遣之御諚也、片桐市正・山内対州(一豊)・予三人被二召出一、被二仰上一候也、公家衆、其他諸侍及レ承候也、予仕合斗是非候、

この日、梵舜と且元は、吉田兼見が作成した書立をみせながら臨時祭についての家康の質問に答えている。それによれば、一番の騎馬は当初の案の三〇騎から大幅に増えて二〇〇騎となり、着衣については狩衣は同様だが新たに風折烏帽子を着用することが明示され、三番の上下京町衆の躍りについては、上京から集められる町衆の人数が一〇〇〇人と定められたことがわかる。ただし、これは実際には五〇〇人に変更されることになる。また、新たに非人への施行が家康の「御諚」により決定された。

秀吉の命日も押し迫った八月になると、幕府の京都所司代である板倉勝重も談合に加わってくる。『舜旧記』八月四日条には「伏見城へ罷出、豊国臨時当日得二御意一、当月十三日与被二仰出一、板倉伊州(勝重)・片桐市正・予三人奥ノ間被レ召、数刻御尋」とあり、開催の日程が八月十三日と決められたこと、それが家康の意向であったことがわかる。も

っとも、実際には当日降雨のため翌日に順延されることになった。そして七日には「板倉伊州・片桐市正両人、豊国之桟敷所、又騎馬路次申付来」というように、板倉勝重と片桐且元の二人が臨時祭見物のための桟敷の場所の選定や騎馬が通る道筋などについて指示を与えている。[5]

また同時期に梵舜は、臨時祭に参加する「御幣・榊之供衆」一〇〇人分の装束の用意や（『舜旧記』八月八日条）、行列の最前を行く「御榊」の作成、楽人の手配などに尽力していた（同十日条）。

こうして臨時祭の準備は着々と進んでいく。開催も差し迫った十一日には「片桐市正来、上賀茂騎馬装束百人前相渡、此内楽人十五人装束相渡也」（同十一日条）とあって、騎乗する上賀茂社の神官や楽人が着用する装束も完成した。このように、臨時祭に用いられる装束は、そのほとんどが梵舜によって用意されたのであった。そしていよいよ臨時祭を迎えることになる。

二　臨時祭十四日の状況

さて、六月の時点では臨時祭は一日で終わる予定であったにもかかわらず、実際には二日に分けて催された。また順番も変更されている。まず十四日の様子からみていこう。

十三日の降雨により順延されたが、翌十四日は晴天であり、無事に臨時祭が行われる。『舜旧記』には、以下のように記されている。

十四日、壬辰、天晴、臨時之御祭、一番御幣左立、御榊メッキ、高七、尺、葉六百枚右立、同狩衣指貫ニテ是ヲ両人シテ左右持、次供衆百人、浄衣・風折、二番騎馬二百騎、豊国之神官六十二人、吉田神人卅八人、合百騎、上賀茂神官八十五人、楽人十五人、合百騎、都合二百騎、建仁寺門前ヨリ二行立、馬乗也、豊国大鳥居ヨリ清閑寺之大路ヲ西へ出、照高院殿前ニ乗下也、三番田楽卅人、四番申楽四座、新儀能一番ツヽ、金春橘、観世武王、宝生太子、金剛□、次能二番過ニ、大坂ヨリ八百貫被㆑下也、一座ニ百貫ツヽ被㆑下也、

この日、一番の御榊と御幣から四番の申楽までが催されたが、当初は三番とされていた上下京町衆の踊りは繰り下がって翌日に行われることになる。順を追って『豊国祭礼図屛風』と比較しつつ考察していきたい。

① 御幣・榊

六月の段階ではとくに記述がなかったものであるが、『舜旧記』八月八日条に「浄衣卅具新申付、今度御幣・榊之供衆装束也、都合百人供也」とあるので、八月に入ってからこれらが行列の先頭を行くことが決まったのであろう。『祭礼記』には、これには金濃みがほどこされていたと記されており、『豊国祭礼図屛風』豊国神社本と徳川美術館本にも、金色に装飾されたそれらを持つ狩衣姿の社人が豊国社楼門の左右に立っているのが確認できる。ただし、狩衣の色については豊国神社本が黒、徳川美術館本が金となっている点で異なる。

② 騎　馬

騎馬は二〇〇騎で、建仁寺門前から出発した。騎乗するのは豊国神社の神官六二人、吉田神社の神官三八人、上賀茂社の神官一〇〇人（このうち楽人が一五人）で、浄衣と風折烏帽子を着用していたとある。『義演准后日記』はもっと詳細で、乗り手の装束は烏帽子と金襴の狩衣に青の指貫で、さらに「紅ノ大フサ・紅ノタナワ〔手縄〕・金銀ノ鞍、美麗凡驚目了、或紫等也、馬ノ毛ヲソロへ、思々也」というような、色鮮やかな馬具が人目を引いた様子が記されている。なお、騎馬に関する『豊国祭礼図屛風』の描かれ方として、宮島新一は豊国神社本では「三々五々の騎馬行列数十騎」すなわち整然としているのに対して、徳川美術館本では「列を乱した騎馬集団」として描かれているとしている(6)。

それには作成者の何らかの意図があるのかもしれないが、これについてはよくわからない。

ところで、臨時祭の行列の中でも、二〇〇頭もの騎馬はとくに目立つものであったらしい。金銀の鞍や毛色を揃えた馬、ことごとく新調した乗り手の装束など、見物した醍醐寺座主の義演はこれを「美麗凡驚目」と記している。また『鹿苑日録』にも「今日於二洛陽一豊国臨時祭礼、騎馬有レ之ト云々、各々五条之河原へ出馬ト云々」とあって、伝聞の形だが、騎馬についてのみ言及していることからもそれが窺われる。

騎乗したのは、先述したように各神社から集められた神官たちであったが、彼らが乗る馬については諸大名が提供した。『祭礼記』には、馬を提供した大名とその数が詳細に記されているが、これをみると、当然ではあるがそれらは旧豊臣大名にほぼ限定されている。数的には前田利長の三〇を最多とし、以下、福島正則二〇、加藤清正一五、細川忠興一二と続く。義演はこれを「馬ハ諸大名役トシテ出レ之」と記していて、豊臣家が大名に対して役として馬を供出させたとみなしているが、全国すべての大名が、例えば石高に相当して負担したわけではなかった。特徴的なのは、関ヶ原合戦で西軍方となって家康と敵対し、のちに謝罪し許された上杉・毛利・島津といった大名が全く関わっていない点であろう。

また馬の装束については、これらを提供した大名ごとに異なっていたようで、『祭礼記』によれば、前田利長の馬三〇騎は「金覆輪之鞍ニ猩々皮之泥障、紅緒房、押懸鞦、三尺縄、沓等に至迄同前也、馬取之出立者、白帷に半道複〔服〕、銀之打鮫熨斗付ヲサシテ、馬柄杓銀ニ濃、腰ニサシタル也」というもので、福島正則・加藤清正・細川忠興・浅野幸長の合計五七騎は「黒ノ馬ニ、一様ニ黒装束」であった。前者に比べると後者は色彩的に一見地味な印象を受けるが、これはむしろ侘びの表現と受け止められようか。しかし、ここではそれよりも、これら四大名の馬の装束が同じであったという点に注目しておきたい。このことは、当然ながらかれらが事前に協議して馬の意匠を統一したということを意味する。すなわち四者は、前もって入念に打ち合わせをした上で臨時祭に臨んでいたのである。また、馬のみならずその装束や馬の口取も大名が負担していた。ここには、秀吉七回忌に対する彼ら旧豊臣大名の積極的姿勢すら垣間見えるのではなかろうか。

③　田　楽

これも当初の予定一〇人から三〇人に増えており、『祭礼記』はその様子を「様々出立テ、相並弓手馬手列ニ行、刀ヲ抜テ品玉ニ取参ル」と記している。刀を空中に放り投げてはこれを受け止めながら進んだのであろう。(7)『豊国祭礼図屏風』では豊国神社本、徳川美術館本どちらも豊国神社楼門の階段下で品玉を扱う者が一人描かれている点は同様だが、その周囲には豊国神社本では「ささら」を使うものが一〇人程度描かれているのに対して、徳川美術館本には太鼓を用いている者がいる点でやや異なる。

④　能

能について『祭礼記』は「猿楽四座之衆、新儀能一番宛作立、先金春、其次観世、其次宝生、其次金剛、一度ニ四人面ヲ当、面箱も四ツ持出、三バサモ四人舞㆑之、大鼓四丁、小鼓十六丁張ニテ搓出打囃」と記している。

能の模様については、公家の西洞院時慶がその日記『時慶記』にさらに詳しく記している。

　其次能アリ、四番四座、一番ツ、新作シテ、仕舞ハ四人一同也、又舞ハ一人ツ、次第々々ニ在㆑之、蟻ト云物又舞ノ先ニ出也、小鼓十五張・太鼓二張也、能ノ時ハ笛二管・太鼓二ツ、鼓ハ一ツ、アリ、先金春、二番メニ観世也、是ハ役者如㆑常、役者一人ツ、也、金春ハ橘、観世ハ武王ト号、次保昌《(宝生)》仕、次金剛也、申刻ニ果、

『豊国祭礼図屏風』では、豊国神社本・徳川美術館本ともに舞台の上で翁の面をつけて舞う四人の姿が描かれている。しかしその周辺の様子は異なっており、豊国神社本では太鼓一丁に小鼓八丁と笛一管、徳川美術館本では太鼓一

丁と笛一管は同じだが、小鼓が一六丁である。

三　臨時祭十五日の状況

十五日に催されたのは、上下京町衆の踊りと非人への施行である。順にみていこう。

⑤　上下京町衆の踊り

これについて『舜旧記』は以下のように書き記している。

十五日、癸巳、天晴、上京下京五百人踊衆、金銀花飾出達、百人笠鉾一本ツ、アリ、六番、非人之施行、於二大仏一執行二百斗可レ有レ之歟、次騎馬乗料鳥目千貫文相渡、但一人宛十貫文也、則悉於二大河一請取了、片桐市正奉行、但公方様依レ仰予罷出、神事也、片桐市正ヨリ依二申来一、切々伏見へ罷越、得二御意一相済事、

十四日の状況については詳細に記した梵舜だが、この日の臨時祭に関する記述はそれに比べて極めて簡略である。これは日記にも書かれているように、梵舜が家康の命により伏見へ赴いたためにその場にいなかったからであろう[8]。ただし、騎馬乗料などについて記されているのは、臨時祭興行の直接の担当者である梵舜ならではと言える。

つぎに『義演准后日記』の記述をみてみたい。

十五日、属レ晴、（中略）文殊院（勢誉）樽進上、又明神楼門ノ前ノ桟敷可レ有二御出一之由頻申入間、罷向了、巳半剋上下京風流、笠ホコ一本ツ、構之、踏（踊カ）衆五百人云々、紅ノ生絹ニ金薄、或亀ノコウ、或雲立涌、或カコ、或段々ノ体也、笠ハ金銀ニ皆タミ、結花ニテカサリ、扇金銀、帯・草鞋ニ至マテ紅・金銀也、僮僕五人・十人ツ、召具、思々出立、是モ金銀ノダミ物著用、一物ニハ四天王、或唐人、或大黒・エヒス・高野聖ノヲイ、アラユル一興ノ

体也、鼓・太鼓以下笛ハヤシノ体也、難レ尽二筆舌一

『舜旧記』の記述と合わせて、人数五〇〇人は間違いないところである。『舜旧記』六月十二日条には「上下京衆千人」とあったから、理由は不明だが、規模が半減していることがわかる。

これをもう少し具体的にみると、公家の船橋秀賢が記した『慶長日件録』（史料纂集）に「今日為二豊国祭礼一、上下京地下人催二風流一、上京より三百人、下京より二百人、都合五百人」と、『祭礼記』には「踊衆かみ下京五百人、上京三組、下京より二組」とあるから、一〇〇人で一組とし、上京から三組三〇〇人、下京からは二組二〇〇人が集まっていたことが判明する。

では、踊りに参加した上下京の町衆の構成はどうであったか。これについては『時慶記』に「豊国ノ跳　禁中へ参、堂上不レ残伺候候、先小川組・西陣上立売一連也、其次台（室）町中筋組也、其次六丁町也、下京ハ晩ハ二跳参候」とある。『祭礼記』はもっと詳細で「かみたちうりくみ」（上立売組）一〇〇人、「下立売くみ」（下立売組）一〇〇人、「新在家組」一〇〇人と記されている。これで上京町衆の構成が判明するが、下京二〇〇人については書かれていない。そこで『豊国祭礼図屏風』をみると、豊国神社本・徳川美術館本ともに、下京の「うしとらくみ」（丑寅組）・「中のくみ」（中野組）という文字が確認でき、これによって上下京町衆の構成がすべて明らかとなる。

⑥　施　行

非人への施行については『祭礼記』には十六日とあるが、これは誤記であろう。『舜旧記』は十五日としている。施行に関する文献史料は、公家の日記にはまったく見当たらない。上層公家の目には触れないように配慮されていたということであろうか。準備段階においても『舜旧記』六月十二日条に「非人共ニ施行被レ遣之御諚也」とあるのみである。『祭礼記』がその状況を記す唯一の文献で、それには「大仏ニ而施行ヒカセラレ、御奉行片桐市正」とあ

り、「乞食・非人」らが大勢集まったと記されている。なお『豊国祭礼図屏風』では豊国神社本・徳川美術館本ともに大仏殿境内のなかに多くの非人が描かれていることが確認できる。

四　臨時祭を見物した人々

こうして行われた臨時祭には、多くの庶民や公家らが詰めかけ、大変な賑わいをみせたという。最後にその様子をみておこう。

まず十四日、『義演准后日記』には「桟敷マテ寸地モ▨▨（無之カ）、凡五条・三条ノ橋辺ヨリ明神マテノ間ニ空地ナシ、見物ノ貴賤群衆以外也」とあり、空き地がないというほど多くの桟敷が設けられ、群衆が詰めかけた様子がわかる。桟敷の数は『祭礼記』には「二千三百余ヶ所」とあり、中には故秀吉の夫人高台院の桟敷もしつらえてあった。また『時慶記』には「桟敷ニ八条殿（智仁親王）御座、伯（白川雅朝）・広橋（兼勝）・勧修寺（光豊）・飛鳥井（雅庸）・同少将（飛鳥井雅賢）・祭主（藤波種忠）等参候」とあり、途中から一条内基・二条昭実・鷹司信房・九条兼孝・同忠栄・梶井門跡最胤・本願寺教如なども加わって酒宴が行われた様子が記されている。また『言経卿記』の十五日条には、臨時祭を見物した西園寺実益ら五五人もの公家衆の名が列記されている。後陽成天皇の弟で秀吉の猶子であった八条宮智仁親王や、摂関家・清華家以下、実に多くの公家衆が見物していることがわかる。

一方、武家はどうであったのか。江戸初期に著された『当代記』には「見物ノ上下幾千万ト云、不レ知レ数、但伏見大名小名見物無レ之」とあって、家臣たちはともかく、大名身分の者は見物にはいかなかったかのように記されている。これに関して中村孝也は「人心の変化が察せられる」(9)として、幕府に遠慮して大名が臨時祭の見物には赴かなかったとみなしている。もっとも『義演准后日記』十五日条には「公家・門跡・大名不レ知二其数一」とあるので、大名の見物があった可能性が皆無とは言えないが、他のどの史料にも見物した大名の名は記されていないから、少なくとも公に臨時祭を見物した大名はいなかったと考えるのが妥当かもしれない。ただし、先に述べたように、馬を提供した前田・福島・加藤といった旧豊臣大名が、その装束に様々な工夫を凝らしていたことや、また臨時祭が終わったあとの十八日には、福島正則・加藤清正・浅野長政・同幸長・京極高知・同高次・織田長益・鍋島勝茂といった多くの大名たちが豊国社に参詣している点については注意すべきであろう（『舜旧記』）。これは、彼らが幕府に配慮しつつも、可能な範囲で秀頼へ礼を尽くそうとしていたことの顕れとみなせるかもしれない。だとすれば、そこには、なお先行きが不透明な政治情勢の中で、豊臣家に対しても一定の距離を保とうとしていた大名たちの姿を窺うことができるのではなかろうか。

おわりに

以上、豊国社臨時祭について考察した。秀吉七回忌に際して臨時祭を行うことを希望したのは豊臣家であり、豊国社の社僧梵舜が家康へ願い出る形で実現の運びとなった。当初の予定は、一番騎馬・二番田楽・三番上下京町衆の踊り・四番申楽で、一日のうちに終えるというものであったが、家康の命令によってこれに非人への施行が追加され、上下京町衆の踊りと申楽の順序も入れ替わり、結局初日は一番の御幣・榊にはじまり四番の能までが、二日目には五番上下京町衆の踊りと六番施行が行われたのである。

臨時祭の準備は主に梵舜が行い、これに豊臣家の重臣片桐且元、さらに幕府の京都所司代板倉勝重と協議しながら進められたが、それも家康の指示や許可を仰いでのものであった。臨時祭の日程を決めたのも家康である。すなわち臨時祭は、経費をすべて豊臣家が負担するにもかかわらず、(10)幕府の強いコントロール下に行われたのである。

注

（1）千葉栄「豊国社成立の意義」（『東洋大学紀要』七、一九五五年）、三鬼清一郎「豊国社の造営に関する一考察」（『名古屋大学文学部研究論集』史学三三、一九八七年）、河内将芳「豊国社の成立過程について—秀吉神格化をめぐって—」（『ヒストリア』一六四、一九九九年）。また、臨時祭に関する基本史料である『豊国大明神祭礼記』（太田牛一著、慶長十年〈一六〇五年〉成立）の伝本について論じたものに、磯部佳宗「太田牛一『豊国大明神臨時祭礼記』の諸本と改稿の意味」（『中京大学文学部紀要』四三—二、二〇〇九年）がある。

（2）宮島新一「豊国臨時祭礼図について—妙本院写本を中心に—」（『芸能史研究』四九、一九七五年）。このほか、王冬蘭「慶長九年豊国社臨時祭の新作能『孫思邈』の出典」（『フィロカリア』一一、一九九四年）があるが、これは論題の通り、臨時祭で催された能について論じたもので、視点が異なる。

（3）『群書類従』第三輯上。

（4）『史料纂集』。

（5）桟敷の数については『祭礼記』に「見物桟敷見物之数二千三百余ヶ所」とある。

（6）宮島新一前掲注（2）論文。

（7）『日本国語大辞典』（小学館）では、品玉は「猿楽、田楽などで演ずる曲芸。いくつもの玉や刀槍などを空中に投げて巧みに受け止めて見せるもの」と説明されている。

（8）ここでは片桐且元が家康の意向を梵舜に伝えていることが確認でき、家康と且元の関係の深さがみてとれる。後年の且元の動向を考えると、興味深いものがある。

（9）中村孝也『新訂徳川家康文書の研究』下巻之一（日本学術振興会、一九六〇年）。

（10）上下京の踊り衆に対しては米五〇〇〇石が秀頼から下されている。また家康が定めた施行の奉行を片桐且元が務めているから、この経費も豊臣家から出されたことは間違いない（『祭礼記』）。

終章

本書においては、豊臣政権の政治段階を大きく四段階に分け、その政治権力の特徴や構造について考察した。

まず、秀吉が織田信長の後継者としての地位を得て天正十三年（一五八五）七月に関白に任官してから、同十九年にその職を秀次に譲るまでが第一期である。秀吉によって形成された官位や氏姓を媒介とした支配秩序の実態解明を意図している。なお、この時期に完成した官位叙任や氏姓授与などのシステムは、豊臣期を通して変わることなく、豊臣権力維持のために機能していくことになる。

つぎに秀次が関白職にあった同年から文禄四年（一五九五）七月までが第二期である。秀吉独裁体制が、関白辞任・秀次への譲渡・「唐入」の決行という推移の中で、どのような変貌を遂げていくのかどうか——或いは変貌を遂げるのかどうか——という点が主眼となっている。本書では、とくに関白秀次権力の実態解明を目指し、これまで看過されてきた秀次蔵入地や、秀吉権力との間で行われた情報伝達といった点について考察した。

それから、秀次失脚を経て、秀吉が死去した慶長三年（一五九八）八月から同五年九月関ヶ原合戦により豊臣政権が実質的に崩壊するまでの間、すなわち「五大老」・「五奉行」による集団指導が行われた時期を第三期とする。両者の政治的位置づけの解明を目的とし、また徳川家康による政権奪取の動きを、とくに知行充行の面から探ることを意図した。

そして最後が関ヶ原合戦とその後の状勢に関するもので、これを第四期とした。家康の政権奪取構想や、秀吉によって形成された「豊臣体制」とも言うべき政治体制を、家康がどのように克服しようとしたのかについて考察した。

一　豊臣権威の確立と支配序列

秀吉による自己の権威化は、まずは関白任官にはじまることは疑いない。秀吉は、関白という国家における最高の地位につくことによって、国制的権威において公武両方に君臨しようとしたのである。

また、秀吉は関白任官の直後の天正十三年（一五八五）八月、朝廷に奏上して新姓豊臣を創出する。関白任官の際には藤原氏であった秀吉は、「借物」ではない新たな権威の確立を目指して新姓を創出したのである。家臣に対する豊臣姓授与は、その後まもなく開始される。

当初、豊臣姓を授与される対象は秀吉直臣大名および旧織田系大名に限られていたが、天正十六年四月聚楽第行幸ののちには、旧戦国大名にも与えられていく。当然ながらこれは行幸とは無関係ではない。行幸は、秀吉による「天下静謐」が実現したことを喧伝するセレモニーであり、そのことは同年七月、秀吉の命令により上洛する毛利輝元が「就㆓天下静謐㆒、至㆓関白殿㆒為㆓一礼㆒令㆓上洛㆒候[1]」と言っていることからも察せられる。この時期、関東以東はなお秀吉の支配に入っていなかったが、秀吉は事実上「天下静謐」を完成させたとの認識の上にたち、行幸を実行したと言える。

その後、豊臣政権の支配地域の拡大に比例して、授与の対象も広範化していく。秀吉に臣従した大名は、まず上洛し秀吉に拝謁、ついで参内し、秀吉の執奏によって朝廷から官位を与えられることになった。

豊臣姓授与は、すべてこの官位叙任の際に行われた。つまり、大名は官位に推挙されるのと引き換えに豊臣姓への改姓を迫られたのである。これは、秀吉譜代とも言うべき直臣大名にとってみれば、秀吉からの恩恵と受け止められるものであったろう。しかしながら、旧戦国大名にしてみれば、喜ばしいものではなかったのではないか。父祖より連綿と続いてきた自家の姓を棄てるというのは、忸怩たるものがあったことは想像に難くない。それでも、豊臣政権下の大名として生き残るためには、これを甘んじて受けざるを得なかったのである。

官位叙任の代償として豊臣に改姓させたことによって、豊臣政権下において官位を有する武家の姓はすべて豊臣姓となった。もっとも、陪臣層の大半は官位を与えられていなかったし、秀吉直臣の中にも無位無官の者は多数存在した。彼らは既存の他姓のままであったのであり、ここに豊臣姓＝官位をもつ武家の姓、非豊臣姓＝官位をもたない武家の姓という図式が成立したことになる。本来、新姓豊臣は、天皇下賜の源・平・藤原・橘の既存の四姓と全く同等で、何の貴種性も有するものではなかったが、現実的には、実際の武家社会において、豊臣姓は他姓を完全に凌駕したと言える。

他姓に対して優越性を有することになった豊臣姓の中にあって、秀吉はその初代氏長者となっていた。すなわち秀吉は、氏族的権威をもって全武家に君臨したのである。

なお、豊臣氏長者秀吉による同氏への官位推挙という形態は、古代以来公家社会において伝統的に行われてきた「氏爵」を踏襲・拡大したものであり、このことからも豊臣政権が純粋な武家政権ではなく、公武折衷的な要素を多分に含んだ政権であることが窺われる。

豊臣姓の創出・授与とともに秀吉が行ったのが羽柴名字の授与であった。名字の授与は擬制的一族の創出を意味し、ひいては「同名中」の誕生をも意味する。よく言われるように、秀吉は徒手空拳から身を起こしたため、家代々の家臣などは最初から一切存在しなかった。兄弟・親類についても、実弟秀長や甥の秀次、青木氏や小出氏、または妻の北政所の実家である杉原氏や木下氏といった一族がいたものの十分な数とは言えず、また秀吉の助けとなるほどの力量をもっているかといえば、それも計り難いものがあった。そのような血縁縁者が少ない状況にあって、秀吉はこれを補うべく、擬制的一族の形成を試みていくことになるのである。

秀吉と彼らの間にはもとより血縁関係は存在しないが、秀吉からすれば、「同名」とすることで自分や自己の政権に対するシンパシーをもたせることについては期待できた。逆に与えられる側からすれば、豊臣政権における地位を保障されたとの認識――幻想に過ぎないかもしれないが――をもち得たであろう。

名字授与による擬制的一族の形成は、秀吉以前においても戦国大名権力においてたびたびみられたことは、第一部第一章において指摘したとおりである。そのような戦国大名権力と秀吉との共通性は、ともに新興勢力であったことであり、いわゆる名門大名においてはみられない傾向にある。このことからも、弱体な一門を補強するための方策であったことが察せられる。

羽柴名字を与えられた大名は、秀吉の「御一家」としての地位は得た。ただし、これはあくまで儀礼的・形式的なものであって、真に一族となったわけではもちろんないし、また与えられることによって自家の安泰が完全に保障されたわけでもなかったことは、例えば大友氏の改易、蒲生氏の大減封などをみれば明らかである。また、ときにその礼遇は、大名にとって処罰の理由ともされる。大友氏改易にあたって秀吉が振りかざした論理は、大友吉統を「御一家」にしたのにもかかわらず、卑怯な振る舞いによって自分にも恥辱を負わせたというものであった。(2)「御一家」であることは、ときには足枷ともなりえたのである。

秀吉による政治秩序の形成は、天正十三年関白任官をもってその契機とすることは間違いない。だが、その時点ではなお不完全であった。「氏爵」は直臣と旧織田系大名にしか行われず、羽柴名字授与も同様であったからである。

同十六年四月に行われた聚楽第行幸においてもそれは変わらない。行幸後の七月、毛利一族や島津氏など西国諸大名が上洛するに及んで、豊臣政権の支配体制は完成する。叙任に際して豊臣改姓を迫り、公家成した大名には羽柴名字を与えるという原則が確定したのである。もちろんこれは、いまだ上洛しない東国諸大名には及んではいなかったが、天正十九年に文字通り全国統一を果たして以降、これらの大名も続々上洛し、同様の待遇を与えられることになった。秀吉は関白としての国制的権威、豊臣氏長者としての氏族的権威、羽柴宗家としての家父長的権威という三つの権威を保持し、全国の諸大名に君臨することとなったのである。

豊臣政権における身分序列を整理すると、以下のようになろう。豊臣氏長者にして羽柴家宗家、さらには関白職を事実上独占する秀吉の下に、秀吉「御一家」として豊臣姓羽柴名字を称し、合わせて清華成または公家成を果たして殿上人となった有力大名集団がまず位置する。それから豊臣姓非羽柴名字、地下人にして秀吉の家人・郎党的存在と位置づけられた諸大夫成大名がこれに次ぐが、この間には大きな身分の隔たりが存在した。さらにその下には非豊臣姓非羽柴名字の武家集団があり、秀吉直臣から陪臣まで、大多数の武家はこの範疇に属していた。

ただし、このような身分序列が、そのまま政治的実力の序列でもあったかといえばそうではない。例えば秀吉の有力側近である石田三成は諸大夫成大名にすぎなかったが、その権勢を、清華成大名の毛利輝元や公家成大名の島津義弘などが大いに畏怖していた事実がそれをよく表している。官位・氏姓などのように表面上には表れないものの、たしかに存在したいわば内面的な身分序列といったものにも注意すべきであろう。結局のところそれは、絶対者秀吉との関係の近遠に基づくものであった。

ところで、豊臣政権の前段階である織田政権と天皇・朝廷との関係については、公武の対立関係が存在したとする立花京子の見方がある反面、橋本政宣・堀新らからは逆に融和的な関係と捉える見解が出されていて、意見が分かれている。史料解釈の妥当性からいえば後者に利があると考えるが、注目したいのは、堀による織田権力期の公武関係を「公武結合王権」とみる見解である。堀の見解に沿って豊臣政権期の公武関係をみるならば、関白に任官することによって全国統治の正当性を得ようとしたこと、これによって武家のみならず公家に対しても君臨しようとしたこと、さらに「氏爵」という、古代以来から公家社会において行われていた官位推挙の方法を取り入れたことなどを考慮すれば、豊臣政権は織田政権以上に「公」との結合度の深い政権であったと言えるだろう。

二　豊臣政権の政治権力構造

豊臣政権は、少なくとも秀次に関白職を譲る以前の段階においては、秀吉による独裁体制とみなされており、それは先行研究においてほぼ共通の認識であったと思われる。これを有力大名による連合政権とみなす見解もあり(5)、興味深い指摘も多々あるものの、本書ではあくまで「絶対者秀吉に極度に収斂していく政権」として捉えている。矢部健太郎は、大名の清華成とは豊臣期における武家家格の形成を意味し、それら清華成大名を豊臣政権における特権的集団であったと位置づけている。さらにはそのような有力大名の地位を重要視する立場から、豊臣政権を有力大名による連合政権とみなす議論を展開している。

学ぶべき点は多いが、清華成・公家成という家格はあくまで儀礼的なものであり、そこに何らかの政治的権限が派生するとは限らない。豊臣政権＝有力大名連合政権とするには、さらなる研究の深化が必要であろう。

そもそも、家格が高ければそれに比例して権力や権限も増大するとは、必ずしも言えない。例えば徳川期を例にとってみると、加賀前田氏は外様大名ではあるが官位の上での極官は中納言で、家格も御三家に次いで高かった。だからといって前田氏が徳川幕府内において大きな権力をもっていたかといえば、もちろんそうではない。徳川幕府において実際に権力の中枢にいたのは、前田氏などの外様有力大名であるはずはなく、老中をはじめとする幕府要職に就いたのは譜代大名・旗本たちであったことは言うまでもないだろう。豊臣期においても同様のことが言えるのであり、徳川家康ら有力大名ではなく、石田三成以下の有力奉行人こそが豊臣政権の中心的存在なのである。

徳川氏以下の有力大名は、秀吉に臣従する見返りとして、政権内における地位を保障された。しかしながらそれは政治的地位というより、儀礼的地位という方が正確であろう。これはいわば「位攻」と言うべきものであって、儀礼的には厚遇されるものの実権は与えられなかったのである。秀吉に意見を述べ、ときにその考えを変えることがあったという事実は重いものであるが(6)、それには当然限界もあり、基本的に「大閤様御為」という名分が必要とされていた。結局のところ、権力は秀吉に集中し、その側近奉行人は秀吉の名の下に、他の大名に対する影響力を保持していたのである。

ところで、かつては官位推挙権に関する考察から、徳川家康ら一部の大大名にもその権限があったとする見解も出されていた(7)。彼らが自家の直臣に対する従五位下諸大夫への官位推挙権を有していた、つまり秀吉には排他的な官位推挙権はなかったとするもので、『御湯殿の上の日記』の記述に「家康諸大夫」などとあることをその根拠としている。もしそうであるとすれば、そういった特定の大名が、豊臣政権内においてある種の独自性や特殊な立場を得ていたと考えうる根拠となるだろう。だが、下村效がすでに述べた通り(8)、これは家康推挙による諸大夫ということではなく単に家康の諸大夫といった意味であり、秀吉や秀次の推挙を受けない家康独自の官位推挙があったということではない。事実、彼らの叙任はすべて豊臣姓によって行われたのであり、豊臣氏長者による「氏爵」は継続していた。よって、これをもって有力大名の独自性の論拠とすることはできないのである(9)。

そして秀吉による専制体制は、秀吉が関白職を退いた後も基本的には変わらない。すなわち天正十九年（一五九一）十二月、関白職を秀次に譲った秀吉は太閤と称し、ここに太閤秀吉と関白秀次を軸とする政治体制が形成される。はじめは「唐入」専念のために肥前名護屋に駐留し、自身の朝鮮への渡海をも企図していた秀吉であったが、文禄二年（一五九三）に淀殿の秀頼懐妊を知って帰陣して以降は、結局一度も京・大坂を離れることはなかった。ここに太閤と関白が「並立」する政治体制がとられることになったわけである。

本書では、蔵入地支配と情報伝達の二つの面から両者の政治的関係について考察した。まず蔵入地支配については、「唐入」当初において秀吉はこれに専念するため、国内の留守居とした秀次に、自身の蔵入地の一部の管理を委託するなど協調的な姿勢をみせていた。だが、名護屋から帰陣したのちは、自己の蔵入地の再掌握を図り、さらには秀次に分け与えた蔵入地に関しても干渉を強めていったのである。

また、両者の蔵入地について性質的な問題としては、秀吉蔵入地が大名への恩賞の源泉地として、いわば「公儀御料」としての性格をもっていたのに対し、秀次蔵入地にはそのような性格は全くなかった。

つぎに情報伝達については、秀次権力は常に秀吉の動向に関心を寄せており、秀吉側近の一人であり「関白取次」であった木下吉隆を主なルートとして情報を取得していた。

その一方で秀次は、参内や公家衆との対面など、関白としての職務ですらも秀吉の許可を得なければ行えなかった。これらのことからすれば、権力の所在が秀吉にあったことは明らかであろう。

秀次の失脚直後、有力大名連署による「御掟」・「御掟追加」が発布されたが、これとても秀吉への権力集中を否定するというものではない。もちろん関白秀次の失脚、一族の族滅という事態は豊臣政権に大きな打撃であったのはたしかだが、「御掟」・「御掟追加」に署名した有力大名が政権運営に加わるのはあくまで秀吉の死後のことである。秀吉専制体制は、秀吉の死をもってはじめて終焉する。

三 「五大老」・「五奉行」体制の特質

成立時期が秀吉死去直前に成立したことを考えれば、「五大老」・「五奉行」とは、すでに秀吉の死没を予期した上で、幼い秀頼を支えるための組織であったことは言うまでもないだろう。実際、これら一〇名によって秀吉亡き後の豊臣政権は運営され、政局もかれらを中心に展開していく。

両者の関係について従来の研究では、徳川家康ら有力大名から成る「五大老」の地位やその権限に注目が集まり、石田三成ら秀吉の側近奉行人から成る「五奉行」については軽視されがちであった。しかしながら、本書で明らかにしたように、「五奉行」は豊臣政権および秀頼の地位を保全するために「五大老」の権限増大を牽制していたのであり、例えば毛利輝元に対して強い影響力を行使するなど、実際には「五奉行」の政治力は決して小さなものではなく、時期的にはむしろ「五大老」を凌駕していた。

絶対的権力者である秀吉の死去が、豊臣政権の求心力を急激に低下させることは自明であった。秀吉にとっても、また秀吉の下にあってそれまで実質的に政権運営を担ってきた「五奉行」にとっても、秀頼が成人するまでの間、どのように政権を維持していくかが最も重大な問題であったことは間違いない。秀吉がいなくなれば、中央政府の権威は失墜せざるを得ない。そこでその権威を補完すべきものとして期待され登場したのが「五大老」であった。

「五大老」の端緒は、文禄四年（一五九五）関白秀次失脚直後にあるとされ、「御掟」・「御掟追加」に署判していることがその理由とされている。たしかに「五大老」と「御掟」・「御掟追加」の発給者の構成はほぼ同じではあるが、二つの法令の発布に名を連ねているのは、むしろ彼らをして真っ先に秀吉の制定したこれらの法令に従わせることを示す狙いがあったとみるべきである。豊臣政権における最も有力な大名である彼らがその遵守を誓えば、諸大名もこれに倣うより他にない。いわば、秀次失脚によって傷ついた豊臣政権の権威を多少なりとも補うために彼らは利用されたわけであるが、豊臣政権における最も有力な大名であることを他ならぬ秀吉によってはっきりと認められたことは、彼らにとっても意味があったと言える。

だが、「五大老」成立以前においては、彼らには具体的な権限は全く与えられていないことに留意しておかなければならない。とりわけ徳川家康と前田利家を除いた三人については、それがまったくみられない。人員の構成については連続性が認められるのはたしかだが、慶長三年（一五九八）八月以前と以後では政治的役割においては大きな隔たりがあったのである。

「五大老」・「五奉行」については、その呼称に関する阿部勝則の見解が話題をよんだことはよく知られている。[10]阿部の説は、当時「五大老」・「五奉行」という呼称は存在せず、実際には「五大老」は「奉行」と、「五奉行」は「年寄」と呼ばれていたとするもので、さらに、年寄のほうが奉行より身分的には上位であるのが普通だが、豊臣政権においてはそれが逆になっていたとし、そしてそのこと自体が豊臣政権の大きな特徴であるとした。

この阿部の見解に対する検討は、第三部第一章で行った通りである。すなわちその呼称は普遍的に用いられていたのではなく、「五奉行」によって考案され使用されたものであった。「五奉行」は、「五大老」を秀頼の「奉行」と位置づけることによって、秀吉の後継者である秀頼の立場を強調しつつ、一方で彼らを秀頼の「奉行」にすぎないものとして捉え、その権威や権限が必要以上に増大していくことを抑制しようとしたのである。秀吉や「五奉行」が求めたのは、「五大老」の大大名としての権威を中央政府に加えることであった。秀吉との主従関係が元々希薄な上に、かつては信長や秀吉にとっての敵対勢力であった徳川・毛利・上杉といった大名に、過度の政治的権限を付与することには、極めて慎重にならざるを得なかったのは当然であろう。

「五大老」の主な役割が知行充行に関するものであったことは、発給文書の残存状況から考えても間違いないところである。しかしながら、よく言われるように、彼らが、かつて秀吉が保持していた主従制的支配権を継承したというのは事実とは異なる。「五大老」の知行充行は当知行安堵や継目安堵など現状維持が中心であり、大規模な加増を行う権限などはなかったのである。これは、「五大老」の権限増大を抑制するとともに、加増を繰り返すことによりその源泉地である豊臣蔵入地が減少するのを防ぐ意味もあった。また、安堵状でさえも、その発給は「五大老」自身ではなく「五奉行」によって決められていた可能性が高く、ここからも「五奉行」の政治力が窺える。

その「五奉行」は自らを「年寄」と自称し、それまでの奉行人的位置づけから脱却し、より大きな権限をもつ豊臣家「年寄」たらんとしていた。ただし、そのような「五奉行」の目論見は、秀吉死去後に著しい台頭をみせた徳川家康によって挫折を余儀なくされる。家康は石田三成・浅野長政を中央政府から除外することに成功し、「五奉行」の封じ込めを図った。また、ときに他の「大老」を無視して単独で知行加増を行い、豊臣蔵入地を減少させる姿勢を示したのである。ただし、加増の事例はごく少数にとどまっており、そこに関ヶ原以前における家康権力の限界性がよく表れているが、この加増が豊臣政権護持派を大きく刺激したことは、関ヶ原合戦の幕開けとなる家康弾劾状にも記されている点からも間違いない。

これを家康による挑発とみることもできようし、また上杉景勝に謀叛の兆しありとして会津出兵を決定、東国へ下向したのも、家康が三成らの挙兵をわざと誘引した策略であったとする説もある。だが、反対派を結集させることは、家康にとって大きな危険をともなうものであったはずである。家康にとって最も望ましいのは、戦うことなしに政権を奪うこと、つまりより安全に権力を掌握することであったろう。家康は、知行充行を自由に行うことによって豊臣蔵入地を解体し、それをもって豊臣政権瓦解の足掛かりにしようとしていたのではないだろうか。そのためには他の「大老」を完全に屈服させる必要があったのであり、上杉攻めはその戦略の一環であったと思われる。

事実、人質を差し出して完全に家康に屈した「五大老」の一人前田利長は、領国に帰り大坂へはまったく出てこようとせず、家康の専制を黙認していた。上杉攻めが成功すれば、上杉景勝はもちろんのこと、残る宇喜多秀家・毛利輝元の二人も家康に屈せざるを得なかった可能性が高い。そうなれば家康を掣肘する勢力は全くいなくなり、家康による独裁体制が完成することになろう。このように考えると、家康は三成らの挙兵を決して待ち望んではおらず、したがって関ヶ原合戦は家康にとって想定外の事態であったと考えるのが、蓋然性が高いであろう。

最後に、さらなる豊臣政権の政治権力構造究明に向けての展望を述べておきたい。秀吉発給文書は約六〇〇〇点にも及ぶといい[11]、その中でも大きな比重を占めるのが、大名や寺社に対する知行充行状である。当知行安堵なども含むこれらの充行状の発給は、統治権力または支配権力として必要不可欠なものであるが、膨大な文書の発給すべてが、秀吉個人の自発的意思に基づくものとは到底考えられない。そこでは、秀吉側近たる奉行人の存在が大きな影響を与えていた可能性が高いと言えるだろう。豊臣政権の本質が秀吉独裁であるというのは、本書において繰り返し主張してきたことであるが、より厳密に言えば、秀吉とその側近である奉行人に権力が集中していた政治体制であったということになる。豊臣政権の本質をさらに追究するためには、秀吉に対して意見を具申して許可を得、それを秀吉朱印状という形に結実させて自らの意思を政策に色濃く反映させていた、彼ら奉行人に関するさらなる研究の深化が必要であることは間違いない。秀吉発給文書研究のさらなる進展が必要であると同時に[12]、彼ら奉行人に関する研究を進める必要もあろう。本書では、「五奉行」成立以降についてしか言及できなかったが、今後はそれ以前の奉行人の役割についても解明していきたい。

注

（1）（天正十六年）五月二十五日付湯浅将宗宛毛利輝元書状写（『萩藩閥閲録』巻一〇四ノ一）。
（2）文禄二年（一五九三）五月一日付秀吉朱印状写（『大日本古文書　家わけ第十六　島津家文書』九五四号）。
（3）立花京子『信長権力と朝廷』（岩田書院、二〇〇〇年）。
（4）橋本政宣『近世公家社会の研究』（吉川弘文館、二〇〇二年）、堀新「織田権力論の再検討―京都馬揃・三職推任を中心に―」（『共立女子大学文芸学部紀要』四四、一九九八年）、同「織豊期王権論―『日本国王』から『中華皇帝へ』―」（『人民の歴史学』一四五、二〇〇〇年）、同「信長・秀吉の国家構想と天皇」（池享編『日本の時代史13　天下統一と朝鮮侵略』吉川弘文館、二〇〇三年）、同「織豊期の王権論をめぐって」（『歴史評論』六四九、二〇〇四年）。
（5）矢部健太郎『豊臣政権の支配秩序と朝廷』（吉川弘文館、二〇一一年）。
（6）跡部信「秀吉独裁制の権力構造」（『大阪城天守閣紀要』三七、二〇〇九年）。
（7）池享「武家官位制の創出」（永原慶二編『大名領国を歩く』吉川弘文館、一九九三年）。
（8）下村效「豊臣氏官位制度の成立と発展―公家成・諸大夫成・豊臣授姓―」（『日本史研究』三七七、一九九四年）。
（9）池享ものちに『戦国・織豊期の武家と天皇』（校倉書房、二〇〇三年）においてその誤りを認めている。
（10）「豊臣五大老・五奉行についての一考察」（『史苑』四九―二、一九八九年）。
（11）三鬼清一郎「豊臣秀吉文書の概要について」（『名古屋大学文学部研究論集』史学四四、一九九八年）。
（12）近年、『豊臣秀吉文書集』（吉川弘文館）の刊行が開始されたのは、極めて意義深いものがある。今後の豊臣政権研究の大きな進展が期待できよう。

あとがき

本書は、二〇〇六年に國學院大學へ提出した博士学位請求論文である『豊臣政権の権力構造と支配秩序』に加筆・修正を加えたものである。まず、本書に収録した論文の初出一覧を示しておく。

序論（新稿）
第一部　豊臣権威の確立と大名序列の形成
第一章　豊臣期における武家官位制と氏姓授与（『歴史評論』六四〇、二〇〇三年に加筆）
第二章　豊臣政権の支配秩序―清華成大名の政治的性格について―（新稿）
第二部　「太閤・関白体制」期における権力構造
第一章　文禄期における豊臣蔵入地―関白秀次蔵入地を中心に―（『国史学』一七七、二〇〇二年）
第二章　太閤・関白間における情報伝達の構造―木下吉隆・駒井重勝の動向を中心に―（二木謙一編『戦国織豊期の社会と儀礼』所収、吉川弘文館、二〇〇六年）
第三章　秀次事件をめぐる諸問題（新稿）
第三部　「五大老」・「五奉行」の成立とその政治権力構造
第一章　豊臣「五大老」・「五奉行」についての再検討―その呼称に関して―（『日本史歴史』六五九、二〇〇三年）

第二章　知行充行状にみる豊臣「五大老」の性格（『國學院大學紀要』四八、二〇一〇年）
第三章　豊臣「五奉行」の政治的地位（新稿）
補論　「毛利家文書」に残る二通の起請文前書案（『護符・起請文研究』二、二〇〇九年）
第四部　関ヶ原合戦とその後の情勢
第一章　関ヶ原合戦と家康の政権奪取構想（新稿）
第二章　「豊臣体制」の解体過程（新稿）
補論　豊国社臨時祭にみる徳川・豊臣の関係（『中近世風俗画の高精細デジタル画像化と絵画史料学的研究』課題番号一七一〇二〇〇一　二〇〇五～二〇〇九年度科学研究費補助金　基盤研究（S）研究代表者黒田日出男　研究成果報告書」二〇一〇年、黒田日出男／立正大学文学部、より抜粋、一部改稿）
結論（新稿）

毎年大学の授業で、織田信長・豊臣秀吉・徳川家康の三人の天下人のうち、誰が最も好きかというアンケートをすることにしている。それほど大それたものではなく、ただ単に挙手してもらうだけのものだが、すると、大体八割の学生は信長が好きだと言う。一割五分が家康、残り五分が秀吉、といったところか。比率は年によって多少変わるが、順位は例年ほとんど同じである。あまりにいつも同じなので、「ちなみに私は秀吉が好きなんだけどね」などと言ってみると、たまに同情票が集まって秀吉が家康を上回ることがあるが。とにかく現在、秀吉はあまり人気がないようである。

子どもの頃、秀吉が好きだったという記憶はない。小学生時代、歴史に関してよく覚えているのは関ヶ原合戦についてであろうか。東軍の総大将徳川家康の圧倒的な大軍に対して、西軍の実質的な総大将の石田三成の軍勢がやたら寡勢なのを知り、石田三成とはなんという身の程知らずだと思ったものであった。

中学では、社会科は理科に続く嫌いな教科となった。嫌いとなると全くやる気の起こらない性格は、このころにはすでに出来上がっていた。ただ、日本史だけは好きで、はじめて大河ドラマを見たのもこの時分であったと思う。主人公は秀吉の妻「ねね」だった。

高校に入ると、英語や数学への興味はすっかりなくなり、好きな教科と言えるのは日本史だけというありさまであった。電車通学の時間はもっぱら歴史小説を読むのに充てた。続きが読みたくなると居ても立っても居られなくなり、毎日のように文庫本を買い漁っては手あたり次第に読んでいた。幕末も好きだったが、一番はやはり戦国物であった。

やがて大学で日本史を学ぼうと思い立ち、國學院大學へ入学した。國學院大學は歴史学において伝統のある大学だが、選んだ理由はそれよりむしろ、二木謙一先生が教鞭をとっていると知っていたからであった。小説だけでは飽き足らなくなり、一般向けの歴史書などを読みだした矢先、先生の著書を何冊か読み、そのわかりやすさに驚いた。読み手や聞き手に理解出来なければ、どんな高尚な話しも何の意味もない――生意気にもそのようなことを考えていた若かりし私は感銘を受け、それ以来、歴史を勉強するならこの先生の下でと、強く思い抱いていたのである。

大学では無事に二木先生のゼミに入ることが出来た。卒業論文ではやはり豊臣政権、中でも「五奉行」について研究したいと思ったが、まず一人一人丹念に検討することが必要だと思い、浅野長政について書くことにした。

大学院に進学すると、やはり「五奉行」についてはひとまず措き、修士論文では秀長や秀次などの秀吉の一族について研究することにした。その過程で、秀吉が幅広く己の名字である羽柴を有力大名へ与えていたという事実について深く考えることになった。一族に関する考察から、名字を与えることによって形成された擬制的同族関係へと考えが派生するに至ったことは、自然な流れであったように思う。本書の大きな論点の一つである、豊臣姓羽柴名字授与についての検討は、その時からはじまった。

なお、大学院において矢部健太郎氏と出会ったことは、私にとって大きな出来事であった。同じゼミに所属し、研究テーマも似ている矢部氏は、畏友とも言うべき存在である。とりわけ矢部氏に感謝しているのは、様々な研究会へ参加を勧めてもらったことである。その場で堀新氏や金子拓氏らとともに史料読解や研究発表などを行い、研鑽を積むことができたのが、自分の研究を大きく進展させることにつながったことは疑うべくもない。元来出不精な性格の私は、この誘いがなければ外部の研究会に参加するなど決して考えもしなかったであろう。

ところで修士論文作成時、頭を悩ませていたのは「五大老」と「五奉行」の呼称に関する問題であった。阿部勝則氏が提唱した「五大老」＝奉行、「五奉行」＝年寄説については、卒業論文執筆時から検討をはじめていたが、その段階では「五奉行」を奉行とする史料の存在に気付いただけであった。阿部氏の説が必ずしも絶対的なものではないということはわかったが、それ以上先へは進めずにいたのである。あれこれと考えをめぐらしていた時、そう、あれは大学へと向かう電車の中であったが、石田三成がつねに「五大老」を奉行と、「五奉行」を年寄と呼んでいることに、はたと気付いた。さては呼称の違いは明確な意図のもとに行われており、党派によってはっきりと色分けができるのではないか――そう思い、頭の中にいくつか史料を思い浮かべてみると、果たしてそうであった。徳川家康は「五奉行」を年寄とは呼んでいなかったのである。そこまでわかればあとは簡単で、もつれた糸がスルスルとほどけていくように頭の中で謎がとけていった。なぜ三成は「五大老」を奉行と呼んだのか――その理由にたどり着くまで数分とかからなかったことは、鮮明に覚えている。

こうして「五大老」・「五奉行」の呼称の問題は、少なくとも自分の中では解決した。あとは論文として発表し、世に問えばよい。修士課程を終えて博士課程に進学した後、最優先で取り組んだのがこれである。書く前から投稿先は『日本歴史』と決めた。元々学会の動向などにはとんと疎かったが、そのような自分でも学部時代から『日本歴史』は知っていて、いつかはこの学術雑誌に論文を掲載してみたいと、密かに思い描いていたのである。その後、二木謙一先生・橋本政宣先生・千々和到先生の手厚いご指導を受けながら、論文は完成した。投稿し、掲載決定の知らせをいただいた時の喜びは、今も忘れられない。その論文が、本書の重要な骨格の一つである第三部第一章「豊臣『五大老』・『五奉行』についての再検討—その呼称に関して—」（第三部第一章）である。

幸甚にも、この論文は第五回日本歴史学会賞を頂戴し、そのご縁により吉川弘文館から出版のお勧めをいただいた。出版事情の困難な中、本書を世に出す機会をお与えくださったことに、心より謝意を申し上げたい。

なお、本書が刊行に至ったのは、千々和到先生から強い励ましをいただいたことも大きな理由である。なかなか論文集を完成できないでいる私を、時に叱咤し、時に励ましてくださった。思えば博士課程修了以来、千々和先生には数々の調査への同行をお許しいただくなど、多くの学恩を授けていただいた。本書において、要所で起請文を用いているのはそれと無縁ではない。改めて深く御礼申し上げる。

また、二木謙一先生には、ご心配をお掛けしたことと思う。先生が大学をお辞めになられてからというもの、お会いできる機会もあまりなかったが、本書の刊行により、多大な学恩に多少なりとも報いることができたとすれば幸いである。

二〇一五年十二月

堀越祐一

索　　引

事　　項

あ　行

『浅野家文書』………30, 82, 83, 120, 121, 126, 135, 144, 175, 197, 222, 228, 232
足利将軍……………………………………21, 239
石清水八幡宮………………………………162, 190
『石清水文書』…………………………154, 155, 175
氏長者………3, 21, 23, 26, 31, 32, 239〜241, 263
「宇野主水日記」……………………………………62
羽　林……………………………………12, 23, 24, 33
大坂城…………………125, 133, 213, 218, 221, 234
小田原攻め…………………………………………29
『御湯殿の上の日記』……24, 29, 55, 120, 248, 267

か　行

『兼見卿記』…………………………………………29
「唐入」………3, 47, 68, 73, 76, 77, 81, 92, 107, 110, 120, 169, 261, 268
官位叙任…………2, 4, 12, 34, 43, 240, 261〜263
官位推挙……21, 22, 25, 26, 75, 117, 237, 238, 240, 242, 245, 246, 248, 266, 267
『寛政重修諸家譜』…………………………229, 247
『義演准后日記』……36, 137, 146, 226, 229〜231, 253, 256, 258, 259
起請文………7, 115, 119, 120, 126, 128, 131, 133, 136, 137, 145, 146, 148, 150, 163〜166, 173, 175, 176, 179, 180, 199〜206, 211, 216, 226
『吉川家文書』……………………136, 137, 146, 147
木下名字……………………………4, 13, 15, 16, 19
『公卿補任』…………………………………………57
公家成………4, 12, 17, 18, 20, 23〜28, 32〜34, 38, 39, 47, 52〜54, 128, 145, 150, 172, 236, 240, 241, 243〜245, 248, 265, 266, 273
口宣案…………………………………………22, 30
「旧記雑録後編」……………56, 135, 137, 145, 146
蔵入（地）………6, 7, 54, 60〜82, 85, 86, 89, 92, 95, 96, 99, 100, 152, 156, 157, 169〜171, 174, 176, 177, 181〜184, 186〜188, 190, 195, 196, 224, 225, 235〜237, 246, 247, 261, 268, 271, 272
『黒田家文書』……………………………………137
『慶長日件録』……………………………………257
『慶長年中卜斎記』………………………………145
源氏長者…………………………………3, 21, 31
検　地……7, 47, 67, 78, 89, 99, 109, 158, 177, 236
『久我家文書』………………………………………32
「五大老」……3, 6〜8, 27, 49, 110, 113〜117, 119, 120, 124〜136, 138, 139, 141〜145, 147〜153, 158〜161, 163〜181, 184, 186〜190, 193〜197, 199〜206, 210, 211, 218, 225, 226, 229, 234, 241, 242, 246, 261, 269〜273
『小早川家文書』…………………………………173
「五奉行」……3, 6〜8, 29, 56, 91, 95, 108, 115, 119, 120, 124〜136, 138〜150, 152, 161, 163〜168, 170〜183, 186〜191, 194〜196, 199〜206, 210〜212, 214, 216, 217, 219〜222, 226, 234, 241, 246, 261, 269〜273
『駒井日記』…………5, 67, 68, 77, 85〜89, 91〜96, 98〜104, 106〜109, 120, 247, 248
小牧・長久手合戦…………………………………189

さ　行

『相良家文書』………………………………………87
「氏郷記」……………………………………………19
氏　爵……21, 31, 34, 239, 242, 245, 247, 263, 264, 266, 267
賤ヶ岳の戦い…………………………………………60
「七将」…………………………161, 213, 215, 227
「指南」……………………………………………177
四　品……………………………23〜25, 31, 243
『島津家文書』……30, 31, 56, 135, 137, 144〜147,

156, 173, 197, 229, 273
『聚楽行幸記』……………………………51, 86
聚楽第行幸……………17, 21, 24, 35, 51, 262, 265
『舜旧記』……………237, 249～253, 256, 257, 259
庄内の乱…………………49, 50, 147, 173, 217, 228
諸大夫成……4, 12, 15, 20, 23～28, 32, 33, 38, 47, 52～54, 56, 150, 172, 241, 243～245, 248, 265, 273
『信長公記』……………………………………249
清華(清華家)……5, 36～38, 41, 42, 45, 119, 229, 258
清華成………4, 27, 33～40, 42～44, 46, 47, 52, 53, 55, 119, 150, 243, 265, 266
関ヶ原合戦………4, 7, 8, 18, 55, 56, 83, 129, 132, 133, 136, 138, 141, 143, 147, 161, 162, 170, 174, 175, 177, 196, 199, 206, 210, 215, 218, 223～226, 234, 235, 238, 241, 246, 254, 261, 271, 272
惣無事……………………………………2, 236

た　行

『太閤記』…………………………………………124
平　姓……………………………………22, 241
『伊達家文書』…………29, 135, 137, 146, 197, 247
『多聞院日記』…………………………29, 215, 228
殿上人…………………………12, 24, 27, 172, 265
『当代記』……………………………158, 173, 258
『言経卿記』……………………88, 226～229, 258
『時慶記』……………………109, 232, 255, 257, 258
『徳川実紀』……………………………………147
「年寄」………6, 7, 124～130, 134, 135, 137, 139～144, 147, 148, 168, 172, 178, 180, 181, 194, 195, 210, 270, 271
『豊国祭礼図屏風』………………253, 255, 257, 258
豊国社臨時祭(臨時祭)……249～252, 254～256, 258～260
『豊国大明神祭礼記』(『祭礼記』)………249, 250, 254, 255, 257, 258, 260
豊臣姓………3, 4, 12, 13, 17, 20～23, 26～28, 30, 34, 38, 39, 45, 51, 52, 57, 147, 236, 239, 241, 242, 245, 246, 262, 263
豊臣氏長者(豊氏長者)………3, 4, 13, 20, 21, 26, 30, 32, 34, 38, 45, 237, 239～241, 263, 265, 267
「取次」………7, 41～44, 46, 50, 91, 100, 102, 107, 109, 136, 146, 171, 177, 230

な・は行

『中川家文書』……………………………137, 146
『萩藩閥閲録』………………137, 146, 226, 229, 273
『萩藩閥閲録遺漏』…………………………………5
羽柴名字………4, 12, 13, 17～20, 22～25, 27, 34, 38, 51, 236, 241, 244～246, 263～265
秦　姓……………………………………………21
秀次事件………………………………6, 110, 119
『日向記』………………………………………145
「平埜荘郷記」……………………………15, 70
武家官位制……2, 4, 8, 12, 13, 15, 23, 24, 26～28, 33, 34, 51, 243, 273
『武家事紀』………14, 121, 124, 135, 144, 146, 175, 196, 226, 227, 230
伏見城……92, 101, 125, 213～216, 228, 250, 251
『譜牒餘録』…………………………137, 154, 155
藤原姓…………………………20～23, 30, 56, 239
藤原氏長者(藤氏長者)……………………23, 239
本能寺の変…………………………1, 15, 17, 117

ま　行

松平名字……………………………2, 25, 52, 245
「光豊公記」………………………………38, 248
源　姓……………21, 25, 27, 34, 51, 56, 241, 245
『毛利家文書』………7, 56, 120, 135, 137, 145, 146, 148, 155, 156, 175, 191, 193, 194, 196, 199, 206, 226, 228

ら　行

『歴名土代』……………………………………56
『歴代古案』…………………………137, 146, 231
『鹿苑日録』………………………………108, 109

研究者名

あ　行

朝尾直弘……9, 60, 82, 107, 173, 247, 248
跡部　信……116, 120, 273
阿部勝則……3, 9, 124～127, 130, 134, 140, 144, 147, 171, 172, 180～182, 196, 270
池　享……28, 56, 273
磯部佳宗……260
伊地知鐵男……197
伊藤真昭……145, 162, 172, 175
井原今朝男……88
今井林太郎……230, 231
岩澤愿彦……60, 82
宇根俊範……31
王冬蘭……260
岡野友彦……8, 31

か　行

笠谷和比古……34, 51, 54～56, 148, 172, 226, 227, 238, 242, 246, 247
河内将芳……260
鍛代敏雄……88
北島正元……28
北堀光信……120
木下　聡……28
黒田基樹……12, 18, 22, 25, 28, 30～32, 34, 55, 172, 244, 245, 248
桑田忠親……30, 55, 120, 144, 147, 172, 173, 176, 181, 196
小島広次……83, 85, 89, 109
小林吉光……84

さ　行

斎藤　司……196
坂本賞三……31
下村　效……12, 23, 28, 31～33, 51, 54～56, 172, 248, 267, 273
白峰　旬……226
諏訪勝則……82
曽根勇二……150, 172, 196, 247

た　行

高木昭作……174, 197
竹内理三……31
田島　公……31
立花京子……265, 273
竪月　基……31, 32, 248
谷　徹也……226
千々和到……154, 165, 175, 206
千葉　栄……260
辻　達也……172
津野倫明……145, 176, 207
寺沢光世……82
徳川義宣……137

な　行

中野栄夫……197
中野　等……9, 75, 82, 84, 88, 89, 107, 119, 176
中村孝也……148, 172, 197, 230, 247, 258, 260
永原慶二……28, 273
難波正治……9, 107, 248
布谷陽子……226

は　行

橋本政宣……28, 31, 265, 273
長谷川成一……60, 82, 247
播磨良紀……82, 84, 86
平野明夫……40, 56, 247
藤井治左衛門……231
藤井讓治……120, 229, 247
藤木久志……1, 8, 247
藤田達生……8, 56, 247
藤田恒春……63, 82～86, 88, 91, 106, 107, 109
藤野　保……175
二木謙一……28, 34, 55, 57
古川貞雄……60, 82, 196
堀　新……265, 266, 273
本多隆成……84, 85

ま　行

三浦宏之……122

三鬼清一郎……9, 29, 82, 83, 89, 91, 107, 109, 125, 135, 138, 144, 146, 147, 196, 260, 273
水野伍貴……214, 226, 228
水林　彪……9, 28, 107
光成準治……226〜228
宮沢誠一……28, 31
宮島新一……249, 253, 260
宮本義己……82, 107
村上　直……60, 82
村川浩平……28
森山恒雄……60, 82, 88

や　行

矢部健太郎……9, 27, 32〜42, 44, 46, 47, 52, 53, 55, 111, 119〜121, 172, 218, 226, 229, 248, 266, 273
山口啓二……60, 82, 247
山本浩樹……226, 232
山本博文……8, 41, 42, 46, 50, 56, 144, 146, 147, 174, 196, 228, 230, 232
米田雄介……56, 248
米原正義……82

ら・わ行

李啓煌……28
脇田　修……150, 169, 172, 206, 207
渡辺世祐……86

人　名

あ　行

青木重吉……25, 152, 156, 158, 170, 173, 174, 176
青山六左衛門……29
赤松広通……15
秋田実季……146
浅野長重……230
浅野長政(長吉)……7, 87, 89, 97, 124, 127, 128, 131, 132, 135, 136, 143, 147, 149, 166, 176, 177, 180, 181, 183〜185, 189, 195, 201, 203, 206, 211, 214, 217, 219, 228〜230, 259, 271
浅野幸長(長継)……79, 87, 132, 136, 137, 147, 161, 227, 230, 242, 243, 254, 259
足利義政……52
飛鳥井雅賢……258
飛鳥井雅庸……258
雨森出雲……104
雨森才次……104
雨森長助……97, 104
荒木勘十郎……156
荒木村重……14, 15
有馬則頼……97, 108, 226
有吉立行……136, 137
粟屋元貞……214
安国寺恵瓊……204, 205
伊木忠次……87
伊木遠雄……155
池田重成……156, 158, 174, 197
池田重信……156, 158, 174, 197
池田恒興……82, 189
池田照直(利隆)……242
池田輝政……226, 227
池田元助……189
池田元信……156, 189, 190
池村小兵衛……79
生駒一正……226, 230, 242, 243
生駒直勝……71, 72, 87, 101, 109
生駒弥左衛門尉……19
石川貞清……184
石川光元……183
石川康長……232
石川頼明……183, 184
石田正澄……71
石田三成……6, 7, 56, 57, 74, 81, 87, 91, 95, 97, 106, 109, 115, 120, 124, 127〜129, 131, 132, 135, 136, 140, 142, 143, 145〜149, 161, 166〜168, 174, 176, 177, 180, 183, 188, 195, 196, 199, 201〜206, 210〜215, 217, 219〜224, 227, 228, 231, 232, 246, 265, 267, 269, 271, 272
伊集院忠真……50, 147
為　心……70, 72, 79, 86, 88, 95
板倉勝重……251, 252, 259
板坂卜斎……145
伊丹甚大夫……228, 230

一鷗軒……247
一条内基……258
伊東祐兵……144
稲葉典通……21
井上定利……156
今枝重直……88
岩井弥三郎……105
上坂左文……19
上坂信貞……29
上杉景勝……36, 39, 41, 46, 50, 117, 118, 120, 124, 129, 131, 133, 140, 143, 149, 152, 154～157, 159, 170, 178, 187, 206, 210, 218, 220, 224, 225, 229, 271, 272
上田重安……77
宇喜多秀家……36, 41, 46, 53, 114, 117, 124, 127, 130, 133, 135, 136, 140, 143, 148, 149, 152, 154～157, 159, 161, 170, 175, 178, 187, 191, 206, 218, 221, 223, 225, 229, 232, 241, 272
内田正次(全阿弥)……136, 137
浦上宗景……14
益庵宗甫……69, 72, 76, 79, 87, 88, 92, 93, 95, 97, 100
江原小五郎……153, 156
太田牛一……70, 249, 260
太田一吉……93
大谷吉継……135, 221, 222, 227
大友義述……38
大友義統(吉統)……17, 21, 38, 77, 264
大野半左衛門……156
大村長吉……156, 158
荻野孫五郎……128, 230
小倉　鍋……153, 155, 191, 192, 197, 198
小瀬甫庵……124
織田長益……259
織田信雄(常真)……35, 37, 40, 41, 46, 65, 84, 85, 165
織田信包……226
織田信高……155, 192, 197
織田信長……2, 14, 19, 40, 86, 117, 153, 197, 261, 271
織田信吉……155, 192, 197
織田秀信……36, 37, 41, 70, 86
落合藤右衛門……156, 158
御ちやあ……97
小野木重次……88

か　行

垣見一直……93
香西又一郎……83
勧修寺晴豊……55
勧修寺光豊……248, 258
加須谷(糟屋)真雄……69, 77
片桐且元……21, 213, 251, 252, 256, 257, 259, 260
片倉景綱……247
加藤清正……121, 129, 131, 133, 136, 137, 146, 161, 177, 227, 232, 242, 243, 254, 259
加藤嘉明……227
堅田元慶……191
金森長近……87
兼松正吉……74
蒲生氏郷……17, 19, 55
河口宗勝……99
河野藤三……86
観音寺詮舜……70, 73, 88
観音寺朝賢……155, 157, 192, 198
義　演……131, 136, 254
来次氏秀……232
北政所(高台院)……77, 152, 218, 229, 258, 264
吉川広家……17, 133, 134, 136, 236
木下家定……15, 29, 30, 152, 173
木下重堅(荒木重堅)……13～15
木下祐慶……97, 108
木下延俊……77
木下吉隆……5, 6, 15, 29, 70, 77, 87, 90～109, 268
木村重茲……87, 97, 99
久阿弥……97, 98, 104, 105
京極高次……38, 55, 226, 227, 259
京極高知……259
教　如……258
九鬼守隆……226
九鬼嘉隆……226
九条兼孝……237, 258
九条忠栄……258
熊谷直盛……93
熊谷直之……70, 72, 88
熊谷半介……70, 88
来島長親……226
黒田長政……133, 134, 136, 137, 146, 161, 227
黒田職高……19
黒田孝高(如水，円清，小寺孝高)……14, 19, 97, 133, 136, 137, 227

小出秀政……………………………………97, 228
小出吉政……………………………………213, 228
郷司孫左衛門…………………………………155
孝蔵主……………………………87, 97～103, 109
河野通直…………………………………………8
久我敦通…………………………………………55
小西行長………………………………………215
近衛前久………………………………………239
近衛信輔……………………………………94, 121
小畠光通…………………………………………14
小早川隆景………17, 36, 48, 49, 55, 114, 152, 173, 236, 240
小早川秀秋……152, 156, 158, 170, 173, 174, 176
駒井重勝……5, 6, 64, 68～70, 72, 76, 79, 86～98, 100～108, 239, 240
後陽成天皇…………………………86, 243, 248, 258

さ　行

西園寺実益……………………………………258
最　胤…………………………………………258
斉藤正印…………………………………………70
酒井文助……………………………………84, 86
榊原康政………………………132, 136, 137, 146
坂源次郎…………………………………………19
佐世元嘉…………………………………………52
佐竹義宣……………………………………17, 239
里見義康………………………………………240
真田信繁……………………………………174, 222
真田昌幸…………………174, 222, 240, 246～248
柴田勝家……………………………2, 19, 60, 82
斯波義近…………………………………………30
島津家久(忠恒)……128, 144, 153, 170, 187, 188, 229, 240, 245
島津豊久………………………………………144
島津義久(龍伯)…………………131, 136, 137, 226
島津義弘……17, 21, 30, 31, 50, 56, 128, 136, 137, 144, 153, 156, 176, 187, 236, 265
下方小吉………………………………………156
下間頼廉…………………………………………62
寿　徳……………………………………………83
准　如…………………………………………104
性　宗……………………………………………15
白川雅朝………………………………………258
新庄直頼………………………………………226
関小十郎右衛門…………………………………19
関　一政………………………………………185
杉原家次……………………………16, 29, 82
杉原久三郎………………………………………84
杉原長房……………………………29, 77, 96
鈴木重朝………………………………………228
施薬院全宗………………………………………97
宗　義智…………………………140, 141, 144, 156

た　行

鷹司信房………………………………………258
多賀秀種(秀家)…………………………………31
高山忠右衛門……………………………………87
滝川伊予守………………………………………19
滝川雄利……………………………97, 105, 108, 146
滝川主膳…………………………………………70
立花宗茂(統虎，親成)…………………17, 21, 144
伊達政宗………17, 24, 31, 53, 146, 184, 211, 236, 245, 247
田中秀清……………………………155, 162, 163
田中吉政……………………62～65, 68, 83, 84, 232
田辺入道…………………………………………83
谷崎忠右衛門……………………………………19
田丸直昌……………………………155, 160, 186
長宗我部元親…………………………8, 21, 32, 226
津軽為信……………………………27, 241, 248
津田盛月(信勝)……………………………42, 43
鶴　松…………………………………………110
寺沢正成………………50, 128, 135, 136, 146, 215
寺西是成……………………………155, 157, 192
寺西新五郎……………74, 87, 155, 157, 192, 198
寺西正勝……………………………………97, 157
藤堂高虎……………………………113, 161, 227
藤堂嘉清……………………………66, 69, 72, 86
道　徳……………………………………79, 86, 88
徳川家康………3～8, 27, 34～36, 38, 40, 41, 46～51, 53, 54, 56, 65, 81, 110, 114, 116～119, 124, 126, 129～134, 136～143, 145～152, 154～168, 170, 171, 174, 175, 177～181, 186, 187, 190, 191, 194～196, 199, 200, 203～206, 210～226, 228～232, 234～239, 241, 242, 244～248, 250, 251, 254, 256, 259～261, 267, 269～272
徳川秀忠……38, 56, 136, 137, 146, 242, 243, 248
徳永寿昌……………………………………127, 180
戸田重典……………………………………97, 112
富田一白(知信)…………………………42, 43, 247
富田高定…………………………………………97
智仁親王………………………………………258

友松忠右衛門……156
豊臣(羽柴)秀次……3, 5, 6, 21, 25, 26, 30, 36, 37, 46, 48, 61～88, 90～94, 97～114, 118, 119, 165, 167, 174, 238～240, 248, 261, 263, 266～270
豊臣秀頼(御拾)……32, 36, 48, 53, 94, 106, 110, 111, 115, 119, 126～130, 132, 139, 141～143, 147, 152, 159, 160, 163, 164, 168, 169, 176, 178, 180, 186, 189, 190, 195, 197, 199～205, 211, 218, 219, 221～225, 227, 230, 232, 234, 235, 238, 240～242, 244～247, 250, 259, 260, 268～270

な　行

内藤隆春……49, 53, 131, 136, 137, 147, 229
永井直勝……231
中川秀成……133, 136, 137, 146
長野右近……87
中村一氏……66, 83, 85, 230
中山親綱……55, 108
長束藤吉……83
長束正家……7, 55, 76, 91, 93, 95, 97, 98, 100, 104, 106, 108, 124, 125, 129, 131～133, 135, 149, 160, 166, 176, 177, 180, 183～186, 188, 191～194, 201～203, 206, 213, 214, 217, 220, 228, 230, 231
鍋島勝茂……30, 147, 259
鍋島直茂……135, 147
南部利直……174
西尾光教……109
西川五郎右衛門……88
西洞院時慶……255
二条昭実……258
日　秀……109
丹羽長重……17, 30, 37, 55
丹羽長秀……82
野村直隆……70

は　行

羽柴(小吉)秀勝……68, 86
羽柴秀長……31, 36, 39, 41, 46, 112, 117, 263
羽柴秀保……25, 36, 37, 79, 101～103, 109, 111, 112, 118, 120
秦宗巴……93
蜂須賀家政……15, 161, 211, 227
蜂須賀豊雄……242, 243
服部一忠……71
羽淵家次……84
早川長政……70, 93
早崎家久……88
一柳茂左衛門……156, 158
一柳直末……83
日野輝資……108
広橋兼勝……258
福島正則……22, 25, 81, 129, 133, 134, 136, 137, 161, 177, 211, 213, 222, 227, 241, 242, 254, 259
福原長堯……184
福原広俊……134
藤波種忠……258
船越景直……156, 158, 174, 197
舟橋秀賢……257
芳春院(まつ)……218, 219
北条氏直……236, 247
北条氏規……157
北条氏政……236
北条氏盛……155, 157, 192
北条綱成……19
細川忠興……17, 38, 55, 160, 161, 163, 188, 194, 213, 217, 224, 227, 254
細川忠利……242
細川幽斎……226
堀尾吉晴……63, 83, 153, 155, 170, 176, 230, 242
堀　秀治……31, 38, 185, 222, 232
堀　秀政……17, 38, 82
梵　舜……249～252, 256, 259
本多正純……136, 137

ま　行

前田玄以……7, 55, 76, 89, 91, 93, 95, 97～100, 108, 109, 124, 125, 128, 129, 131～133, 135, 145, 149, 150, 160, 166, 172, 176, 177, 180, 183～186, 188, 189, 194, 201～203, 206, 213, 214, 217, 220, 226, 228, 230, 231, 239, 240, 243
前田利家……6, 7, 17, 36, 37, 41, 49, 53, 56, 94, 95, 110, 114, 116～119, 124, 126, 129, 148, 149, 152, 154, 156, 158, 165, 168, 175, 178, 179, 187, 199, 200, 204～206, 210, 211, 213, 214, 229, 230, 239, 240, 270
前田利長……36, 87, 124, 129, 130, 133, 140, 143, 149, 154～156, 158, 159, 168, 170, 195, 206, 210, 218, 219, 224, 225, 229, 232, 254, 272
前田利政……239
前田利光……242

蒔田広定……232
増田長盛……7, 55, 64, 67〜70, 76, 83, 84, 91, 93, 95, 97, 100, 106, 109, 124, 128, 129, 131〜133, 135, 149, 160, 166, 176, 177, 180, 183〜186, 188, 189, 194, 201〜203, 206, 212, 217, 220, 221, 226, 228, 230, 231
益田照澄……97
松井康之……136, 137
松浦秀任……77, 96
松平忠吉……243
真殿伝内兵衛尉……14
曲直瀬正紹……93
松浦鎮信……145
神子田正治……15
溝江長逸……157, 185, 186
溝江長晴……155, 157, 192
溝口源太郎……155, 158
溝口秀勝……30
御牧景則……157, 173
御牧信景……155, 157, 192, 198
宮木豊盛……127, 180, 184
宮部継潤……14, 62, 63, 83, 93
宮部長熙……14, 28, 83
宮部宗治……63, 83, 84
妙音院……247
三好康長……62, 63
三好吉房……65, 72, 78, 85, 99
三輪半左衛門……155
村井吉兵衛……240
村山与介……62
毛利輝元……7, 17, 36, 38, 39, 41, 43, 44, 46, 48〜50, 53, 56, 114, 115, 117, 118, 124, 128〜130, 133〜136, 140, 143, 147〜149, 152, 154〜157, 159, 161, 162, 170, 175, 176, 178, 180, 187, 191, 193, 194, 199〜206, 213〜218, 221, 225, 227〜229, 231, 236, 262, 265, 269, 272
毛利秀就……229
毛利秀元……38, 53, 55, 127, 211
毛利秀頼……93
毛利元康……213, 215
最上義光……17, 132, 231
森　忠政……24, 32, 155, 159, 160, 163, 174, 175, 186, 224, 227, 232
森　若狭……87

や　行

八木豊信……29
柳川調信……145
山内一豊……63, 66, 83, 84, 95, 107, 108, 242, 243, 251
山内忠義……242
山内康豊……242
山鹿素行……124
山口直友……227
山口修弘……156, 158
山口正弘……158
山田家元……84
山田忠左衛門……156
山中長俊……95〜98, 104, 108, 109
山本与三……156
湯浅将宗……273
友阿弥……97, 98, 104
吉田兼見……250, 251
吉田喜左衛門尉……86
吉田好寛……71, 92, 97
淀　殿……75, 110, 132, 220, 230, 268

ら・わ行

龍造寺政家……17, 18, 236
脇坂安治……226
渡瀬仁助……87
渡瀬良政(繁詮)……63, 65, 66, 83

著者略歴
一九六六年、茨城県に生まれる
一九九六年、國學院大學文学部史学科卒業
二〇〇六年、國學院大學大学院文学研究科日本史学専攻博士課程後期修了、博士（歴史学）
現在、國學院大學兼任講師

〔主要論文〕
「豊臣五大老の実像」（山本博文・堀新・曽根勇二編『豊臣政権の正体』柏書房、二〇一四年）
「五大老・五奉行は、実際に機能していたのか」（日本史史料研究会編『秀吉研究の最前線』洋泉社、二〇一五年）

豊臣政権の権力構造

二〇一六年（平成二十八）三月一日　第一刷発行

著　者　堀《ほり》越《こし》祐《ゆう》一《いち》

発行者　吉川道郎

発行所　株式会社　吉川弘文館
郵便番号一一三—〇〇三三
東京都文京区本郷七丁目二番八号
電話〇三—三八一三—九一五一〈代〉
振替口座〇〇一〇〇—五—二四四番
http://www.yoshikawa-k.co.jp/

印刷＝株式会社　三秀舎
製本＝株式会社　ブックアート
装幀＝山崎　登

ISBN978-4-642-02929-2